PJ COURTY REL. 1981

ITALIA

TYPOGRAPHIE DE CH. LAHURE
Imprimeur du Sénat et de la Cour de Cassation
rue de Vaugirard, 9

ITALIA

PAR

THÉOPHILE GAUTIER

DEUXIÈME ÉDITION

PARIS
LIBRAIRIE DE L. HACHETTE ET Cie
RUE PIERRE-SARRAZIN, N° 14

1855

Droit de traduction réservé

ITALIA.

I.

Genève, Plein-Palais, l'Hercule acrobate.

Nous avons bien peur d'avoir marqué notre premier pas sur la terre étrangère par un acte de paganisme, une libation au soleil levant! L'Italie catholique, qui sait si bien s'arranger avec les dieux grecs et romains, nous le pardonnera; mais la rigide Genève nous trouvera peut-être un peu *libertin*. Une bouteille de vin d'Arbois, achetée en passant à Poligny, jolie ville au pied de la muraille jurassique qu'il faut franchir pour sortir de France, fut bue par nous au premier rayon du jour! *Phœbo nascenti!* Ce rayon venait de nous révéler subitement, au bas des dernières croupes de la montagne, le lac Léman, dont quelques plaques miroitaient sous la brume argentée du matin.

La route descend par plusieurs pentes, dont chaque angle découvre une perspective toujours nouvelle et toujours charmante.

Le brouillard se déchirant nous laissa deviner, comme à travers une gaze trouée, les crêtes lointaines des Alpes suisses, et le lac, grand comme une petite mer, sur lequel flottaient, pareilles à des plumes de colombes tombées du nid, les voiles blanches de quelques barques matineuses.

On traverse Nyon, et déjà bien des détails significatifs avertissent qu'on n'est plus en France : des plaquettes de bois découpées en écailles rondes, ou en façon de tuile dont elles ont presque la couleur, recouvrent les maisons; les pignons sont terminés par des boules de fer-blanc; les volets et les portes sont faits de planches posées en travers et non en longueur, comme chez nous; le rouge y remplace la couleur verte si chère aux épiciers enthousiastes de Rousseau; le français suisse commence à se montrer dans les enseignes, dont les noms ont des configurations déjà allemandes ou italiennes.

Le chemin, en s'avançant, côtoie le lac dont l'eau transparente vient mourir sur le galet avec un pli régulier, qu'augmente quelquefois le remous d'un bateau à vapeur pavoisé aux couleurs de l'Union suisse et se rendant à Villeneuve ou à Lausanne. De l'autre côté de la route, on aperçoit les montagnes que l'on vient de descendre, et aux flancs desquelles les nuages rampent comme des fumées de feux de pasteurs. Un grand nombre de chars à bancs légers, où l'on s'assoit dos à dos ou de côté, sillonnent la poussière, emportés par de petits chevaux ou de grands ânes. Les villas, les cottages se multiplient et montrent sous l'ombre des grands arbres leurs vases de fleurs, leurs terrasses et leurs murailles de briques : on sent l'approche d'une ville importante.

L'idée de Mme de Staël, avec ses gros sourcils noirs, son turban jaune et sa courte taille à la mode de l'Empire, nous a fort tracassé en traversant Coppet. Quoique nous la sachions morte depuis longtemps, nous nous attendions toujours à la voir sous le péristyle à colonnes de quelque villa, ayant à côté d'elle Schlegel et Benjamin Constant; mais nous ne l'avons pas vue. Les ombres ne se risquent pas volontiers au grand jour; elles sont trop coquettes pour cela.

Les vapeurs s'étaient dissipées tout à fait, et les sommités des montagnes brillaient au delà du lac comme des gazes lamées d'argent; le mont Blanc dominait le groupe dans sa majesté froide et sereine, sous son diadème de neige que ne peut fondre aucun été.

Le mouvement de voitures, de charrettes et de piétons devenait plus fréquent; nous n'étions plus qu'à quelques pas de Genève. Une idée enfantine, que d'assez longs voyages n'ont pu dissiper entièrement, nous fait toujours imaginer les villes d'après le produit qui les rend célèbres : ainsi Bruxelles est un grand carré de choux, Ostende un parc d'huîtres, Strasbourg un pâté de foie gras, Nérac une terrine, Nuremberg une boîte de jouets, et Genève une montre avec quatre trous en rubis. Nous nous imaginions une vaste complication d'horlogerie, roues dentées, cylindres, ressorts, échappements, tout cela faisant tic tac et tournant perpétuellement; nous pensions que les maisons, s'il y en avait, étaient à cuvette et à double fond en or et en argent, et que les portes s'en fermaient avec des clefs de montre. Pour les faubourgs, nous admettions qu'ils étaient en cuivre ou en acier. Au lieu de fenêtres, nous supposions une infinité de cadrans marquant tous des heures différentes. Eh bien! ce rêve s'est envolé comme les autres; Genève, nous devons l'avouer, n'a pas du tout l'air d'une montre, et c'est fâcheux!

A notre entrée, ce qui nous sembla un peu bien leste pour une ville austère, républicaine et calviniste, on nous remit, en échange de notre passeport, un bulletin facétieux commençant comme les albums de M. Crépin et de M. Jabot, de Toppfer, le spirituel caricaturiste, par cette recommandation drolatique : *Voir ci-derrière....* une foule de formalités à remplir.

Genève a l'aspect sérieux, un peu roide, des villes protestantes. Les maisons y sont hautes, régulières; la ligne droite, l'angle droit règnent partout; tout va par carré et parallélogramme. La courbe et l'ellipse sont proscrites comme trop sensuelles et trop voluptueuses : le gris est bienvenu partout, sur les murailles et sur les vêtements. Les coiffures, sans y penser, tournent au chapeau de quaker; on sent qu'il doit y avoir un grand nombre de Bibles dans la ville, et peu de tableaux.

La seule chose qui jette un peu de fantaisie sur Genève, ce sont les tuyaux des cheminées. On ne saurait rien voir de plus bizarre et de plus capricieux. Vous connaissez ces saltimbanques que les Anglais appellent acropédestrians, et qui, renversés sur le dos, les jambes en l'air, font voltiger une barre de bois ou deux enfants couverts de paillettes. Figurez-vous que tous les acropédestrians du monde font la répétition de leurs exercices sur les toits de Genève, tant ces tuyaux bifurqués et contournés se démènent désespérément : ces contorsions doivent avoir pour cause les vents nombreux qui tombent des montagnes et s'engouffrent dans la vallée. Peut-être bien encore que les fumistes piémontais, avant de passer en France, perfectionnent leur talent à Genève et y font leur chef-d'œuvre. Ces tuyaux sont en fer-blanc, étamés de frais, et brillent vivement au soleil. Nous avons parlé tout à l'heure d'acropédestrians faisant leur travail. La comparaison d'une armée de chevaliers en déroute et précipités de leurs roussins à jambes rebindaines ne serait pas non plus mauvaise; mais laissons là ces tuyaux.

Il est étrange comme un grand nom peuple une ville. Celui de Rousseau nous a poursuivi tout le temps que nous avons passé à Genève. L'on comprend difficilement que le corps d'un esprit immortel ait disparu, et que la forme qui enveloppait de divines pensées s'évanouisse sans retour; aussi nous avons été affligé de ne pas rencontrer au détour d'une rue l'auteur de la *Nouvelle Héloïse* et de l'*Émile*, en bonnet fourré et en robe arménienne, la mine triste et douce, l'air inquiet et songeur, regardant si son chien le suit et ne le trahit pas comme un homme.

Nous ne vous dirons rien du temple de Saint-Pierre, le principal de la ville : l'architecture protestante consiste en quatre murailles égayées de gris de souris et de jaune serin ; cela est trop simple pour nous, et, en fait d'art, nous sommes catholique, apostolique et romain.

Cependant Genève, quelque froide, quelque guindée qu'elle soit, possède une curiosité qui transporterait de joie Isabey, Eug. Ciceri, Wyld, Lessore et Ballue, et qui doit faire le désespoir de l'édilité. C'est un pâté de baraques sur le bord du Rhône, à l'endroit où il sort du lac pour gagner la France. Nous le recommandons en con-

science aux aquarellistes, qui nous remercieront
du cadeau : rien n'est d'aplomb ; les étages avancent et reculent, les chambres ressortent en cabinets et en moucharabys. C'est un mélange incroyable de colombage, de bouts de planches, de
poutrelles, de lattes clouées, de treillis, de cages à
poulets en manière de balcon : tout cela vermoulu,
fendillé, noirci, verdi, culotté, chassieux, refrogné, caduc, couvert de lèpres et de callosités à
ravir un Bonnington ou un Decamps ; les fenêtres,
trouées au hasard et bouchées à demi par quelque
vitrage effondré, balancent des guirlandes de
tripes et de vessies de porc, capucines et cobœas
de ces agréables logis ; des tons vineux, sanguinolents, délavés par la pluie, complètent l'aspect féroce et truculent de ces taudis hasardeux, dont le
Rhône, qui passe dessous, fait écumer la silhouette
dans son flot d'un bleu dur.

En face de ces baraques sont des tanneries qui
font flotter au courant des peaux de veau, prenant, sous les poutres où elles sont suspendues,
des apparences de victimes noyées. Ce sera, si
vous voulez prendre la chose au point de vue romantique et nocturne, les voyageurs attirés dans
les cahutes sinistres que nous venons de décrire
par quelque jolie Maguelonne, égorgés par Saltabadil et jetés au fleuve, du haut d'une de ces croisées d'où le sang dégoutte.

Allons nous laver dans le lac de ces images sanglantes. Le Léman est tout Genève. Il est impossible, quand on est là, d'en détourner les yeux et d'en quitter les rives : aussi toutes les fenêtres font un effort pour se tourner vers lui, et les maisons se dressent sur la pointe des pieds et tâchent de l'entrevoir par-dessus l'épaule des édifices mieux situés.

Une flottille de barques à la rame et à la voile, avec ou sans tendelet, attend, près du môle où s'arrêtent les pyroscaphes, le caprice des promeneurs et des voyageurs.

Rien n'est plus charmant que d'errer sur cette nappe bleue, aussi transparente que la Méditerranée, bordée de villas qui viennent baigner leurs pieds dans l'eau, encadrée de montagnes étagées et bleuies par l'éloignement. Le mont Salève, la Dent de Morcle et le vieux mont Blanc, qui semble saupoudré de poussière de marbre de Carrare, dentellent l'horizon du côté de la Suisse, et, du côté de la France, ondulent les derniers contre-forts des Alpes jurassiques. Des bateaux de pêcheurs, avec leurs voiles posées en ciseaux, flânent nonchalamment, traînant leurs lignes ou leurs filets. Des canots d'amateurs, des yoles, des embarcations de toutes sortes voltigent d'une rive à l'autre, en assez grand nombre pour rendre le tableau animé, assez rares pour ne pas le faire tumultueux.

Le lac, quelque tranquille et clair qu'il soit, n'est cependant pas toujours exempt de dangers. Ses bourrasques parfois singent la tempête, il y arrive des accidents. On nous parla d'un bijoutier de Paris, riche et retiré des affaires, qui venait de se noyer avec son camarade, les voiles du canot qu'il conduisait s'étant coiffées et l'embarcation ayant chaviré. L'on avait retrouvé l'un des corps, mais non l'autre, quoiqu'une onde si limpide ne semble pas pouvoir garder le secret. Les plongeurs habiles qui s'aident, pour descendre, d'une pierre liée à une corde pourrie qu'ils rompent lorsqu'ils veulent remonter, avaient vainement fouillé le lac jusqu'à une profondeur de cinq cents pieds. Notre batelier nous dit que le cadavre du bijoutier avait dû être entraîné par le courant du Rhône qui traverse le Léman, ou disséqué au fond par les écrevisses, ce qui l'avait empêché de revenir à la surface. Cette histoire nous gâta un peu le lac et nous fit prendre la résolution de ne manger d'écrevisses sous aucun prétexte, pendant notre séjour à Genève.

Nous avons l'habitude, en voyage, de lire les enseignes et les affiches, grammaire en plein vent, toujours ouverte pour celui qui passe. Nous avons recueilli dans une pancarte judiciaire, contenant les signalements de divers condamnés, un idiotisme génevois assez caractéristique : c'est le mot *grisaillant* employé pour *grisonnant*, comme épithète à *sourcils*, dans la description des traits d'un criminel. Cette étude de la muraille nous apprit qu'il y avait à Plein-Palais, les Champs-Élysées de l'endroit, un champ de foire convenablement fourni de chevaux de bois, de roues de fortune et de saltimbanques. L'affiche du sieur Kinne, de Vienne, annonçant de grands exercices acrobatiques, nous séduisit particulièrement. La danse de corde, qui devrait avoir un théâtre à Paris, est un spectacle très-intéressant et très-gracieux, et nous n'avons jamais compris pourquoi l'enthousiasme qui s'attachait aux Taglioni, aux Elssler, aux Carlotta Grisi, aux Cerrito, dédaignerait les danseuses de corde, tout aussi légères, et d'un art plus hardi et plus périlleux.

C'est du côté de Plein-Palais que sont situés les quartiers aristocratiques. Les quartiers populaires et d'où partent les séditions, les faubourgs Saint-Marceau et Saint-Antoine de l'endroit, sont rejetés à l'autre bout de la ville, au delà des ponts du Rhône.

Une foule assez compacte, empressée sans turbulence, se dirigeait vers les portes de la ville. Dans ce concours considérable de monde, nous n'avons rien trouvé de particulier comme costume. Ce sont les modes de France un peu arriérées, un peu provinciales; notons, comme différence légère, quelques chapeaux de paille d'homme, avec ruban noir et ganse de même couleur, et d'immenses bords pour les femmes, bords qui plient par devant et par derrière, de façon à masquer la moitié de la nuque et de la figure.

Les femmes, elles-mêmes, à l'air français mêlent une tournure américaine ou allemande plus facile à comprendre qu'à décrire, et qui vient de leur religion. Une protestante ne s'assied ni ne marche comme une catholique, et les étoffes font sur elles d'autres plis. Sa beauté, non plus, n'est pas la même; elle a un regard particulier, pénétrant, mais contenu comme celui du prêtre, un sourire compassé, une douceur de physionomie voulue, une modestie sournoise, quelque chose qui sent la sous-maîtresse ou la fille du ministre.

Le sieur Kinne occupait une enceinte de toile plafonnée par le ciel et éclairée par une douzaine de lampes à qui la brise du soir faisait tirer la langue et lécher parfois trop ardemment leurs supports de bois.

Kinne, disons-le tout de suite, est un grand artiste, et son mérite nous a vivement frappé. La corde roide ou lâche n'en a pas supporté beaucoup de pareils. Peut-être vous figurez-vous un jeune homme mince, fluet, aérien, volant humain rebondissant sur la raquette acrobatique! Vous vous tromperiez étrangement.

Attention! le voici qui va paraître : l'orchestre sonne une fanfare triomphante, la grosse caisse, tonne, la contre-basse ronfle, les cymbales frémissent, le trombone mugit, la clarinette piaule, le fifre glapit; les musiciens, à grand renfort de bras et de poumons, extirpent de leurs instruments toute la sonorité qu'ils contiennent; tout fait pressentir l'entrée d'un artiste supérieur, de l'étoile de la troupe; un grand silence s'établit parmi le public.

De l'espèce de loge qui sert de coulisse aux saltimbanques, jaillit impétueusement un gaillard à formes d'Hercule. Il s'avance d'un air de résolution vers le chevalet qui soutient le câble tendu; de ses fortes mains il s'accroche à la corde et d'un bond s'établit debout, près du haillon passementé d'oripeaux qui décore les bâtons en forme d'X, d'où part le danseur et où il vient se reposer.

Jamais, dans les vitraux suisses du XVIe siècle ou les gravures sur bois du triomphe de Maximilien par Albert Durer, on ne vit un lansquenet ou un reître d'une tournure plus magistrale et plus formidable; de sa toque à créneaux, pareille au bonnet de Gessler, s'échappaient trois plumes échevelées et violentes, plus contournées que les lambrequins d'un écusson de burgrave; son pourpoint se déchiquetait en crevés à l'espagnole, et sa ceinture bouclait à grand'peine son ventre, qui aurait eu besoin d'être cerclé de fer comme le cœur du prince Henri, pour ne pas éclater. Son col débordait sur son crâne par trois gros plis à la nuque, comme un col de molosse, et portait un tête carrée audacieuse, féroce et joviale, une tête de soldat d'Hérode et de bourreau sur le Calvaire, ou, si ces comparaisons vous semblent trop bibliques, des héros de Niebelungen dans les illustrations de Cornélius. Ses jambes énormes crispaient les nodosités de leurs muscles sous un maillot blanc, semblables à des chênes de la forêt d'Hercynie à qui l'on aurait mis des pantalons, et ses bras faisaient rouler, à chaque mouvement, des biceps pareils à des boulets de quarante-huit.

On jeta à ce Polyphème de la corde un balancier, fait sans doute d'un jeune pin arraché au flanc de la montagne, et il commença à bondir sur le câble que nous craignions à chaque instant de voir rompre, avec une aisance, une grâce et une légèreté incroyables. Représentez-vous Lablache sur un fil d'archal.

Ce gaillard, près de qui Hercule, Samson, Goliath et Milon de Crotone eussent paru poitrinaires, dédaigna bientôt de si faciles exercices; il s'établit sur sa corde avec des chaises, des tables, y fît un repas partagé par le pitre, et, pour exprimer la gaieté du dessert, dansa une gavotte ayant un enfant de douze ou quinze ans pendu à chaque pied.

Ce détournement de la force athlétique au profit

d'un exercice qui semble n'exiger que de la souplesse et de la légèreté produit un effet singulier.

A cette voltige cyclopéenne succéda une polka dansée sur deux cordes parallèles, par deux sœurs à peu près de même taille, avec beaucoup de grâce, de justesse et de précision. L'une de ces deux jeunes filles était vraiment charmante. Elle avait un petit air fin et doux, et une *smorfia* piquante dans le sourire obligé de la danseuse. Elle parut sous deux costumes : d'abord en corsage noir et jupe blanche constellée d'étoiles, puis en jupon jaune avec un corsage rouge terminé par des dents qui nous mordaient le cœur. Après la polka, elle dansa *un pas seul* sur la corde, un pas classique et composé de temps penchés et renversés, comme sur les planches de l'Opéra. Comme elle achevait de dessiner une pose, les bras tendus en avant, le corps penché sur le vide, la pointe relevée, une voix partit d'un coin de la salle et cria : « Plus haut, l'on n'entend pas ! » La danseuse comprit, rougit légèrement, et, avec un sourire, se pencha un peu, et, sans perdre l'équilibre, fit briller sous la gaze l'éclair blanc de son maillot.

Qui avait poussé cette exclamation? Était-ce une *maison moussue* d'Heidelberg, ou un *renard* d'Iéna en casquette blanche et en redingote serrée à la taille par un ceinturon de cuir; un rapin français s'en allant en Italie à la recherche du naïf dans l'art, un plastique de l'école Olympienne, ou un Hégélien transcendantal? C'est ce qu'il est difficile de décider, et nous laisserons la question irrésolue.

Après la danse de corde, la petite exécuta la danse des œufs : on dispose par terre un certain nombre d'œufs en damier, et il faut passer dans les petites allées que les rangées forment, les yeux bandés, sans que le pied heurte aucun des obstacles. La moindre maladresse ferait du pas une omelette : Mignon, à coup sûr, ne s'est pas tirée plus adroitement de son tour de force devant Wilhem Meister que la jeune fille de la troupe de Kinne devant son public génevois, et Gœthe n'a pas eu pour tracer sa délicieuse figure un plus charmant modèle. Il nous semblait entendre voltiger sur sa lèvre la mélancolique chanson :

Connais-tu la contrée où les citrons mûrissent?

Le pitre, Auriol trompé dans son ambition, avait un air de nostalgie parmi cette caravane allemande. Il était Français, de Nancy, comme Callot. N'oublions pas, car il faut être juste pour tout le monde, un valet en habit rouge, le meilleur laquais que puisse rêver un marchand de vulnéraire ou de thé suisse. Oh! quelle inimitable manière de traîner la jambe et de tendre le dos! Reçois, talent inconnu, cette humble aumône d'admiration d'un critique dont les éloges ont fait plaisir à de plus haut placés que toi !

Le spectacle achevé, tout le monde se dirigea en hâte vers les portes de la ville, qui se ferment à une certaine heure, passé laquelle il faut donner au gardien quelque menue monnaie pour se faire ouvrir.

II.

Le Léman. — Brigg, les montagnes.

Genève nous avait donné tous les plaisirs qu'un dimanche protestant peut permettre : une promenade sur le lac, un merveilleux coucher de soleil sur le mont Blanc, devenu tout rose comme la Sierra Nevada de Grenade vue le soir du salon de l'Alameda, et un charmant spectacle forain sous de beaux arbres et un ciel étoilé; il ne nous restait plus qu'à partir.

Nous avions d'abord voulu faire le voyage avec un voiturin, ne fût-ce que pour voir si le vetturino de la *Chasse au chastre* était exact ; mais on nous demanda heureusement des prix si extravagants, nous prenant sans doute pour des Anglais ou des princes russes, que l'affaire ne se fit pas, et que nous eûmes l'avantage de ne pas être traînés au pas dans ces berlines antédiluviennes par des rosses dignes des anciens fiacres de Paris. La rapidité et la commodité du trajet nous dédommagèrent amplement de cette infraction à la couleur locale.

Une diligence devait nous conduire à Milan en passant par le Simplon ; non pas la même, car on en change presque à chaque territoire qu'on traverse, le gouvernement ayant le monopole des transports ; et nous n'avions d'autre souci à prendre que de nous laisser transvaser d'une voiture génevoise dans une voiture savoyarde, qui nous céderait à une voiture suisse, laquelle nous transmettrait à une voiture piémontaise qui nous verserait dans une malle autrichienne.

Ne croyez pas qu'il y ait ici la moindre exagération bouffonne ; cette cascade de diligences est la vérité même : le vrai seul est incroyable.

En sortant de Genève on passe à Coligny, d'où l'on jouit d'un point de vue admirable. Genève se dessine au fond du lac ; les Alpes et le mont Blanc s'élèvent à gauche (en se tournant vers la ville), et à droite l'on découvre le Jura lointain. C'est vers cet endroit que se trouve une maison de campagne placée dans la situation la plus pittoresque, et qui appartenait au docteur Tronchin, si célèbre au XVIIIe siècle. Elle est encore occupée par un Tronchin, de la famille du médecin illustre.

Le premier village de Savoie qu'on rencontre est

Dovainnes ou Dovénia. Nous nous imaginions voir une population de jeunes savoyards, racloir en main avec genouillères, brassards et plaque de cuir au fond de culotte, d'après les vers de M. de Voltaire, les tableaux de M. Hornung et les traditions de Séraphin. Il nous semblait que chaque cheminée devait porter à son faîte une figure barbouillée de suie, aux yeux brillants, aux dents éclatantes, et poussant le cri connu des petits enfants : « Ramoni, ramona, la cheminée du haut en bas ! »

Les Savoyards, qui entre eux s'appellent Savoisiens, pour ne pas avoir l'air d'Auvergnats, non-seulement n'étaient pas occupés à ramoner, mais ils célébraient une espèce de fête et tiraient à balle franche sur un oiseau perché au haut d'un mât de cinquante pieds. Chaque coup heureux était salué par des fanfares et des roulements de tambour.

A partir de Dovénia, on perd le lac de vue, et l'on traverse des terres bien cultivées et d'un aspect fertile : le blé de Turquie avec ses jolies aigrettes, la vigne, divisée en terrasses soutenues par de petits murs, quelques figuiers aux larges feuilles, font pressentir les approches de l'Italie.

Bientôt on retrouve le lac pour ne plus le quitter. On traverse Thonon, Évian, où l'on s'arrête quelques instants et qui est un des points les plus favorables pour embrasser la vue générale du Léman.

Jamais décorateurs, sans en excepter Séchan, Diéterle et Despléchins, ou Thierry et Cambon, n'ont disposé une scène avec une plus merveilleuse entente de l'effet, que ne l'est Évian par le simple hasard de la nature.

Du haut d'une terrasse ombragée de grands arbres, on aperçoit un abîme ; lorsqu'on s'appuie au parapet, la cime des arbres inférieurs et les toits désordonnés de tuiles de bois ou de pierres plates des maisons de la ville basse. Ce premier plan, d'un ton chaud, vigoureux, heurté de touche, forme le plus excellent repoussoir ; il se termine par des barques à la proue effilée, aux mâts couleur de saumon, aux grandes vergues carguées, qui se reposent sur la rive de leurs courses. Le second plan est le lac, et le troisième est formé par les montagnes de la Suisse, qui se déroulent dans une étendue de douze lieues.

Voilà à peu près les linéaments grossiers du tableau ; mais ce que le pinceau serait peut-être plus impuissant encore à rendre que la plume, c'est la couleur du lac. Le plus beau ciel d'été est assurément moins pur et moins transparent. Le cristal de roche, le diamant ne sont pas plus limpides que cette eau vierge descendue des glaciers voisins. L'éloignement, le plus ou moins de profondeur, les jeux de la lumière lui donnent des teintes vaporeuses, idéales, impossibles, et qui semblent appartenir à une autre planète : le cobalt, l'outre-mer, le saphir, la turquoise, l'azur des plus beaux yeux bleus, ont des nuances terreuses en comparaison. Quelques reflets sur l'aile du martin-pêcheur, quelques iris sur la nacre de certaines coquilles peuvent seuls en donner une idée, ou bien encore certains lointains élyséens et bleuâtres des tableaux de Breughel de Paradis.

On se demande si c'est de l'eau, du ciel ou la brume azurée d'un songe que l'on a devant soi : l'air, l'onde et la terre se reflètent et se mêlent de la façon la plus étrange. Souvent une barque, traînant après elle son ombre d'un bleu foncé, vous avertit seule que ce que vous aviez pris pour une trouée du ciel est un morceau du lac. Les montagnes prennent des nuances inimaginables, des gris argentés et perlés, des teintes de rose, d'hortensia et de lilas, des bleus cendrés comme les plafonds de Paul Véronèse; çà et là scintillent quelques points blancs : ce sont Lausanne, Vevay, Villeneuve. L'ombre des montagnes réfléchies dans l'eau est si fine de ton, si transparente, qu'on ne sait plus distinguer le sens des objets; il faut, pour s'y retrouver, le léger frisson d'argent dont le lac ourle ses rives. Au-dessus de la première chaîne, la dent de Morcle montre ses deux pivots blanchâtres.

C'est à cet endroit que le Rhône entre dans le lac, le Rhône que nous longerons jusqu'à Brigg.

A Saint-Gengouph, il faut faire ses adieux au Léman, qui, du reste, s'arrête là et termine au pied de Villeneuve sa grande débauche d'azur. Toute cette journée a passé comme un rêve, dans un bain de lumière tendre et bleue, dans un mirage de Fata Morgana. Quelle harmonie enchanteresse, quelle grâce athénienne et tempérée, quelle suavité ineffable, quelle volupté chaste, quelle caresse mystérieuse et douce de la nature enveloppant l'âme!

Cette course sur le bord du lac nous rappela une journée d'enivrement céleste passée à Grenade, sur le Mulhacen, à la même date, il y a dix ans, dans un océan de neige, de lumière et d'azur.

En s'éloignant du lac Léman, la route reste toujours pittoresque, quoique rien ne puisse remplacer l'effet de ce miroir immense, de ce ciel fondu en eau.

L'on suit un chemin bordé de beaux arbres, dont l'ombre de la vallée entretient la fraîcheur. Les rochers s'escarpent de chaque côté à des hauteurs prodigieuses : l'un d'eux semble terminé par un burg, avec ses bottes de tours, ses remparts crénelés, son donjon et ses guérites en poivrière. La neige, en argentant les saillies et les corniches du rocher, rend l'illusion encore plus complète : l'imagination ne se figure pas autrement la demeure du Job de Victor Hugo.

Le Rhône coule au fond de la vallée, tantôt près, tantôt loin, mais toujours orageux et jaune, roulant des pierres et du sable et changeant souvent de place dans son lit, comme un malade inquiet. Le fleuve a besoin de passer par le filtre du Léman pour acquérir ce bleu profond qui le caractérise en sortant de Genève; car, ainsi que l'a remarqué le grand poëte que nous citions tout à l'heure, le Rhône est bleu comme la Méditerranée où il se précipite, et le Rhin vert comme l'Océan vers lequel il marche.

Il est fâcheux que ce charmant paysage soit peuplé de crétins et de goitreux. On rencontre à chaque pas des femmes, quelquefois jolies sous leur petit chapeau national écimé et bordé de rubans posés en canon de fusil, qui sont affligées de cette infirmité dégoûtante. Le goitre ressemble à la poche membraneuse que le pélican porte sous le bec. Il y en a d'énormes. Est-ce l'ombre des montagnes, la crudité de l'eau de neige, qui cause cette horrible difformité? C'est ce qu'on n'a jamais bien su. Les femmes, surtout les vieilles, y sont plus sujettes que les hommes : rien n'est plus affligeant. Un crétin à crâne déprimé, à cou tuberculeux, s'arrêta en grognant et en ricanant près de notre voiture. Hideux tableau! voir l'homme au-dessous de l'animal : car l'animal a son instinct.

On dîna à Saint-Maurice, gros bourg fortifié sur

le bord du Rhône, et d'une apparence assez rébarbative. Aux murailles de l'hôtel étaient suspendues des lithographies représentant les illustrations militaires de la Suisse : le général Guillaume-Henri Dufour entouré de son état-major, Hussy d'Argovie, Eschmann, Herosé, Pfœnder de Lindenfrey, Zimmerli et quelques autres. Il y avait aussi les portraits d'Ochsenbein, président de la diète en 1847, et de Jacques-Robert Steiger. Nous notons ceci, car toutes les images des auberges viennent de la rue des Maçons-Sorbonne, à Paris, et représentent les quatre saisons ou les quatre parties du monde.

A Saint-Maurice, on nous inséra dans un berlingot fantastique où l'on ne pouvait se tenir ni droit, ni courbé, ni couché, ni assis, tant la construction en était ingénieuse. Le berlingot nous cahota jusqu'à Marigny, où l'on nous fit remonter en diligence.

La nuit tombait, brumeuse et glaciale, et l'on commençait à ne discerner que difficilement les formes confuses et gigantesques des montagnes ; nous traversâmes Sion dans un demi-sommeil, et lorsque le jour parut, au bout d'une vallée traversée de torrents et rendue humide par des infiltrations marécageuses, Brigg se dressa avec ses clochers et ses édifices couronnés de grosses boules de fer-blanc, qui lui donnent un air de Kremlin au petit pied. C'est là que commence la route du Simplon. On n'est plus séparé que par une crête de montagnes de cette Italie dont le nom est si puissant, selon Henri Heine, qu'il fait chanter *Tirely*, même à un philistin berlinois.

La route du Simplon que nous allons suivre est une merveille du génie humain. Napoléon, se souvenant de la peine que devait avoir eue Annibal à faire fondre autrefois les Alpes avec du vinaigre, comme le racontent sérieusement les historiens, a voulu épargner ce travail aux conquérants qui désireraient entrer en Italie, et a fait exécuter en trois ans ce chemin miraculeux. Il fallait que le vinaigre antique fût d'une force terrible; car cent soixante mille quintaux de poudre et dix mille hommes suffirent tout au plus à faire à l'âpre flanc de la montagne cette imperceptible raie qu'on appelle une route.

Le terrain s'élève par une pente assez douce, entre deux bordures de montagnes qu'on croirait toucher avec le doigt, bien qu'elles soient passablement éloignées; mais dans les régions alpestres on est à chaque instant trompé sur la distance, par la perpendicularité des plans. Les crêtes qu'on laisse en arrière de soi sont couvertes de neiges; c'est une ramification des Alpes helvétiques. Sur leurs flancs, qui semblent inaccessibles même au pied de la chèvre, se tiennent suspendus, on ne sait comment, des villages trahis par leurs clochers, quelquefois seuls visibles. Des chalets perdus dans la montagne, avec leurs auvents de bois et leurs toits chargés de pierres, de peur que le vent ne les enlève, révèlent tout à coup la présence inattendue de l'homme ; c'est là que, bloqués par les frimas et les lavanges, les pâtres passent l'hiver, loin de toute relation humaine. Où vous pensez ne trouver que des aigles et des chamois, vous rencontrez des faucheurs et des faneuses : la culture monte à de vertigineuses hauteurs ; nous avons vu une femme qui bottelait du foin au bord d'un précipice de quinze cents pieds, sur une prairie en pente comme un toit et que tachetaient quelques vaches dont on entendait tinter les clochettes.

Brigg n'est déjà plus au fond de la vallée qu'une de ces boîtes de jouets d'Allemagne représentant un village sculpté en bois. C'est la même proportion ; les boules de fer-blanc brillent encore comme des paillettes aux rayons du matin. Le Rhône ne semble plus qu'un fil jaune.

A la droite de la route s'étend à perte de vue un horizon de montagnes élevant leurs têtes les unes au-dessus des autres, et formant un panorama sublime. Le mont Blanc fait jaillir au fond de ce chaos magnifique quelques-unes de ses aiguilles neigeuses.

A la gauche, ce sont de grandes forêts de sapins

d'une vigueur et d'une beauté surprenantes : le sapin est le gazon de la montagne. Il est à elle dans la proportion du brin d'herbe à la prairie. Cet escarpement abrupt qui vous paraît velouté çà et là de plaques de mousse est couvert en effet de sapins et de mélèzes de soixante pieds de haut. Les brins d'herbe pourraient faire des mâts de navire : ce frisson à la peau de la montagne est une vallée qui cacherait et qui cache souvent un village dans son pli. Ce filet immobile et blanchâtre, que vous prendriez pour une veine de neige, c'est un torrent fougueux qui se précipite avec un fracas horrible qu'on n'entend pas.

Rien n'est plus beau et plus agréablement grandiose que le commencement de la route du Simplon, en venant de Genève ; l'immensité n'exclut pas le charme ; une certaine grâce voluptueuse revêt ces colossales ondulations ; les sapins sont d'un vert si frais, si mystérieux, si tendre dans son intensité ; ils ont un port si élégant, si dégagé, si svelte ; ils vous tendent si amicalement les bras sous leurs manches de verdure ; ils savent si bien prendre des airs de colonnes avec leur tronc argenté ; ils se retiennent si adroitement en crispant leurs doigts au bord des gouffres ou sur les parois à pic ; les sources babillent si gentiment de leurs voix argentines à côté de vous sous les pierres ou les plantes aquatiques ; les lointains déploient de si jolis tons bleus, les précipices se font si engageants qu'on se sent dans un état d'exaltation extraordinaire et qu'on se lancerait volontiers, la tête la première, dans ces jolis gouffres.

On longe pendant quelque temps un délicieux abîme, au fond duquel la Saltine fait des cabrioles écumeuses et s'échevèle de la façon la plus pittoresque. Les forêts de sapins en voie d'exploitation offrent un aspect singulier. Le tronc des arbres, coupés à quelques pieds de terre, a l'apparence des colonnes plantées dans les cimetières turcs, et l'on se demande avec étonnement comment tant d'Osmanlis se trouvent ainsi enterrés dans une montagne suisse. Quand l'exploitation est récente, l'entaille faite par la hache présente des tons saumon clair qui se rapprochent beaucoup de la chair humaine : on dirait des blessures faites au corps de ces nymphes que les anciens supposaient habiter l'intérieur des arbres. Le sapin prend alors un air intéressant et douloureux ; quelquefois la terre lui a manqué sous les pieds et il a glissé à mi-gouffre, retenu en chemin par les bras de quelques amis plus solides.

De distance en distance, des maisons de refuge marquées d'un numéro et qui sont au nombre de huit, si notre mémoire ne nous trompe, attendent les voyageurs surpris par quelque orage, quelque fonte de neige ou quelque avalanche. Dans ces lieux si solitaires, si perdus en apparence, la pensée humaine vous accompagne partout et vous protége. Lorsque vous vous croyez seul entre la nature et Dieu, noyé dans le vaste sein de l'immensité, un cantonnier, qui casse humblement des pierres et s'occupe à combler l'ornière qui ferait verser votre voiture, vous rappelle au sentiment de la solidarité générale. Dans ce profond isolement un de vos frères travaille pour vous ; un troupeau de chèvres effrayées grimpe le long des murailles à pic formées par le roc, sautelant d'aspérités en aspérités avec une agilité incroyable, malgré les cris du chevrier qui les rappelle ; une pièce de terrain cultivé apparaît tout à coup dans un endroit invraisemblable; un groupe de maisons indique que là on aime et l'on hait, l'on jouit et l'on souffre, l'on vit et l'on meurt, comme dans la plaine et dans la ville ; des cabanes isolées trahissent des cœurs qui ont la force de supporter sans accablement le spectacle de l'immensité et de rester face à face avec Dieu, en dehors de toute distraction humaine.

Arrivé à un endroit où la vallée se tranche en une profonde coupure, où se jettent tous les torrents et toutes les sources qui ruissellent de la montagne et traversent la route par des conduits souterrains, on franchit un pont dont les culées sont d'une hauteur prodigieuse, puis l'on fait un coude et l'on commence à gravir une autre crête.

C'est là que se trouve le relais, avec ses deux corps de bâtiment reliés entre eux par une galerie couverte en forme de pont.

Le mont Alost, que l'on avait toujours vu au fond de la perspective, cache sa tête neigeuse à l'horizon, et l'on a devant soi le Pflecht-Horn avec sa calotte de glaces d'où filtrent des torrents, et un peu plus loin le Schœn-Horn, encapuchonné de nuages : les sapins deviennent plus rares, la végétation s'appauvrit sensiblement. Cependant des plantes courageuses continuent à tenir compagnie à l'homme et rappellent l'idée de la vie dans ces lieux où tout paraîtrait mort. Le rhododendron étale sa verdure vivace et sa belle fleur qu'on appelle ici la rose des Alpes; la gentiane bleue, les saxifrages, le cornillet moussier à fleurs roses, le myosotis aux petites étoiles de turquoise escaladent bravement la montagne avec vous, profitant d'un filet d'eau, d'un peu de terre au creux d'un roc, d'une fissure de schiste, du moindre accident favorable : l'homme, lui, ne renonce jamais. Il bâtit jusque dans la glace, au risque d'être emporté par les eaux et les neiges ; il semble mettre son amour-propre à habiter les lieux inhabitables.

Nous étions parvenu à peu près au point culminant de la route, quelque chose comme cinq mille pieds au-dessus du niveau de la mer. Il n'y avait plus entre nous et le ciel que le glacier de Pflecht-

Horn, d'où se précipitaient quatre torrents presque perpendiculaires : quatre trombes d'écume et de fange. L'on voyait distinctement le premier de ces torrents jaillir de l'angle du glacier par une arcade d'un vert cristallin ; c'était étrange et beau, de voir accourir du haut de ce pic cette eau savonneuse et poussiéreuse qui passe par-dessus la route, recouverte en cet endroit d'une galerie voûtée que les infiltrations ont tapissée de stalactites et qui a maintenant l'air d'une grotte naturelle ; des ouvertures permettent de voir en dessous la cataracte, qui tombe à l'abîme en mugissant. Les autres eaux grondaient et fuyaient en fusées d'argent, en écumes neigeuses, avec un bruit et une turbulence inimaginables. Le spectacle était d'une sauvagerie tout à fait romantique. Le Pflecht-Horn, à cette hauteur, ne présente plus que des terres décharnées, des rochers, des glaces, des neiges, des eaux torrentueuses ; la peau de la planète apparaît dans toute sa nudité, que quelque nuage compatissant vient voiler de temps à autre de son manteau d'ouate.

A partir de là le chemin commence à descendre. On quitte le versant helvétique pour le versant italien. Chose bizarre ! Dès que nous eûmes franchi la crête qui sépare les deux régions, nous fûmes frappé par l'extrême différence de la température. Sur le versant helvétique, il faisait un temps charmant, doux, tiède et lumineux; sur le versant italien soufflait une bise glaciale, et de grands nuages pareils à des brouillards passaient sur nous en nous enveloppant : le froid était atroce et surtout sensible par le contraste. Le paletot et le manteau que nous ne manquons jamais d'emporter lorsque nous allons dans le Midi suffisaient à peine pour nous empêcher de claquer des dents.

L'ancien hospice du Simplon s'aperçoit sur un plateau inférieur, à la droite du chemin, en venant de Suisse; c'est un bâtiment jaunâtre, surmonté d'un clocher assez haut. Le nouvel hospice, beaucoup plus vaste, est à gauche; on y reçoit les voyageurs en péril ou fatigués, et on leur prodigue gratuitement les soins que réclame leur état. Les personnes riches donnent quelque chose pour l'église. Au moment où nous passions devant l'hospice, il en sortait deux prêtres, l'un jeune et l'autre vieux, mais d'une vieillesse vigoureuse, qui descendaient ensemble du côté de l'Italie; ils portaient tous deux le chapeau à bords retroussés, les culottes courtes, les bas noirs, les souliers à boucles, l'ancien costume de prêtre, avec l'aisance et la sécurité des ecclésiastiques dans les pays vraiment religieux.

Le caractère des montagnes, que l'on croirait devoir devenir plus doux et plus riant en approchant de l'Italie, prend au contraire une âpreté et une sauvagerie extraordinaires. On dirait que la nature s'est fait un jeu des prévisions, ou qu'elle a voulu préparer un repoussoir, comme disent les peintres, pour les gracieuses perspectives qui vont se dérouler. Ce renversement est très-curieux : c'est la Suisse qui est italienne et l'Italie qui est suisse, dans cette étonnante route du Simplon.

Du point où la descente se prolonge au village du Simplon, il y a deux lieues encore qui se font rapidement : on traverse plusieurs fois un torrent très-tapageur et très-convulsif, sur lequel passe une source conduite dans des tuyaux de bois en manière d'aqueduc vers les prairies qu'elle doit arroser.

Tout en cheminant, nous comparions ces montagnes aux différentes Sierras espagnoles que nous avons parcourues. Rien n'est plus différent : la Sierra-Morena, avec ses grandes assises de marbre rouge, ses chênes verts et ses liéges; la Sierra-Nevada, avec ses torrents diamantés où trempent des lauriers-roses, ses plis et ses reflets de satin gorge de pigeon, ses pics qui rougissent le soir comme des jeunes filles à qui l'on parle d'amour; les Alpujaras, avec leurs escarpements baignés par la mer, leurs vieilles villes moresques et leurs tours de vigie perchées sur quelque plateau inaccessible, leurs pentes où le gazon brûlé ressemble à une peau de lion; la Sierra de Guadarrama, toute hérissée de masses de granit bleuâtre qu'on prendrait pour des dolmen et des peulven celtiques, ne ressemblent en rien aux Alpes, et la nature, au moyen d'éléments en apparence semblables, sait produire des effets variés.

III.

Le Simplon, Domo d'Ossola, Luciano Zane.

Le village du Simplon se compose de quelques maisons agglomérées au bord de la route, et qui trouvent une source d'aisance dans le passage des voyageurs. L'on s'y arrêta pour dîner dans une auberge assez propre. La salle à manger était tendue d'un papier en grisaille représentant la conquête des Indes par les Anglais, et qui eût pu servir d'illustration à la guerre du Nizam de Méry, à cause du mélange de lords et de brahmes, de ladies et de bayadères, de calèches et de palanquins, de chevaux et d'éléphants, de péons à moitié nus et de laquais en livrée, de cipayes et de horse-guards, qui fait de cette tenture une encyclopédie indienne, bonne à consulter en attendant la soupe : plusieurs artistes facétieux se sont permis de mettre des moustaches à la grande bayadère, une pipe à lady Williams Bentinck, un bonnet de coton au gouverneur et une queue phalanstérienne au vénérable chef des Pandits; mais ces ornements capricieux ne détruisent pas l'harmonie générale. Ce papier indo-anglais sert aussi de registre et reçoit les noms des voyageurs. Quelques mauvais plaisants en ont accouplé qui seraient fort étonnés de se trouver ensemble.

Les pentes deviennent de plus en plus rapides; la vallée où la route circule s'étrangle en gorge; les montagnes latérales s'escarpent affreusement; les rochers sont abrupts, perpendiculaires, quelquefois même ils surplombent; leurs parois, qui offrent à chaque instant la trace de la mine, montrent qu'ils n'ont livré passage qu'après une longue résistance, et qu'il a fallu brûler bien de la poudre pour en avoir raison. Les couleurs se rembrunissent et la lumière ne descend plus qu'avec peine au fond des étroites coupures; des taches d'un vert sombre, presque noir, qui sont des forêts de sapins, tigrent les roches fauves et leur donnent un aspect féroce. Les torrents se changent en cascades, et au fond de la fissure gigantesque, qui semble le coup de hache d'un Titan, gronde et tourbillonne la Dovéria, espèce de rivière enragée qui roule, au lieu d'eau, des blocs de granit, des pierres énormes, de la terre en fusion et une fumée blanchâtre; son lit, beaucoup plus large qu'elle, et où elle se vautre et se tord convulsivement, a l'air de la rue d'une cité cyclopéenne après un tremblement de terre; c'est un chaos de roches, de quartiers de marbre, de fragments de montagne qui affectent des formes d'entablements, d'architraves, de tronçons de colonnes et de pans de murs; dans d'autres endroits, les pierres blanchies forment d'immenses ossuaires; on dirait des cimetières de mastodontes et d'animaux antédiluviens, mis à découvert par le passage des eaux. Tout est ruine, ravage, désolation, menace et péril : les arbres arrachés se tordent comme des brins de paille, les rocs entraînés s'entre-choquent avec un bruit terrible, et cependant nous sommes dans la saison favorable. En hiver, le passage doit être quelque chose d'impossible et de formidable. Nous engageons les décorateurs qui voudraient peindre une gorge fantastique pour la fonte des balles *Freyschutz* à venir faire quelques croquis dans la vallée de Gondo.

Cette Dovéria, quelque furieuse et dévorante qu'elle soit, a rendu pourtant de grands services; l'homme, sans elle, n'aurait pu séparer ces masses colossales. Avec son eau, qui ne connaît pas d'obstacles, elle a frayé le chemin à l'ingénieur. Son cours est un tracé grossier de la route. Torrent et route se côtoient assidûment. Tantôt c'est le torrent qui empiète sur la route, tantôt la route qui empiète sur le torrent. Quelquefois le rocher oppose un rempart gigantesque qu'on ne peut franchir ni tourner; alors une galerie creusée dans le roc avec le ciseau et la mine lève la difficulté. La galerie de Gondo, percée de deux ouvertures qui en font le plus admirable souterrain du mélodrame, est une des plus longues après celle d'Algaby, qui a deux cent vingt pieds. Elle porte à l'une de ses extrémités cette courte et noble inscription : *Ære Italo*, 1795, *Nap. imp.*

A peu près vers cet endroit, le Frasinone et deux torrents qui viennent des glaciers du Rosboden se précipitent dans l'abîme avec une fureur et un bruit épouvantables. La route suit une corniche en saillie sur le gouffre. Les murailles de rochers se rapprochent encore davantage, rugueux, noirs, hérissés, ruisselants, hors d'aplomb, et ne laissant voir entre leurs cimes, hautes de deux mille pieds, qu'une étroite bandelette de ciel qui luit bien loin de vous comme une espérance. En bas est la nuit, le froid, la mort ; jamais un rayon de soleil n'arrive jusque-là. C'est l'endroit le plus farouchement pittoresque du passage.

A travers cette nature en désordre, elle roule, tourne presque toujours à angles droits et trèssoudainement. Quoique nous ayons descendu trois fois en Espagne cette espèce de montagne russe, qu'on appelle la Descarga, au triple galop, au milieu des vociférations du zagal, du mayoral et du delantero, dans un carillon de coups de fouet, de grelots et d'injures, nous ne pouvions nous défendre d'une certaine émotion en dégringolant ainsi sur trois roues, la quatrième retenue par le sabot, qui talonnait terriblement, et la tête du cheval sous la main, renâclant au-dessus du vide, le long de pentes très-roides et dégarnies de parapet à presque tous les endroits dangereux. Il semble qu'à toute minute on va verser; cependant cela n'arrive jamais, et les pointes de mélèzes ou de rochers qui se dressent du fond de l'abîme sont privées du plaisir de vous empaler. Pendant la mauvaise saison, on se sert de traîneaux, et, disent les guides, si le traîneau glisse dans le gouffre, on a le temps de se jeter de côté : avantage touchant.

Après avoir traversé des ponts hardis, des souterrains prodigieux, car il y en a un où tout le poids de la montagne porte sur une pile de maçonnerie, on parvient à une région un peu moins resserrée. La vallée s'évase, la Dovéria s'étale plus à son aise, les nuages et les brouillards amoncelés se dissipent en flocons légers. La lumière filtre moins avare du ciel ; cette teinte grise, verte, glaciale et dure qui caractérise les horreurs alpestres, se réchauffe un peu; quelques maisons s'enhardissent et montrent le nez à travers des bouquets d'arbres sur des gradins moins escarpés, et bientôt l'on atteint Isella, petit village où se trouve la première douane piémontaise.

La douane est un bâtiment entouré d'un portique à arcades soutenues par des colonnes de granit gris. Sur la muraille nous remarquâmes un cadran solaire à l'état de sinécure, car les rayons de l'astre ne doivent pas parvenir souvent jusqu'à lui. Il porte l'inscription suivante : *Torna, tornando il sol, l'ombra smarrita, ma non ritorna più l'età fuggita* (L'ombre évanouie revient quand revient le soleil, mais l'âge enfui ne revient plus). Le *concetto* italien joue déjà dans la pensée philosophique sur *torna, tornando, ritorna*. Oh! combien plus simplement terrible nous avertit jadis le cadran de l'église d'Urrugne, en approchant de la frontière d'Espagne, avec ce mot effrayant sur la fuite des heures : *Vulnerant omnes, ultima necat* (Toutes blessent, la dernière tue). Gnomons et cadrans, nous entendons votre langage ; et nous avons fait graver sur notre cachet : *Vivere memento* (Souviens-toi de vivre). En passant devant vous, nous hâtons le pas, fussions-nous fatigué et le lieu nous plût-il pour planter notre tente ; car nous comprenons qu'il faut nous dépêcher de visiter cette terre qui doit bientôt nous absorber dans son vaste sein.

Le paysage s'égaye et devient riant. Des charrettes et des chars à bœufs vont et viennent; des paysans débusquent par des sentiers latéraux ; des paysannes assez jolies, portant une large bande rouge au bas de leur jupe, nous regardent avec leur grand œil méridional. De blanches villas, des clochers se révèlent dans des flots de verdure ; la vigne s'étale en guirlandes et en berceaux ; on sent, à une certaine élégance, qu'on n'est plus en Suisse. La Dovéria continue à rouler dans son lit pierreux, mais à distance respectueuse, comme un compagnon inculte et farouche qui préfère vous quitter à l'entrée de la ville ; pourtant, la chaussée çà et là constellée d'énormes galets, une arche du pont emportée, témoignent de son mauvais caractère. Napoléon, qui bâtissait pour l'éternité, n'a pu faire le pont assez solide pour les coups de tête du torrent : cette gracieuse vallée s'appelle Dovearo.

Un détail assez singulier et peu italien, du moins dans nos idées septentrionales, c'est le parapluie bourgeois, le riflard patriarcal, porté par tous les gens que nous rencontrions, hommes, femmes et enfants ; le mendiant lui-même a son parapluie. Nous comprîmes bientôt pourquoi.

Au dernier coude de la route s'élève une chapelle veillant sur un cimetière ; puis l'on arrive au pont de Crevola, qui termine avec une merveille tous les prodiges du Simplon. Ce pont, qui a deux arches supportées par une pile et des culées d'une hauteur immense, car la croix d'une église située plus bas atteint à peine la balustrade, ferme la vallée de Domo d'Ossola, qu'on découvre de là tout entière.

A côté du pont, une passerelle en bois jetée sur la Dovéria sert aux relations des maisons du bourg disséminées sur les deux rives.

L'Italie se présentait à nous sous un aspect inattendu. Au lieu du ciel d'azur, des tons orangés et chauds que nous rêvions, sans penser après tout que l'Italie du nord ne peut avoir le climat de Naples, nous trouvions un ciel nuageux, des montagnes vaporeuses, des perspectives baignées de brumes bleuâtres, un site d'Écosse lavé par un aquarelliste anglais, un paysage humide, verdoyant, velouté, digne d'être chanté par un poëte lackiste.

Pour n'être pas le tableau que nous avions imaginé, celui que nous avions devant les yeux n'en était pas moins très-beau; ces montagnes qu'estompaient les nuages qui s'effrangeaient en pluie, ces plaines vertes semées de villas, cette route bordée de maisons festonnées de vignes étayées par des piliers de granit, ces jardins fermés par des dalles de pierre mises debout, formaient, malgré l'orage qui se résolvait en averse, un ensemble gracieux et magnifique. Chaque détail de construction révélait déjà un sentiment de la beauté et un soin de la forme qui n'existent ni en France ni en Suisse.

Nous approchions de Domo d'Ossola, où nous ne tardâmes pas à entrer sous une pluie battante, qui, pour les raisons que nous avons dites tout à l'heure, ne prenait personne au dépourvu. La place de Domo d'Ossola, taillée en trapèze, est assez pittoresque, avec ses arcades aux piliers trapus, ses balcons projetés en saillie, ses toits débordant, ses galeries à colonnes et ses pavillons surmontés de girouettes.

L'auberge où la diligence s'arrêta était peinturlurée, à la mode italienne, de fresques grossières, ou, pour mieux dire, de barbouillages en détrempe, représentant des paysages entremêlés de palmiers et de plantes exotiques. Autour de la cour centrale régnait, comme dans le patio espagnol, une galerie à colonnes grisâtres. Il était sept heures du soir, nous ne devions partir qu'à deux heures du matin, et il pleuvait comme pour un nouveau déluge. Nous avions dîné au village du Simplon, et la ressource de passer le temps à table nous était interdite. Nous demandâmes au garçon de l'hôtel si par hasard il n'y avait pas quelque spectacle dans la ville. Le théâtre était fermé, et l'impresario des marionnettes venait précisément de terminer ses représentations la veille; mais il n'avait pas encore quitté Domo d'Ossola. L'idée nous vint de nous faire organiser une soirée pour nous tout seul, et nous voilà accompagné d'un guide qui nous croyait fou, sautillant à travers les flaques d'eau, sous les hachures pressées de la pluie, à la recherche du *marionnettista*. Tout en marchant, nous cherchions à saisir quelques aspects de la ville. A la clarté mourante du jour, l'on pouvait démêler encore sur les murailles des peintures pieuses, des statuettes de madones coloriées, éclairées par des lampes.

L'une de ces fresques avait pour sujet la sainte Vierge tirant les âmes du purgatoire, accompagnée de saint Gervais et de saint Protais. Ces représentations sont fréquentes dans les rues et le long des routes en Italie; à chaque pas ce sont de petits monuments avec des calvaires en relief et peints au naturel, des Notre-Dame, des anges gardiens, ou des dévotions particulières au pays. Le marionnettiste n'était pas chez lui; il était allé souper à l'*Osteria*, et, quoiqu'il y eût de la cruauté à déranger un pauvre homme en train de boire un pot de vin violet en face d'un morceau de polenta frite, nous eûmes jusqu'au bout le courage de notre fantaisie, et Luciano Zane (c'est ainsi que se nommait l'impresario) consentit pour 20 francs, la moyenne de ses recettes, à nous donner une représentation spéciale, charmé, quoique un peu surpris, du caprice. Il nous demanda une heure pour rassembler son orchestre, prévenir son compère, habiller ses acteurs, mettre en place ses décors et illuminer sa salle.

Au bout d'une heure, sous la pluie qui ne discontinuait pas, nous nous rendîmes au théâtre.

Un quinquet placé près d'une pancarte sur laquelle se lisait : *si recita*, en indiquait la porte. La marmaille de la ville, que nous avions dit de laisser entrer, garnissait déjà les bancs, et c'était plaisir de voir pétiller ces yeux noirs et rire ces jolies bouches roses aux lueurs de lampes doublées par le miroir placé derrière elles comme réflecteur. Rien n'était plus simple que cette salle de spectacle ; les quatre murs blanchis à la chaux, quelques bancs, une tribune de bois, et le théâtre élevé de trois ou quatre pieds sur un tréteau. La toile, par un vague souvenir d'art qui ne s'éteint jamais en Italie, retraçait la fameuse fresque de l'Aurore du Guide, qu'on admire au palais Rospigliosi, et dont la gravure est populaire, mais dans un goût étrusque et caraïbe le plus étrange du monde.

L'orchestre, composé de quatre musiciens typiques, dont l'un battait fortement la mesure avec son pied, joua une courte ouverture, et la toile se leva à notre grande satisfaction et à celle des petites filles, qui se haussaient pour mieux voir.

L'on représenta d'abord *Girolamo, calife pour vingt-quatre heures, ou les Vivants qui font semblant d'être morts :* c'est l'histoire de cet ivrogne des *Mille et une Nuits* transporté dans le palais par Haroun-al-Raschild et son fidèle Giaffir, mêlée à une intrigue d'opéra comique que ne désavoueraient pas

MM. Scribe et Saint-Georges, et qui peut-être vient d'eux. Girolamo, qui parle le dialecte piémontais, tandis que les autres acteurs se servent de l'italien pur, porte un habit à la française couleur raisin de Corinthe, une perruque ébouriffée, agrémentée d'une queue grotesquement tire-bouchonnée. Son masque est grimaçant, sa bouche se tord, les yeux lui sortent de la tête ; il bredouille, gesticule et se démène comme un possédé. Girolamo est un type qui revient dans plusieurs pièces, comme dans *Girolamo, maître de musique; Girolamo, médecin malgré lui :* c'est une sorte de Sganarelle, mais plus rusé, plus méchant, moins ganache. Par certains coins, il ressemblerait à Mayeux : il est sensuel, séducteur, courtisan et fourbe au besoin, tout cela avec un certain cachet de bêtise et de rusticité que le marionnettiste, qui anime ce *nervis alienis mobile lignum*, fait très-bien sentir ; aussi chaque entrée de Girolamo est-elle saluée par de grands éclats de rire.

C'est un spectacle étrange et qui prend bientôt une inquiétante réalité, qu'une représentation de marionnettes. Jamais caricaturiste ne fit une plus amère parodie de la vie. Hogarth, Cruishanck, Goya, Daumier, Gavarni n'atteignent pas à cette puissance d'ironie involontaire. Que d'acteurs célèbres rougiraient de dépit s'ils voyaient leurs gestes maniérés et faux, leurs poses de jambe étudiées devant le miroir, répétées avec une stupidité mécanique plus cruelle que toutes les critiques du monde! N'est-ce pas, en outre, tout le secret de la comédie humaine? quelques douzaines d'automates sans esprit et sans cœur, morceaux de bois bariolés d'oripeaux, à qui deux ou trois mains cachées donnent un fantôme d'existence, et que font parler comme elles le veulent des voix qui ne sont pas dans leurs poitrines.

Luciano Zane et son compère faisaient dialoguer Girolamo Haroun-al-Raschild, Giaffir et les autres personnages ; une voix de femme au timbre de contralto prêtait son organe à la princesse et aux odalisques : cette voix était celle de la femme de Luciano Zane, perchée sur un banc, derrière la toile, à côté de son mari.

Les décorations n'étaient pas trop mal faites et ressemblaient, par l'exagération de la perspective, aux vues d'optique pour les enfants. L'intérieur du palais du Calife montrait des efforts d'imagination pour atteindre au luxe oriental; des nègres portant des torchères formaient cariatides et soutenaient un plafond qui avait des velléités d'Alhambra.

La grande pièce fut suivie d'un ballet mythologique, la *Vengeance de Médée*, où le chorégraphe n'avait pas eu égard au précepte d'Horace, que Médée n'égorge pas ses enfants en public; car la magicienne immolait avec la fureur la plus sauvage deux petites poupées à ressorts, et formait un groupe qui ne rappelait nullement le tableau d'Eugène Delacroix. Pour ne pas faire de chagrin à certains danseurs de notre connaissance, nous ne décrirons point le pas seul et les pas de deux des premiers sujets, qui égalaient Saint-Léon pour l'élévation et touchaient les frises à chaque instant. Mais quelles jolies attitudes de compas forcé et de télégraphe en démence!

Le ballet achevé, nous passâmes derrière le théâtre. Luciano Zane nous fit voir son répertoire composé de plusieurs manuscrits en italien avec la traduction interlinéaire en dialecte; ses acteurs et leur garde-robe rangés dans des tiroirs; il y avait là, couchés côte à côte dans le meilleur accord, le grand-prêtre, le roi, la reine, la princesse, le calife, Girolamo, le génie du bien, le génie du mal, la mort, David et Goliath, le galant et sa dame, tous les personnages de ce petit monde automatique; les habits brillaient de paillettes, de passequilles, de gazillons et de fanfreluches.

Cette vue nous fit penser au commencement des mémoires de Wilhem Meister, où il raconte sa passion enfantine pour les marionnettes, et au soir où il apporte chez la Marianne, comédienne dont il est amoureux, et qui s'attendait peut-être à un autre présent, les figurines qui ont tant amusé sa jeunesse et développé en lui le goût du théâtre. Il explique longuement le caractère et l'emploi de chaque poupée à la jeune femme, qui regarde le lit de temps en temps et finit par s'endormir sur son épaule : sage avertissement dont nous devrions bien profiter.

Nous revenions très-enchanté de Luciano Zane, qui écrit lui-même ses pièces, peint ses décorations, modèle et habille ses marionnettes, lorsqu'on nous apprit que le plus grand talent du genre, que l'illustre, l'incomparable, le jamais assez loué, était un certain Famiola de Varallo, un homme admirable, dont les marionnettes remuent les yeux et la bouche, qui ne récite pas, qui improvise et fait des allusions politiques d'une finesse et d'une audace inouïes, un homme charmant, plein d'esprit, adressant aux femmes, dont son théâtre est toujours plein, mille bons mots et gaillardises qui les font rire aux larmes; il représente la prise de Peschiera avec des canons, des mortiers et des soldats en uniforme exact; il a des danseuses parfaites, qui vous font mourir d'amour quand elles dansent la saltarelle, en tordant leurs petits reins de bois ; enfin, Famiola est le premier homme du monde : il n'a qu'un défaut, c'est d'être à Palenza, sur le lac Majeur, d'où peut-être il vient de partir. Nous rêvions déjà d'interrompre notre voyage et de nous mettre au pourchas de Famiola, sauf à le suivre au bout du monde après l'avoir trouvé, lorsqu'on vint nous

dire de monter en diligence. Au lieu de suivre Famiola, comme c'était notre envie, nous partîmes
pour Milan. C'était plus sage ; mais, tout en roulant
dans l'obscurité, nous rêvions toujours aux belles
marionnettes, qui faisaient des gestes extravagants et
cabriolaient à travers notre sommeil.

IV.

Le lac Majeur. — Sesto-Calende, Milan.

La pluie continuait, et les lueurs confuses de l'aube
se noyaient dans des nuages si bas qu'ils touchaient
presque le sol et se confondaient avec les vapeurs
qui s'élevaient de terre. On traversa deux fois, sur
des bacs, une petite rivière torrentueuse, déjà gonflée par l'orage, et, quand le jour parut, nous étions
sur les bords du lac Majeur, à la hauteur de Baveno ;
l'eau, agitée par le mauvais temps de la nuit, on-
dulait assez fortement, et le lac se donnait des airs
de houle comme la mer. Cependant le ciel se faisait clair devant nous ; mais de grandes nuées noires
et grises, qui dégouttaient encore, restaient amon-
celées sur les montagnes de l'autre côté du lac. Ces
montagnes, d'un ton vigoureux qu'elles doivent à
la végétation qui les recouvre, faisaient valoir les
cimes vaporeuses du mont Rosa, du Simplon et du
Saint-Gothard, ébauchées au fond de la perspec-

tive ; leurs reflets rembrunissaient les eaux, le paysage était sévère ; le lac Majeur, que nous nous étions figuré comme une coupe d'or remplie d'azur, avait une mine tempêtueuse et mâle. Nous trouvions la beauté où nous attendions la grâce.

La route ourle le lac, et la vague vient lécher la chaussée ; on longe une interminable suite de jardins et de villas avec de blancs péristyles, des toits en tuiles rondes et des terrasses guirlandées de vignes luxuriantes, soutenues par des étais de granit. Le granit remplit là l'office du bois de sapin chez nous. On en fait des clôtures, des pieux, et même des planches, ou plutôt des dalles, sur lesquelles les lavandières savonnent le linge à genoux au bord du lac, comme pour lui demander pardon de cet outrage. Sur ces terrasses, à plusieurs gradins souvent et qui remblayent des jardins soigneusement cultivés, s'épanouissent toutes sortes de fleurs et d'arbustes. Nous y avons remarqué à plusieurs reprises, et non sans étonnement, car c'était la première fois que nous rencontrions cette bizarrerie, des massifs d'hortensias gigantesques, qui, au lieu d'avoir cette nuance rose ou mauve qui leur est habituelle en France, offraient des teintes d'un azur charmant : ces hortensias bleus nous ont beaucoup frappé, car le bleu est la chimère des horticulteurs, qui cherchent sans les trouver la tulipe bleue, la rose bleue, le dahlia bleu, le nombre des fleurs de cette couleur étant extrêmement restreint. Nous écrivons ceci en tremblant de peur de nous faire tancer par Alphonse Karr, qui n'est pas indulgent pour la botanique des littérateurs. Mais les hortensias du lac Majeur sont incontestablement bleus. On nous a dit qu'on les obtenait ainsi en les faisant pousser dans de la terre de bruyère. C'est la recette du jardinier des îles Borromées, qui doit être bonne ; car tous ces hortensias, couleur du ciel, sont magnifiques. On peut aussi arriver au même résultat en saupoudrant la terre de soude.

Les îles Borromées, au nombre de trois, l'isola Madre, l'isola Bella, l'île des Pêcheurs, sont situées dans la partie septentrionale du lac, qui forme une espèce de corne dont la pointe est tournée vers Domo d'Ossola. Ces îles étaient primitivement des rochers dénudés et stériles. Le prince Vitallien Borromée y fit apporter de la terre végétale et construire des jardins dont la réputation est européenne. Nous disons construire, à dessein ; car la maçonnerie y joue un grand rôle, comme dans presque tous les jardins italiens, qui sont plutôt des morceaux d'architecture que des jardins. Il s'y plante plus de marbres que d'arbustes, et Vignole y a plus à faire que Le Nôtre ou la Quintinie. L'isola Madre se compose, ainsi que l'isola Bella, d'une superposition de terrasses en recul que domine un palais. L'isola Bella, qu'on voit très-distinctement de la route, est ornée de tourelles, d'aiguilles, de statues, de fontaines, de portiques, de colonnades, de vases, et de la plus riche décoration architecturale. Il y a même des arbres, tels que cyprès, orangers, myrtes, citronniers, cédrats, pins du Canada ; mais évidemment, la végétation n'est que l'accessoire : l'idée si simple de mettre dans un jardin de la verdure, des fleurs et du gazon, n'est venue que fort tard, comme toutes les idées naturelles. Plus loin, l'île des Pêcheurs fait baigner dans l'eau le pied de ses maisons à arcades, dont la rusticité fait un heureux contraste avec la pompe un peu prétentieuse de l'isola Madre et de l'isola Bella.

Ces îles ont été le sujet de descriptions enthousiastes qu'elles ne justifient pas, vues de la rive. Les sept terrasses de l'isola Bella, terminées par une licorne ou un pégase, ont un aspect théâtral qui ne cadre guère avec le mot *humilitas*, devise des Borromées, qu'on y trouve écrit dans tous les coins. L'isola Madre et ses cinq remblais, supportant un château carré, ennuient par trop de symétrie, et l'on s'étonne qu'elles aient été célébrées si chaudement. Nous y trouvons l'idéal et prototype du jardin français comme on l'entendait sous Louis XIV, et comme l'aurait aimé Antoine, jardinier de Boileau. Les imaginations romantiques, n'en déplaise à Rousseau, qui voulait loger là sa Julie, feront bien de choisir un autre site pour leurs héroïnes ; celui-ci convient davantage aux princesses de Mme de Lafayette.

C'est à Belgirata, un peu avant Arona, que réside Manzoni, l'illustre auteur des *Promessi sposi*. On le voit souvent assis devant sa porte, en face du lac, qui regarde passer les voyageurs. Il a une figure bienveillante, vénérable et distinguée, dont les plans dessinés par la maigreur rappellent la figure de M. de Lamartine. Tous les jours un de ses amis, philosophe et métaphysicien profond, vient entamer avec lui, quelque temps qu'il fasse, une de ces grandes discussions qui ne peuvent avoir de solution ici-bas, car on y parle des hauts mystères de l'âme, de l'infini et de l'éternité.

Le lac et la route sont très-animés : le lac, par les bateaux pêcheurs, les barques de trajet et les pyroscaphes qui vont de Sesto-Calende à Bellinzona ; le chemin, par des chars à bœufs, des voitures et des piétons armés de l'inévitable parapluie. Les paysannes, quelquefois jolies, sont affligées de goîtres comme dans le Valais, soit qu'elles en viennent, soit que les mêmes causes, le voisinage des montagnes et l'eau de neige, produisent les mêmes effets.

En approchant d'Arona, on découvre sur la colline, à droite, la statue colossale de saint Charles Borromée, qui domine le lac : c'est, depuis le colosse de Rhodes et celui de Néron à la Maison dorée, la plus grande statue qu'on ait faite. Le saint, posé dans une attitude noble et simple, tient un livre d'une main et de l'autre semble bénir la contrée qu'il protége et qui s'étend à ses pieds. On peut monter jusque dans la tête de ce colosse, qui est en fer forgé et coulé, par un escalier pratiqué dans le massif de maçonnerie dont il est intérieurement rempli. Cette statue géante, qui émerge peu à peu des bois dont la colline est couverte, et finit par dominer l'horizon comme un veilleur solitaire, produit un effet singulier.

Arona, où l'on s'arrête pour déjeuner, a un air complétement espagnol. Les maisons ont des toits et des balcons en saillie, des grilles aux fenêtres basses, des encadrements peints, des madones sur les murailles. L'église, où se trouvent de beaux tableaux de Gaudenzio Vinci, et que nous n'eûmes pas le temps de visiter, rappelle les églises d'Espagne. Dans l'auberge, nous retrouvâmes la cour intérieure ornée de colonnes et de galeries comme en Andalousie, et mille rapports qui nous frappèrent.

Le lac se termine à Sesto-Calende. Le Tessin se jette dans le lac Majeur à cet endroit. Sesto-Calende est sur l'autre rive, et l'on traverse le fleuve sur un bac, car la route de Milan passe par cette petite ville. Pendant qu'on arrangeait la voiture dans la lourde barque, un petit vieillard bizarre et grimaçant, la tête penchée et les doigts faisant des démanchés extravagants, exécutait sur un violon qui n'était pas de Crémone, malgré le voisinage, un air populaire d'une mélodie à la fois joyeuse et mélancolique. Encouragé par une petite pièce de monnaie, il ne cessa de jouer tout le temps du passage, et nous fîmes notre entrée à Sesto-Calende au son de la musique, ce qui est fort galant.

Sesto-Calende nous plut assez. C'était jour de marché. Circonstance favorable pour un voyageur : car un marché fait venir du fond des campagnes une foule de paysans caractéristiques qu'il serait fort difficile de voir sans cela. La plupart des femmes avaient une coiffure originale et d'un charmant effet : les cheveux, nattés et roulés avec soin sur la nuque, sont fixés par trente ou quarante épingles d'argent, disposées en auréole et formant au-dessus de la tête comme une dentelure de peigne ; une plus grosse épingle, ornée à ses deux bouts d'énormes olives de métal et passée à travers le chignon, complète cette parure, qui nous rappela les femmes de Valence. Ces épingles, nommées *spontoni*, coûtent assez cher, et cependant nous avons vu ainsi coiffées de pauvres femmes et des jeunes filles à la jupe effrangée, aux pieds nus et poudreux ; elles doivent, sans doute, sacrifier à ce luxe des objets de première nécessité. Mais la première nécessité, pour une femme, n'est-elle pas d'être belle, et des épingles d'argent ne sont-elles pas préférables à des souliers ? Nous étions si charmé de ne pas leur voir sur la tête d'affreux mouchoirs de rouennerie, comme elles en avaient le droit de par la civilisation qui court, que nous les aurions embrassées pour l'amour du costume; les jolies s'entend. Les hommes, quoique très-mal vêtus, n'étaient pas en blouse, délicatesse qui nous fit plaisir et compensa la profonde douleur que nous avait fait éprouver dans la province de Guipuscoa la rencontre inattendue de ce hideux vêtement, lorsque nous allâmes, l'année dernière, aux courses de Bilbao : quelques-uns même portaient le chapeau calañes, comme en Espagne, et leurs teints bronzés s'harmonisaient avec cette coiffure si supérieure aux tuyaux de poêle et aux tromblons à la Pipelet, dont les populations croient devoir se couronner universellement.

Les toits de tuile en auvent, les murs blanchis à la chaux, les serrureries compliquées des fenêtres, mettent Sesto-Calende beaucoup plus près d'Irun ou de Fontarabie qu'on ne saurait le croire : les éventaires encombrés de pastèques, de tomates, de citrouilles, de poteries grossières, ont un aspect déjà tout méridional : sur les parois des maisons le badigeon annuel a respecté des fresques dont quelques-unes sont assez anciennes, et qui représentent des sujets de piété. L'une de ces peintures, qui s'offre aux yeux en descendant du bac du Tessin, est une *Madone* portant l'enfant Jésus dans ses bras : une inscription que nous avons copiée en donne la date. *Hoc opus fecit fieri Antonius Varallus, XIII Martis* 1564. Nous remarquâmes aussi sur l'abside de l'église un Christ en jupon, comme le Christ de Burgos.

La domination autrichienne commence à Sesto-Calende. L'autre rive du lac est piémontaise. C'est à Sesto-Calende qu'on trouve, pour la première fois, les pantalons bleus collants et la tunique blanche des Hongrois, uniforme dont vous verrez de nombreux exemplaires dans le royaume lombardo-vénitien que vous allez parcourir. On visita nos malles, mais très-sommairement et sans les tracasseries auxquelles nous nous attendions, d'après les récits des voyageurs. On nous demanda ensuite nos passe-ports, qu'on nous rendit très-poliment après quelques moments d'attente dans une salle décorée de cartes et de vues de Venise, et dont la fenêtre donnait sur une cour peuplée de poulets à moitié épilés, d'une physionomie féroce et piteuse, la plus risible du monde. Ces misérables volailles, préparées pour la broche, se promenaient gravement avec deux plumes au derrière. Cependant, malgré cette aménité de formes, nous devons dire que notre signalement était déjà arrivé de Paris et recopié sur tous les registres; nous avions cependant voyagé avec rapidité, ne nous étant arrêté qu'un seul jour à Genève.

Ne quittons pas Sesto-Calende sans faire le portrait d'une jeune fille qui se tenait debout sur le seuil d'une boutique. L'intérieur obscur lui faisait un fond vigoureux et chaud, sur lequel elle se détachait comme une tête de Giorgone. Nous saluâmes en elle la beauté méridionale dans son type le plus pur. Ses yeux noirs brillaient comme des charbons sous son front couleur d'ambre, au milieu de sa pâleur mate. Elle avait ce teint d'un seul ton, cette *faccia smorta* qui n'a rien de maladif, et qui montre que la passion concentre tout le sang au cœur. Ses cheveux drus, épais, luisants, crépelés par petites ondes, se soulevaient sur ses tempes, comme si le vent les eût gonflés, et son col s'attachait à ses épaules par une ligne simple et puissante. Elle nous laissa tranquillement la regarder sans sauvagerie ni coquetterie, nous devinant peintre ou poëte, peut-être tous les deux, et nous faisant l'aumône d'un de ses aspects.

Le postillon autrichien a un costume assez pittoresque, la veste verte avec l'aiguillette jaune et noire, les bottes fortes, le chapeau cerclé de cuivre, et au côté ce cor de chasse dont il est souvent question dans les mélodies de Schubert. Chose digne de remarque, le postillon, qui dans tous les pays mène la civilisation en poste, puisque civilisation et circulation sont pour ainsi dire synonymes, est un des derniers fidèles à la couleur locale. Il mène des Anglais en makintosh et en water proof, et il garde sa livrée bariolée et caractéristique; c'est le passé qui conduit l'avenir en faisant claquer son fouet.

De Sesto-Calende à Milan, la route est bordée de vignes et de plantations d'arbres de la végétation la plus vigoureuse et la plus luxuriante. Les rameaux empêchent la vue de s'étendre, et l'on avance entre deux murailles de verdure, baignées par des ruisseaux d'eau courante.

A Soma, il y a une très-belle façade d'église, et dans cette église quelques fresques d'un ton tendre et agréable, quoique d'un goût qui marque la décadence de l'art. Pour nous qui sommes accoutumés aux rancidités de la peinture à l'huile, l'espèce de fleur de la fresque a un charme tout nouveau. On rencontre fréquemment sur ce chemin, soit par petits groupes, soit isolés, ou dans des fourgons d'artillerie, des soldats autrichiens qui vont et viennent; ils ont l'air triste et doux, et semblent attaqués de nostalgie. Malgré leur maintien réservé, ils produisent, même sur l'étranger, un effet désagréable; il est douloureux de voir le bec de l'aigle d'Autriche au flanc de cette belle contrée, et pourtant les vainqueurs n'affectent pas l'allure triomphante et superbe; on dirait même qu'ils cherchent à se dissimuler et à tenir le moins de place possible; mais le flegme allemand est incompatible avec la vivacité italienne : c'est une question d'antipathie autant que de patriotisme.

Gallarate et Rho vous amènent à Milan en deux relais. Une magnifique allée d'arbres annonce qu'on approche de la ville, qui se présente fort majestueuse de ce côté. Un arc de triomphe à qui celui du Carrousel passerait entre les jambes, et qui pourrait lutter de grandeur avec l'arc de l'Étoile, donne à cette entrée un caractère monumental que le reste ne dément pas. Sur le haut de l'arc, une figure allégorique, la Paix ou la Victoire, conduit un char de bronze attelé de six chevaux. A chaque angle de l'entablement, des écuyers tendant des couronnes font piaffer leurs montures d'airain ; deux colossales figures de fleuves accoudés sur leurs urnes s'adossent au cartel gigantesque qui contient l'inscription votive, et quatre groupes de deux colonnes corinthiennes marquent les divisions du monument, soutiennent la corniche et séparent les arcades au nombre de trois ; celle du milieu est d'une prodigieuse hauteur. Cette porte dépassée, on traverse la place d'Armes, qui nous a paru presque aussi grande que le Champ de Mars. Sur la gauche s'arrondit un amphithéâtre immense, destiné à des manœuvres ou à des représentations en plein air ; au fond s'élève le vieux château, et plus loin se découpe sur le bleu du ciel, comme un filigrane d'argent, la blanche silhouette du dôme, qui n'a aucunement le contour d'une coupole; mais dôme, en Italie, est le terme générique, et n'implique pas l'idée de coupole.

Dès qu'on s'engage dans les rues, on sent, à l'élévation des bâtiments, au mouvement de la population, à la propreté et à la confortabilité générales, qu'on est dans une capitale vivante, chose rare en Italie, où il y a tant de villes mortes : des voitures nombreuses courent rapidement sur les bandes dallées, espèces de railways de pierre enchâssés dans le pavé fait de cailloux. Les maisons ont l'air d'hôtels, les hôtels ont l'air de palais, et les palais de temples; tout est grand, régulier, majestueux, un peu emphatique même : on ne voit que colonnes, architraves et balcons de granit. C'est quelque chose entre Madrid et Versailles, avec une netteté que Madrid n'a pas; cette ressemblance espagnole dont nous avons déjà parlé nous frappe à chaque pas, et nous ne pouvons nous empêcher d'y revenir, car personne, que nous sachions, ne l'a encore remarquée : aux fenêtres pendent de grands stores rayés blanc et jaune; les boutiques ont des rideaux de même couleur qui nous font penser aux tendidos. Les femmes de la classe moyenne, ou qui ne sont pas en grande toilette, portent le mezzaro, espèce de voile noir qui joue la mantille à s'y tromper; l'illusion serait presque complète, si les Autrichiens ne venaient la détruire.

On nous avait indiqué pour y descendre, dans la *Corsia de Servi*, l'hôtel de la ville le meilleur de Milan, et qui mérite sa réputation. Cette auberge est un palais dont s'accommoderait plus d'un prince. Nous avons vu dans nos voyages des têtes à couronne moins bien logées assurément. Sa façade est un morceau d'architecture fort recommandable, orné de pilastres, de consoles et de bustes de grands hommes de l'Italie, peintres, poëtes, historiens, guerriers; l'escalier, digne d'une résidence royale, est revêtu, du haut en bas, de marbres, de stucs et de peintures d'une richesse inouïe et d'une exécution étonnante; le plafond, surtout, est remarquable : il représente différents sujets mythologiques, avec des grisailles, des bas-reliefs, des balustres et des fleurs d'un éclat et d'une touche à faire envie à Diaz. Toutes les chambres sont décorées avec le même soin et le même goût : tantôt ce sont quelques baguettes, deux ou trois masques et quelques attributs dans le style de Pompeï; tantôt des ornements rocaille, d'un flamboyant et d'un tarabiscoté exquis, ou bien des camaïeux et des émaux de Limoges, imités à tromper l'œil, ou encore des tapisseries qui frissonnent comme la soie et miroitent comme le velours, des caissons, des rosaces, des arabesques d'un caprice inépuisable et d'un relief étrange.

Les moindres corridors ont leurs magnificences

et leur curiosité : quant à la salle à manger, elle est d'un luxe écrasant ; huit cariatides colossales de sexe alterné vous regardent prendre votre repas et vous intimident de leurs yeux fixes au regard blanc. Elles supportent un plafond à compartiments d'une richesse folle. Ce ne sont que festons, découpures, pendentifs, imitation de pierres précieuses et de dorure plus brillantes que ne le serait la réalité. Ces peintures, dont on n'a aucune idée en France, ont été faites par un certain décorateur nommé Alfonso, mort depuis deux ans à peu près. C'est tout ce que nous avons pu savoir sur lui. Nous avons décrit cet hôtel avec détail. Il pourra donner une idée du luxe de Milan. Nous y sommes resté deux jours, admirablement logé, nourri et servi pour un prix fort raisonnable.

Il est tellement dans l'usage des voyageurs de médire de leurs hôtes et des hôtelleries où ils s'arrêtent, que nous rendons ici à ce superbe établissement la justice qu'il mérite. Nous aurons assez de descriptions d'un genre tout différent pour faire contraste.

V.

Milan, le Dôme, le théâtre diurne.

Le Dôme est la préoccupation naturelle de tout voyageur qui arrive à Milan. Il domine la ville, il en est le centre, l'attraction et la merveille. C'est là qu'on court tout de suite, même la nuit quand il ne fait pas de lune, pour en saisir au moins quelques profils.

La *piazza del Duomo,* assez irrégulière dans sa forme, est bordée de maisons dont il est d'usage de dire du mal ; pas de guide du voyageur qui ne demande qu'elles soient rasées pour en faire une grande place symétrique dans le goût Rivoli. Nous ne sommes pas de cet avis. Ces maisons, avec leurs piliers massifs, leurs bannes couleur de safran faisant face à des bâtisses sans style et d'inégales hauteurs, forment un très-bon repoussoir pour la cathédrale. Les édifices perdent souvent plus qu'ils ne gagnent à être désobstrués. On a pu s'en convaincre par plusieurs monuments gothiques auxquels les échoppes et les masures qui s'y étaient agglutinées ne nuisaient pas comme on avait pu le croire ; ce n'est pas, d'ailleurs, le cas du Dôme, qui est parfaitement isolé : mais nous pensons que rien n'est plus favorable à un palais, à une église et à tout édifice régulier, que d'être entouré de constructions incohérentes qui en font ressortir la noble ordonnance.

Quand on regarde le Dôme de la place, le premier effet est éblouissant : la blancheur du marbre, tranchant sur le bleu du ciel, vous frappe tout d'abord ; on dirait une immense guipure d'argent posée sur un fond de lapis lazuli. C'est la première impression, et c'est aussi le dernier souvenir. Lorsque nous pensons au dôme de Milan, c'est ainsi qu'il nous apparaît. Le Dôme est une des rares églises gothiques de l'Italie, mais ce gothique ne ressemble guère au nôtre. Ce n'est pas cette foi sombre, ce mystère inquiétant, cette profondeur ténébreuse, ces formes émaciées, cet élancement de la terre vers le ciel, ce caractère d'austérité qui répudie la beauté comme trop sensuelle et ne prend de la matière que ce qu'il en faut pour faire un pas au-devant de Dieu ; c'est un gothique plein d'élégance, de grâce et d'éclat, qu'on rêverait pour les palais féeriques, et avec lequel on pourrait bâtir des alcazars et des mosquées aussi bien qu'un temple catholique. La délicatesse dans l'énormité et la blancheur lui donnent l'air d'un glacier avec ses mille aiguilles ou d'une gigantesque concrétion de stalactites ; on a peine à croire que ce soit un ouvrage fait de main d'homme.

Le dessin de la façade est des plus simples : c'est un angle aigu comme le pignon d'une maison ordinaire, et bordé d'une dentelle de marbre, portant sur un mur, sans avant-corps, sans ordre d'architecture, percé de cinq portes et huit fenêtres et rayé de six groupes de colonnes fuselées, ou plutôt de nervures se terminant en pointes évidées surmontées de statues, et remplis, dans leurs interstices, de consoles et de niches supportant et abritant des figures d'anges, de saints et de patriarches. Par derrière, jaillissent en innombrables fusées, comme les tuyaux d'une grotte basaltique, des forêts de clochetons, de pinacles, de minarets, d'aiguilles en marbre blanc, et la flèche centrale, qui semble une congélation cristallisée en l'air, s'élance dans l'azur à une hauteur effroyable, et met à deux pas du ciel la Vierge qui se tient debout à sa pointe, le pied sur un croissant. Au milieu de cette façade sont inscrits ces mots : *Mariæ nascenti*, qui forment la dédicace de la cathédrale.

Commencée par Jean Galéas Visconti, continuée par Ludovic le More, la basilique de Milan a été terminée par Napoléon. C'est la plus grande église connue après Saint-Pierre de Rome : l'intérieur en est d'une simplicité majestueuse et noble. Des rangées de colonnes couplées y forment cinq nefs. Ces groupes de colonnes, malgré leur masse réelle, ont de la légèreté à cause de la sveltesse des fûts. Au-dessus du chapiteau des piliers, ils portent une espèce de tribune fenestrée et découpée où sont logées des statues de saints; puis les nervures continuent et vont se rejoindre au sommet de la voûte, ornée de trèfles et d'entrelacs gothiques peints avec une si grande perfection, qu'ils tromperaient tous les yeux si le crépi tombé par place ne laissait pas voir la pierre nue.

Au centre de la croix, une ouverture entourée d'une balustrade permet au regard de plonger dans la chapelle cryptique où repose saint Charles Borromée dans un cercueil de cristal recouvert de lames d'argent. Saint Charles Borromée est le saint le plus révéré du pays. Ses vertus, sa conduite pendant la peste de Milan, l'ont rendu populaire, et son souvenir est toujours vivant.

A l'entrée du chœur, sur une travée qui supporte un crucifix accompagné d'anges en adoration, on lit dans un cadre de bois l'inscription suivante : *Attendite ad petram unde excisi estis.* De chaque côté s'élèvent deux magnifiques chaires de même métal, soutenues par de superbes figures de bronze et plaquées de bas-reliefs d'argent dont la matière fait la moindre valeur. Les orgues, placées non loin des chaires, ont pour volets de grands tableaux de Procacini, si notre mémoire n'est pas en défaut ; autour du chœur règne un *Chemin de la Croix*, sculpté par André Biffi et quelques autres statuaires milanais comme lui. Les anges éplorés, qui marquent les stations, ont une grande variété d'attitudes, et sont charmants, quoique d'une grâce un peu efféminée.

L'impression générale est simple et religieuse ; une lumière douce invite au recueillement ; les grands piliers montent jusqu'à la voûte avec un jet plein d'élan et de foi ; aucun détail apparent ne vient détruire la majesté de l'ensemble. Point de surcharge, point d'empâtement de luxe : les lignes se suivent d'un bout à l'autre, et le dessin de l'édifice se comprend d'un seul coup d'œil. L'élégance superbe du dehors semble se voiler de mystère et se faire plus humble ; le bruyant hymne de marbre abaisse un peu la voix et modère ses éclats : l'extérieur, à force de légèreté et de blancheur, est peut-être païen ; l'intérieur est chrétien à coup sûr.

La sacristie renferme un trésor qui ne peut pas nous étonner, nous qui avons vu la garde-robe de Notre-Dame de Tolède, dont une seule robe, entièrement couverte de perles blanches et noires, vaut sept millions, mais qui n'en contient pas moins des richesses inouïes. Nous citerons d'abord, parce que l'art passe toujours avant l'or et l'argent, un beau *Christ à la colonne*, de Cristoforo Gobi, Milanais, et un tableau de Daniel Crespi représentant un miracle de saint Charles Borromée, œuvre d'une violence toute magistrale et d'une grande férocité de tournure ; puis nous mentionnerons les bustes d'argent des évêques, de saint Sébastien et de sainte Thècle, patronne de la paroisse, tout constellés de rubis et de topazes ; une croix d'or étoilée de saphirs, de grenats, de topazes brûlées et de cristal de roche ; un magnifique Évangile datant de 1018, donné par l'archevêque Ribertus, tout en or et portant sur sa couverture, ciselé en style byzantin, un Christ à jupon accompagné de quatre figures symboliques, le lion, le bœuf, l'aigle et l'ange; un seau pour puiser l'eau bénite, en ivoire travaillé de la façon la plus délicate et garni d'anses de vermeil figurant des chimères; un ciboire de Benvenuto Cellini, prodige d'élégance et de finesse; la mitre en plumes de saint Charles Borromée, et des tableaux de soie de Ludovico Pellegrini.

Dans le coin d'une nef, avant de monter au dôme, nous jetâmes un coup d'œil sur un tombeau historié de figures allégoriques coulées en bronze par le cavalier Aretin, sur les dessins de Michel-Ange, d'un style violent et superbe. On arrive d'abord sur le toit de l'église en gravissant un escalier garni à tous ses angles d'inscriptions préventives ou comminatoires, qui ne prouvent pas beaucoup en faveur de la piété et de la propreté italiennes.

Ce toit, tout hérissé de clochetons et côtoyé d'arcs-boutants qui forment des corridors en perspective, est fait de grandes dalles de marbre, comme le reste de l'édifice. Il s'élève déjà bien au-dessus des plus hauts monuments de la ville. Un bas-relief de la plus fine exécution s'enclave dans chaque arc-boutant; chaque clocheton est peuplé de vingt-cinq statues. Nous ne croyons pas qu'aucun autre endroit du monde renferme dans le même espace un si grand nombre de figures sculptées. On ferait à une ville importante une population de marbre avec les statues du Dôme ; on en compte six mille sept cent seize. Nous avions entendu parler d'une église de Morée, peinte à la manière byzantine par les moines du mont Athos, et qui ne contenait pas moins de trois mille figures, grandes ou petites. C'est peu de chose à côté de la cathédrale de Milan. A propos de personnages peints ou sculptés, nous avons eu souvent cette chimère, si jamais nous étions investi d'un pouvoir magique, d'animer toutes les figures créées par l'art dans le granit, dans la pierre, sur le bois et sur la toile, et d'en remplir un pays dont les sites seraient des fonds de tableaux réalisés. Les multitudes sculptées du Dôme nous remirent cette fantaisie en tête. Parmi ces statues, il y en a une de Canova, un *Saint Sébastien* logé dans une aiguille, et une *Ève*, de Cristoforo Gobi, d'une grâce charmante et sensuelle, qui étonne un peu dans un pareil endroit. Du reste, elle est fort belle, et les oiseaux du ciel ne paraissent nullement scandalisés de son vêtement paradisiaque.

De cette plate-forme l'on découvre un panorama immense : on voit en même temps les Alpes et les Apennins, les vastes plaines de la Lombardie, et l'on peut avec une lunette régler sa montre sur le cadran de l'église de Monza, dont on distingue les assises blanches et noires. C'est à Monza qu'on garde la fameuse couronne de fer que Napoléon posa sur sa tête lorsqu'il se fit sacrer roi d'Italie, en disant : « Dieu me la donne; gare à qui la touche! » Cette couronne est en or et en pierres précieuses, comme toutes les couronnes, et doit son nom à un petit cercle de fer qui la ferme, et qu'on prétend forgé avec un clou de la vraie croix, ce qui en fait un joyau et une relique. Il faut une permission spéciale pour la voir, depuis qu'elle a pris une nouvelle valeur en touchant ce front auguste ; mais on en montre une copie parfaitement exacte. Le guide nous racontait tout cela au pied d'un clocheton et dans un français qui nous faisait préférer son italien. Il nous disait à chaque instant : « Monsieur le chevalier, » à cause d'un petit bout de ruban rouge noué à notre boutonnière, espérant sans doute nous attendrir à l'endroit du swantzig par cette qualification flatteuse. C'est la première fois qu'on nous a décerné ce titre honorifique, à quatre cents marches au-dessus du pavé. Quel honneur!

L'ascension dans la flèche découpée et trouée à jour n'a rien de périlleux, quoiqu'elle puisse alarmer les gens sujets au vertige. De frêles escaliers tournent dans les tourelles, et vous amènent à un balcon au delà duquel il n'y a plus que le pyramidion de la flèche et la statue qui couronne l'édifice.

Nous n'essayerons pas de décrire plus en détail cette gigantesque basilique. Il faudrait un volume pour sa monographie. Simple artiste, nous devons nous contenter d'un aspect général et d'une impression personnelle. Quand on est redescendu dans la rue et qu'on fait le tour de l'église, on retrouve sur les façades latérales et l'abside la même foule de statues, la même cohue de bas-reliefs : c'est une débauche effrénée de sculptures, un entassement incroyable de merveilles.

A l'entour de la cathédrale prospèrent toutes sortes de petites industries, des étalages de bouquinistes, d'opticiens en plein vent, et même un théâtre de marionnettes dont nous nous promîmes bien de ne pas manquer les représentations. La vie humaine avec ses trivialités s'agite et fourmille au pied du majestueux édifice, feu d'artifice pétrifié qui éclate en blanches fusées dans le ciel ; toujours le même contraste de la sublimité de l'idée et de la grossièreté du fait. Le temple du Seigneur donne de l'ombre à la baraque de Polichinelle.

Notre méthode, en voyage, est d'errer au hasard à travers rues, comptant sur le bonheur des rencontres. Dans la rue des Omenoni, notre bonne étoile nous fit tomber sur une façade qui aurait charmé notre ami Auguste Préault : l'entablement écrase de son poids six cariatides énormes dans le style de Michel-Ange et de Puget, rendu plus flamboyant encore par les exagérations de la décadence. Imaginez les musculatures les plus ronflantes, les entrelacements de nerfs les plus herculéens, les torses les plus noueux, les pectoraux les plus athlétiques, et vous n'atteindrez pas encore à la réalité; quant aux têtes, elles sont incultes, hérissées, sauvages, roulant des yeux sinistres sous des sourcils en broussaille et semblant grommeler des mots de révolte dans leurs barbes désordonnées : chacune de ces figures porte le nom d'un peuple barbare vaincu : Suevus, Quadus, Æduanus, Parthus, Sarmata, Marcomanus. Nous engageons les statuaires romantiques qui traverseront Milan à faire une visite au n° 1722 de la rue degli Omenoni.

A Milan, presque toutes les boutiques portent sur leur enseigne cette recommandation : « Ancienne maison de...., ancienne hôtellerie de...., ancien café de.... » Chez nous l'on mettrait : « Nouveau magasin, nouveau café. » Les débits de vin, au lieu d'être barbouillés de rouge, comme en France, sont indiqués par des couronnes de pampres et de raisins d'un joli effet; les marchands de pastèques arrangent aussi fort agréablement leur étalage. Les pastèques entamées laissent voir leur pulpe rose sur laquelle bruine un petit jet d'eau mince comme un cheveu, ou bien la chair du fruit, dégagée de sa peau, est taillée en colonne surmontée d'un morceau de glace pour chapiteau ; rien n'est plus frais à l'œil que ce mélange d'écorces vertes et de tranches vermeilles : la pastèque ne ressemble en rien à nos melons ; l'intérieur en est rempli par une espèce de moelle neigeuse d'un ton rose, d'où jaillit une eau sucrée et fraîche. Quoique assez agréable lorsqu'il fait chaud, la pastèque se mange autant avec les yeux qu'avec la bouche ; elle séduit le goût par la vue. La tranche se vend quelques centimes et fait le régal du petit peuple.

Tout en flânant, nous lisions les affiches des libraires, et nous regardions les titres des ouvrages exposés. Nous fûmes très-étonné d'y voir les œuvres politiques de Lamartine, de Louis Blanc, les *Mémoires de Caussidière*, les 52 petits livres de M. Émile de Girardin, et une foule de traités sur des matières dont nous aurions cru la discussion interdite ici. Nous ferons aussi la remarque que les ouvrages sur le droit, l'économie politique, la statistique et autres sujets analogues l'emportent en nombre sur la littérature et la poésie proprement dites. Pourtant, l'on trouve partout les romans d'Alexandre Dumas, et, ce qui est plus étrange, les romans socialistes d'Eugène Sue, *les Mystères de Paris* et *le Juif-Errant*. Pour ne laisser aucun doute sur la tolérance de la police à cet égard, une grande pancarte annonçait à tous les angles de carrefour, au théâtre de jour du jardin public, une représentation extraordinaire : *la Punition et la mort de Rodin par le choléra, épisode du Juif-Errant.* Un tableau dans le style des portraits de femmes sauvages et de serpents boas montrait le misérable en proie aux convulsions de l'agonie, et faisant, comme moyen d'attraction, des grimaces effroyables. Nous ne pouvions manquer un pareil spectacle, d'autant que la Scala était fermée, et que les théâtres secondaires ne jouaient pas ce jour-là.

VI.

La Cène, Brescia, Vérone.

Le théâtre diurne, qui doit aussi servir de cirque, car les chevaux et les attributs hippiques entrent pour beaucoup dans son ornementation, n'a pas de plafond : la voûte du ciel en tient lieu. Il se compose d'un parterre, qui mérite son nom littéralement, et de galeries coupées en forme de loges, mais sans cloison et libres par derrière.

Il était cinq heures et demie à peu près, et la pièce commença *sub jove crudo;* mais bientôt le crépuscule vint, puis la nuit. Une chandelle s'alluma d'abord discrètement pour éclairer l'acteur en scène, tandis que le reste était plongé dans l'obscurité, à peu près comme ces danseuses d'Alger qui, comptant peu sur l'éclairage de la salle où elles déploient leurs grâces, ont près d'elles un nègre tenant une bougie qu'il hausse ou baisse à propos, illuminant les yeux, la taille ou les pieds, suivant les progrès du pas. Ensuite une timide lueur vint se joindre à la première ; enfin, un bout de rampe se leva, quelques quinquets s'accrochèrent, et le théâtre diurne se transforma en un théâtre nocturne mal éclairé. Il est bien entendu que la salle n'avait que les étoiles pour becs de gaz.

Les acteurs ne nous ont pas paru trop mauvais. Malheureusement Mlle de Cardoville était sèche, maigre et noire, et faisait regretter la blonde et vivace Alphonsine des Délassements-Comiques. Les deux jeunes filles, quoique plus agréables, ne justifiaient pas assez la surveillance de Dagobert; mais le prince Djalma était accompli de tout point; nous ne croyons pas qu'il soit possible de réaliser plus exactement un type; jamais tête d'un caractère plus indien ne roula sous un sourcil bleu et sous un turban blanc un œil si plein de flamme et d'éclairs ; le nez arqué et mince, les joues unies, la bouche rouge, le teint couleur d'or : on eût dit Rama partant à la conquête de l'île de Ceylan. Il arpentait la scène dans son vêtement blanc relevé d'agréments rouges qui semblaient des filets de sang, avec des mouvements de jeune tigre à la fois languissants et brusques. Le Rodin, qui est le bouc émissaire de la pièce, et que la haine publique appelle peut-être d'un autre nom, a, sauf le chapeau à bords immenses, toute la physionomie du Basile de Beaumarchais, avec une nuance de Tartufe en plus : l'habit est noir, la culotte courte, les bas et les souliers indiquent le prêtre autant que possible ; l'acteur, pour complaire au public, s'était donné toute la laideur qu'on peut obtenir avec du charbon, de l'ocre et du bistre ; il était vraiment hideux, avec son front bas, ses yeux pochés, ses joues livides et sa barbe bleuâtre montant jusqu'aux pommettes ; le choléra bleu, à son sortir de la presqu'île empestée du Gange, ne devait pas avoir la mine plus cadavérique et plus effroyable. A chaque contorsion que la souffrance lui arrache, lorsque la terrible maladie le tenaille, c'étaient des applaudissements et des trépignements frénétiques.

Le foyer, où l'on peut fumer, est en plein air ; les acteurs, qui n'ont pas de loge, s'habillent pêle-mêle derrière la scène, dans une espèce de baraque en planches, à peu près comme à l'Hippodrome de Paris.

Le même soir, nous nous arrêtâmes près de la cathédrale, devant les Burattini, qui se distribuaient des coups de bâton et tombaient sur le rebord de leur cadre, comme les acteurs de bois du Guignol des Champs-Élysées. Le dialogue en patois milanais était inintelligible pour nous, et la comédie se réduisait en pantomime : le personnage qui nous a paru remplir le rôle du Polichinelle de France et du Punch d'Angleterre est une espèce d'Arlequin qui s'affaisse souvent sur lui-même et trompe ainsi les raclées de ses adversaires.

Rentré à l'hôtel, comme nous regardions une gravure de la *Cène*, de Léonard de Vinci, que nous pensions tout à fait effacée, d'après les doléances des voyageurs, on nous dit qu'elle existait encore assez visible dans un couvent transformé en caserne autrichienne, près de Sainte-Marie des Grâces.

Le lendemain, notre première visite fut pour Sainte-Marie des Grâces, charmante église du Bramante, toute en briques que le crépi, tombé en beaucoup d'endroits, laisse voir comme une chair vermeille ; ce qui donne à l'édifice, quoique délabré, un aspect rose et blanc, un air vivace et jeune ; les chapelles latérales sont ornées de fresques représentant des supplices ; sur la porte d'une de ces chapelles sont encadrés deux médaillons de bronze de la Vierge et du Christ, d'une expression onctueuse et d'un travail très-délicat ; les voûtes basses, les incrustations de marbre, les miroirs et les cristaux à facettes qui les décorent sont tout à fait dans le goût espagnol, et nous en avons vu une toute semblable dans le couvent de San-Domingo, à Grenade.

En sortant de l'église par la sacristie, dont le plafond bleu est semé d'étoiles d'or, on débouche dans le cloître de l'ancien couvent. La guerre habite l'antique asile de la paix ; les soldats, ces moines violents, ont remplacé les moines, ces soldats paisibles ; la caserne s'emboîte toujours aisément dans le monastère ; les régiments et les communautés, ces multitudes solitaires, se ressemblent par un point : l'absence de famille. Le pavé des longues arcades, troublé autrefois par le bruit monotone des sandales, résonne aujourd'hui sous les crosses de fusils ; le tambour bat où tintait la cloche ; le jurement éclate où murmurait la prière ; la vie militaire, avec sa brutalité, s'étale à travers les cours : ici c'est une chemise qui sèche ; là un pantalon écartelé qui gambade au vent ; partout des caissons ouverts, des râteliers d'armes, des gamelles et des victuailles, le désordre discipliné du camp. Le long des murailles rayées par le temps, l'incurie ou la grossièreté impie de la soldatesque, on discerne encore des peintures représentant les miracles du fondateur de l'ordre, toujours occupé à déjouer les tentations du diable qui lui apparaît tantôt sous la forme d'un chat, tantôt déguisé en singe, ou, ce qui est plus fin, sous les traits d'une belle femme.

La *Cène* de Léonard de Vinci occupe le mur du fond du réfectoire. L'autre paroi est couverte par un Calvaire de Montorfanos, daté de 1495. Il y a du talent dans cette peinture. Mais qui peut se soutenir devant Léonard de Vinci?

Certes, l'état de dégradation où se trouve ce chef-d'œuvre du génie humain est à jamais regrettable; pourtant il ne lui nuit pas autant qu'on pourrait croire. Léonard de Vinci est par excellence le peintre du mystérieux, de l'ineffable, du crépuscule; sa peinture a l'air d'une musique en mode mineur. Ses ombres sont des voiles qu'il entr'ouvre ou qu'il épaissit pour faire deviner une pensée secrète. Ses tons s'amortissent comme les couleurs des objets au clair de lune, ses contours s'enveloppent et se noient comme derrière une gaze noire, et le temps, qui ôte aux autres peintres, ajoute à celui-ci en renforçant les harmonieuses ténèbres où il aime à se plonger.

La première impression que fait cette fresque merveilleuse tient du rêve : toute trace d'art a disparu; elle semble flotter à la surface du mur, qui l'absorbe comme une vapeur légère. C'est l'ombre d'une peinture, le spectre d'un chef-d'œuvre qui revient. L'effet est peut-être plus solennel et plus religieux que si le tableau même était vivant : le corps a disparu, mais l'âme survit tout entière.

Le Christ occupe le milieu de la table, ayant à sa

droite saint Jean, l'apôtre bien-aimé; saint Jean, dans l'attitude d'adoration, l'œil attentif et doux, la bouche entr'ouverte, le visage silencieux, se penche respectueusement, mais affectueusement, comme le cœur appuyé sur le maître divin. Léonard a fait aux apôtres des figures rudes, fortement accentuées; car les apôtres étaient tous pêcheurs, manouvriers et gens du peuple. Ils indiquent, par l'énergie de leurs traits, par la puissance de leurs muscles, qu'ils sont l'Église naissante. Jean, avec sa figure féminine, ses traits purs, sa carnation d'un ton fin et délicat, semble plutôt appartenir à l'ange qu'à l'homme; il est plus aérien que terrestre, plus poétique que dogmatique, plus amoureux encore que croyant; il symbolise le passage de la nature humaine à la nature divine. Le Christ porte empreinte sur son visage la douceur ineffable de la victime volontaire, l'azur du Paradis luit dans ses yeux, et les paroles de paix et de consolation tombent de ses lèvres comme la manne céleste dans le désert. Le bleu tendre de sa prunelle et la teinte mate de sa peau, dont un reflet semble avoir coloré le pâle Charles Ier de Van Dyck, révèlent les souffrances de la croix intérieure portée avec une résignation convaincue. Il accepte résolûment son sort, et ne se détourne point de l'éponge de fiel dans ce dernier et libre repas. On sent un héros tout moral et dont l'âme fait la force, dans cette figure d'une incomparable suavité : le port de la tête, la finesse de la peau, les attaches délicatement robustes, le jet pur des doigts, tout dénote une nature aristocratique au milieu des faces plébéiennes et rustiques de ses compagnons. Jésus-Christ est le fils de Dieu ; mais il est aussi de la race des rois de Juda. A une religion toute spirituelle, ne fallait-il pas un révélateur doux, élégant et beau, dont les petits enfants pussent s'approcher sans effroi ? A la place de Jésus, assoyez Socrate à cette cène suprême, le caractère changera aussitôt : l'un demandera qu'on sacrifie un coq à Esculape ; l'autre s'offrira lui-même pour hostie, et la beauté de l'art grec serait ici vaincue par la sérénité de l'art chrétien.

Nous aurions pu rester plus de jours à Milan, visiter les seize colonnes antiques de Saint-Laurent, le grand hôpital, le palais Belgiojoso, plusieurs églises riches ou belles ; mais nous avons pour principe de ne plus rien chercher au delà d'une grande émotion, et la Cène de Léonard de Vinci ne peut être dépassée par rien ; d'ailleurs Venise nous attirait invinciblement.

Un tronçon de chemin de fer nous mena jusqu'à Treviglio ; la diligence continuant le wagon nous fit traverser de nuit Brescia, où l'on s'arrêta une heure. De Brescia nous ne pouvons rien dire, sinon que les maisons, vaguement ébauchées dans l'ombre, nous ont paru extrêmement hautes, et que l'eau d'une fontaine, sur une place où l'on monte par quelques marches, nous a fait le plus grand plaisir par sa fraîcheur. Nous en bûmes à tâtons plusieurs gorgées, pendant qu'on relayait les chevaux.

Dans le porche de l'auberge vivement éclairé était collée une affiche de spectacle. On annonçait deux ballets pour la foire prochaine, *Alcine* et *Giselle*, par Mlle Auguste Maywood, danseuse américaine, qui a fait quelques bonds sur le plancher de l'Opéra il y a plusieurs années. Les Brescians haussèrent dans notre estime à dater de ce moment-là, et la supériorité de la pantomime, intelligible dans toutes les langues, nous fut de plus en plus démontrée.

De Brescia à Vérone nous n'avons pas grand'chose à mentionner, excepté une échappée sur le lac de Garde, près de Peschiera; car nous avons marché comme les dieux homériques, dans un nuage, mais dans un nuage de poussière.

Vérone, dont on ne peut prononcer le nom sans penser à Roméo et Juliette, dont le génie de Shakspeare a fait deux êtres réels que l'histoire voudrait accepter, se présente à l'œil du voyageur d'une façon assez pittoresque. On suit quelque temps l'Adige, qu'enjambe un grand pont singulier de briques rouges, avec des arches démesurées, des parapets dentelés en créneaux moresques, comme les murailles de Séville, et des escaliers qui empêchent les voitures d'y passer. Des tours rouges au faîte taillé en scie déchiquètent fort convenablement l'horizon, et une belle porte antique, composée de deux ordres de colonnes et d'arcades superposées, reçoit majestueusement les pèlerins.

Les Capuletti et les Montecchi pourraient encore se quereller dans les rues de Vérone, et Tybalt y tuer Mercutio; la décoration n'est pas changée : la tragédie de Shakspeare est merveilleusement exacte. A Vérone, comme dans une ville espagnole, il n'y a pas une maison sans balcon, et l'échelle de soie n'a qu'à choisir. Peu de villes ont mieux conservé le cachet moyen âge : les arcades ogivales, les fenêtres en trèfles, les balcons découpés, les maisons à piliers, les coins de rue sculptés, les grands hôtels aux marteaux de bronze, aux grilles ouvragées, où l'entablement couronné de statues brille de détails d'architecture que le crayon seul peut rendre, vous reportent aux temps passés, et l'on est tout étonné de voir circuler dans les rues des gens habillés à la moderne et des hulans autrichiens.

Cet effet est surtout sensible à la place du Marché, encombré de pastèques, de citrons, de cédrats et de tomates. Les maisons, coloriées de fresques par Paolo Albasini, avec leur mirador saillant, leurs ornements sculptés, leurs piliers robustes, ont la physionomie la plus romantique; des colonnes à chapiteau compliqué achèvent de faire de cette place un merveilleux motif pour les aquarellistes et les décorateurs. C'est l'endroit le plus animé de la ville. On ne voit que femmes aux fenêtres et sur les portes, et la foule fourmille entre les éventaires des marchands.

Entre la tombe apocryphe de Juliette, espèce de cuve de marbre rougeâtre à demi enterrée dans un jardin, les tombeaux en pleine rue des Scaligers, et l'amphithéâtre antique, nous avons choisi, ne pouvant tout visiter, l'arène romaine, mieux conservée encore que le cirque d'Arles.

Il ne manque à cette arène que l'enceinte extérieure, dont cinq ou six arcades restées intactes rendent la restauration du reste extrêmement facile : quelques semaines de réparation permettraient d'y recommencer les jeux sanglants du cirque. Tout en montant et en descendant les gradins, aussi purs d'arêtes que s'ils avaient été taillés d'hier, nous nous disions : « Quelle admirable place de taureaux on ferait ici, et comme Montès, Chiclanero, Cucharès, donneraient de belles estocades aux taureaux de Gaviria et de Veraguas sur cette arène qui a bu le sang des lions et des gladiateurs ! » On reconnaît les loges des belluaires et des animaux féroces, les entrées et les sorties des acteurs, les vomitoires du peuple; la sentine absorbante pour l'écoulement des eaux après les naumachies se distingue parfaitement; il ne manque que le public couché dans la poussière des Josaphat. Comme si l'on avait voulu donner une échelle de la médiocrité moderne comparée à la grandeur antique, on a bâti un théâtre en planches dans l'intérieur de l'arène, dont il couvre à peine quelques gradins; vingt-deux mille personnes pouvaient s'asseoir à l'aise dans l'amphithéâtre romain.

En nous rendant à la station du chemin de fer qui relie Vérone à Venise, nous remarquâmes un mouvement de troupes, des roulements de tambour, et beaucoup de gens se dirigeant du même côté : on nous dit qu'on allait fusiller sept brigands, et que la veille on en avait fusillé cinq. Si le temps ne nous eût manqué, nous aurions été voir cette exécution, qui dans notre pays nous eût fait fuir; car en voyage la curiosité va quelquefois jusqu'à la barbarie, et les yeux qui cherchent le nouveau ne se détournent pas d'un supplice, si le bourreau est pittoresque et si le patient est d'une bonne couleur locale.

Heureusement le sifflet du chemin de fer nous fit renoncer à cette pensée cruelle, et nous nous assîmes dans le wagon, divisé d'un bout à l'autre par un corridor, et où avaient déjà pris place deux vénérables capucins, les premiers moines que nous voyions. Il était six heures. A huit heures et demie nous devions arriver à Venise.

VII.

Venise.

Nous éprouvons quelque honte pour le ciel italien, qu'on se figure à Paris d'un bleu inaltérable, à dire qu'à notre départ de Vérone de grands nuages noirs encombraient l'horizon; il est fâcheux de commencer un voyage au pays du soleil par des descriptions d'orage, mais la vérité nous oblige à confesser que la pluie tombait en larges tranches d'abord sur les lointains, ensuite sur les plans plus rapprochés de la contrée à travers laquelle le chemin de fer nous emportait.

Des montagnes couronnées de nuages, des collines égayées de châteaux et de maisons de plaisance formaient le fond du tableau. Les devants se composaient de cultures très-vertes, très-variées et très-pittoresques. La vigne, en Italie, ne se plante pas comme en France ; on la fait monter et grimper en treilles, en guirlandes après des baliveaux écimés qu'elle festonne de son feuillage. Rien n'est plus gracieux que ces longues rangées d'arbres qui, reliés par leurs bras de pampres, ont l'air de se donner la main et de danser autour des champs une farandole immense; on dirait un chœur de bacchantes végétales qui, dans un transport muet, célèbrent l'antique fête de Lyæus : ces vignes folles, courant de branche en branche, donnent une élégance inimaginable au paysage. De loin en loin, des métairies ouvertes laissaient voir sous leur portique des travailleurs prenant gaiement leur repas du soir, et donnaient de la vie au tableau.

Notons ici quelques particularités du chemin de fer italien. Sur les écriteaux qui marquent la distance parcourue, sont indiquées aussi la pente ou l'élévation du terrain. Les signaux se font au moyen de paniers d'une forme particulière, qu'on hisse le long de grands mâts à des hauteurs convenues. La voie de fer est simple et n'a pas de rail de retour. Aux stations, qui sont assez fréquentes, des marchands viennent vous offrir de menues pâtisseries, de la limonade, du café, qu'il faut avaler bouillant; car vous n'avez pas plutôt approché la tasse de vos lèvres, que le sifflet à vapeur fait entendre son cri strident, et que le convoi se remet en marche.

Le chemin de fer frôle Vicence, et bientôt arrive à Padoue, dont nous ne pouvons dire que la phrase qui sert d'indication au décor d'Angelo : « A l'horizon, la silhouette de Padoue au moyen âge. » Une tour et quelques clochers se détachant en noir sur une bande de ciel à ton pâle, voilà tout ce que nous avons pu en démêler; mais nous nous dédommagerons plus tard.

Le temps ne se raccommodait pas ; des rafales de vent, des bouffées de pluie et de subites illuminations d'éclairs poursuivaient le wagon dans son vol ; il faisait presque froid, et ce bon vieux caban qui nous a rendu de si loyaux services en Espagne, en Afrique, en Angleterre, en Hollande et sur les bords du Rhin, nous prêta fort à propos l'abri de sa vaste rotonde et de ses grandes manches soutachées. Quoique la locomotive nous menât grand train, il nous semblait, tant notre impatience était vive, voyager sur un de ces chars traînés par des colimaçons, comme on en voit dans les arabesques de Raphaël. Chaque homme, poëte ou non, se choisit une ou deux villes, patries idéales qu'il fait habiter par ses rêves, dont il se figure les palais, les rues, les maisons, les aspects, d'après une architecture intérieure, à peu près comme Piranèse se plaît à bâtir avec sa pointe d'aquafortiste des constructions chimériques, mais douées d'une réalité puissante et mystérieuse. Qui jette les fondations de cette ville intuitive? Il serait difficile de le dire. Les récits, les gravures, la vue d'une carte de géographie, quelquefois l'euphonie ou la singularité du nom, un conte lu quand on était tout jeune, la moindre particularité : tout y contribue, tout y apporte sa pierre. Pour notre part, trois villes nous ont toujours préoccupé : Grenade, Venise et le Caire. Nous avons pu comparer la Grenade réelle à notre Grenade, et dresser notre lit de camp dans l'Alhambra : mais la vie est si mal faite, le temps coule si gauchement, que nous ne connaissions encore Venise que par cette image tracée dans la chambre noire du cerveau, image souvent si arrêtée que l'objet même l'efface à peine. Nous n'étions plus qu'à une demi-heure de la Venise véritable, et nous qui n'avons jamais souhaité qu'un seul grain de poussière accélérât sa chute dans le sablier, tant nous sommes sûr que la mort arrivera, nous aurions volontiers supprimé de notre vie ces trente minutes. Quant au Caire, c'est un autre compte à régler, et d'ailleurs Gérard de Nerval l'a vu pour nous.

Malgré la pluie qui nous fouettait la figure, nous nous penchions hors de la fenêtre du wagon pour tâcher de saisir dans l'ombre quelque ébauche lointaine de Venise, la vague silhouette d'un clocher, le scintillement d'une lumière ; mais la nuit se faisait profonde, et l'horizon impénétrable ; enfin, à une station, l'on avertit les gens qui voulaient descendre à Mestre. C'était à Mestre que naguère on s'embarquait pour Venise ; maintenant, le chemin de fer a rendu la gondole inutile : un pont immense enjambe la lagune et soude Venise à la terre ferme.

Jamais nous n'avons éprouvé d'impression plus étrange. Le wagon venait de s'engager sur la longue chaussée. Le ciel était comme une coupole de basalte rayée de veines fauves. Des deux côtés, la lagune, avec ce noir mouillé plus sombre que l'obscurité même, s'étendait dans l'inconnu. De temps en temps des éclairs blafards secouaient leurs torches sur l'eau, qui se révélait par un soudain embrasement, et le convoi semblait chevaucher à travers le vide comme l'hippogriffe d'un cauchemar, car on ne pouvait distinguer ni le ciel, ni l'eau, ni le pont. Certes, ce n'était pas ainsi que nous avions rêvé notre entrée à Venise; mais celle-là dépassait en fantastique tout ce que l'imagination de Martinn eût trouvé de mystérieux, de gigantesque et de formidable pour une avenue de Babylone ou de Ninive. L'orage et la nuit avaient préparé à la manière noire la planche que le tonnerre dessinait en traits de feu, et la locomotive ressemblait à ces chariots bibliques dont les roues tourbillonnent comme des flammes et qui ravissent quelque prophète au septième ciel.

Cette course vertigineuse dura quelques minutes, puis la locomotive ralentit son essor et s'arrêta. Un grand débarcadère, sans aucune décoration architecturale, reçut les voyageurs, à qui l'on demanda leurs passe-ports, en leur donnant une carte pour les envoyer retirer plus tard; l'on entassa les malles dans une gondole-omnibus installée en façon de galiote, et l'on se mit en marche. L'auberge de l'Europe, qu'on nous avait indiquée, se trouve précisément à l'autre bout de la ville, circonstance que nous ignorions alors et qui nous valut la plus étonnante promenade qu'on puisse imaginer : ce n'est pas le voyage dans le bleu de Tieck, mais c'est un voyage dans le noir, aussi étrange, aussi mystérieux que ceux qu'on fait pendant les nuits de cauchemar, sur les ailes de chauve-souris de Smarra.

Arriver de nuit à la ville que l'on rêve depuis longues années est un accident de voyage très-simple, mais qui paraît combiné pour pousser la curiosité au dernier degré d'exaspération. Entrer dans la demeure de sa chimère les yeux bandés est tout ce qu'il y a de plus irritant au monde. Nous l'avions déjà éprouvé pour Grenade, où la diligence nous jeta à deux heures du matin, par des ténèbres d'une opacité désespérante.

La barque suivit d'abord un canal très-large, au bord duquel se dessinaient confusément des édifices obscurs piqués de quelques fenêtres éclairées et de quelques falots qui versaient des traînées de paillettes sur l'eau noire et vacillante ; ensuite elle s'engagea à travers d'étroites rues d'eau très-compliquées dans leurs détours, ou du moins qui nous paraissaient telles à cause de notre ignorance du chemin.

L'orage, qui tirait à sa fin, illuminait encore le ciel de quelques lueurs livides qui nous trahissaient des perspectives profondes, des dentelures bizarres de palais inconnus. A chaque instant l'on passait sous des ponts dont les deux bouts répondaient à une coupure lumineuse dans la masse compacte et sombre des maisons. A quelque angle une veilleuse tremblait devant une madone. Des cris singuliers et gutturaux retentissaient au détour des canaux; un cercueil flottant, au bout duquel se penchait une ombre, filait rapidement à côté de nous ; une fenêtre basse rasée de près nous faisait entrevoir un intérieur étoilé d'une lampe ou d'un reflet, comme une eau-forte de Rembrandt. Des portes, dont le flot léchait le seuil, s'ouvraient à des figures emblématiques qui disparaissaient ; des escaliers venaient baigner leurs marches au canal et semblaient monter dans l'ombre vers des babels mystérieuses; les poteaux bariolés où l'on attache les gondoles prenaient devant les sombres façades des attitudes de spectres.

Au haut des arches, des formes vaguement humaines nous regardaient passer comme les mornes figures d'un rêve. Parfois toutes les lueurs s'éteignaient, et l'on avançait sinistrement entre quatre espèces de ténèbres, les ténèbres huileuses, humides et profondes de l'eau, les ténèbres tempétueuses du ciel nocturne et les ténèbres opaques des deux murailles, sur l'une desquelles la lanterne de la barque jetait un reflet rougeâtre qui révélait des piédestaux, des fûts de colonne, des portiques et des grilles aussitôt disparus.

Tous les objets touchés dans cette obscurité par quelque rayon égaré prenaient des apparences mystérieuses, fantastiques, effrayantes, hors de proportion. L'eau, toujours si formidable la nuit, ajoutait encore à l'effet par son clapotement sourd, son fourmillement et sa vie inquiète. Les rares réverbères s'y prolongeaient en traînées sanglantes, et ses ondes épaisses, noires comme celles du Cocyte, paraissaient étendre leur manteau complaisant sur bien des crimes. Nous étions étonnés de ne pas entendre tomber quelque corps du haut d'un balcon ou d'une porte entr'ouverte; jamais la réalité n'a moins ressemblé à elle-même que ce soir-là.

Nous croyions circuler dans un roman de Maturin, de Lewis ou d'Anne Radcliff, illustré par Goya, Piranèse et Rembrandt. Les vieilles histoires des Trois Inquisiteurs, du conseil des Dix, du pont des Soupirs, des espions masqués, des puits et des plombs, des exécutions au canal Orfano, tout le mélodrame et la mise en scène romantique de l'ancienne Venise, nous revenaient malgré nous en mémoire, assombris encore par des réminiscences du *Confessionnal des Pénitents noirs* et d'*Abellino ou le Grand Bandit*. Une terreur froide, humide et noire comme tout ce qui nous entourait, s'était emparée de nous, et nous songions involontairement à la tirade de Malipiero à la Tisbé, quand il dépeint l'effroi que lui inspire Venise. Cette impression, qui semblera peut-être exagérée, est de la vérité la plus exacte, et nous pensons qu'il serait difficile de s'en défendre, même au philistin le plus positif; nous allons même plus loin, c'est le vrai sens de Venise qui se dégage, la nuit, des transformations modernes; Venise, cette ville qu'on dirait plantée par un décorateur de théâtre et dont un auteur de drames semble avoir arrangé les mœurs pour le plus grand intérêt des intrigues et des dénoûments.

L'ombre lui rend le mystère dont le jour la dépouille, remet le masque et le domino antiques aux vulgaires habitants, et donne aux plus simples mouvements de la vie des allures d'intrigue ou de crime. Chaque porte qui s'entre-bâille a l'air de laisser passer un amant ou un bravo. Chaque gondole qui glisse silencieusement paraît emporter un couple amoureux ou un cadavre avec un stylet de cristal brisé dans le cœur.

Enfin la barque s'arrêta au bas d'un escalier de marbre dont la mer baignait les premières marches, devant une façade qui flamboyait par toutes ses ouvertures. Nous étions à l'ancien palais Giustiniani transformé aujourd'hui en hôtel, comme plusieurs autres palais de Venise. Une demi-douzaine de gondoles étaient groupées à la porte comme des voitures qui attendent leur maître : un grand escalier, assez monumental, nous conduisit aux étages supérieurs, composés chacun d'une salle longue et profonde, de la largeur des fenêtres, et d'appartements latéraux ayant vue sur le canal et sur la terre.

En attendant qu'on nous servît à souper, nous nous étions accoudé au balcon, orné de colonnes de marbre et d'ogives moresques. La pluie avait cessé. Le ciel pur et lavé resplendissait d'étoiles, la voie lactée tachetait le sombre azur de cent millions de gouttelettes blanches, et de nombreuses bolides rayaient l'horizon de leur fusée si vite évanouie. Quelques points brillants, étoiles de la terre, scintillaient à l'autre rive, qu'elles faisaient deviner ; une silhouette indistincte de dôme s'ébauchait à notre droite, de l'autre côté de l'eau, et, en nous penchant un peu, nous découvrions à notre gauche une scintillante ligne de feux, que nous jugeâmes devoir être les réverbères de la Piazzetta. Quelques petites étincelles, semblables à celles qui courent sur le papier brûlé, serpentaient sur le fond noir. C'étaient les lanternes des gondoles qui allaient et venaient.

Il n'était pas tard encore, et nous aurions pu

sortir; mais nous nous étions promis de nous garder intact pour le lendemain le coup d'œil de la place Saint-Marc, et nous avions résolu d'attendre que la décoration fût éclairée. Nous eûmes donc la force de ne pas quitter notre chambre, où nous ne tardâmes pas à nous endormir, malgré les piqûres des moustiques, en repassant dans notre tête la Venise de Canaletto, de Bonnington, de Joyant et de Wyld.

Le matin, notre premier mouvement fut de courir au balcon : nous étions à l'entrée du grand canal, en face de la douane de mer, bel édifice à colonnes rustiques ornées de bossages et supportant une tour carrée, terminée par deux hercules agenouillés dos à dos et soutenant de leurs épaules robustes une boule du monde, sur laquelle tourne une figure nue de la Fortune, chauve par derrière, échevelée par devant, et retenant avec ses mains les deux bouts d'un voile qui fait girouette et cède à la moindre brise; car cette figure est creuse comme la Giralda de Séville. Près de la Dogana s'arrondissait la blanche coupole de Santa-Maria della Salute, avec ses volutes contournées, son escalier pentagone et sa population de statues. Une Ève, dans le déshabillé le plus galant, nous souriait du haut d'une corniche sous un rayon de soleil. Nous reconnûmes sur-le-champ la Salute, d'après le beau tableau de Canaletto, qui est au Musée : au fond, l'on apercevait la pointe de la Giudecca et l'île de Saint-Georges-Majeur, où l'église de Palladio montre, au-dessus d'une batterie autrichienne, sa façade grecque, son dôme oriental et son clocher vénitien du rose le plus vif.

Une école de natation était installée à l'embouchure du canal, et diverses embarcations de différents tonnages, depuis le bateau de pêche jusqu'au bateau à vapeur et au trois-mâts, dessinaien leurs agrès dans la sérénité bleue du matin. Les barques qui approvisionnent la ville arrivaient à la voile ou à la rame, suivant leur direction. C'était un tableau ravissant, aussi clair que celui de la veille était sombre.

Aller à pied dans Venise est chose difficile pour un étranger. Notre premier soin fut donc de louer une gondole. On a beaucoup abusé de la gondole dans les opéras comiques, les romances et les nouvelles. Ce n'est pas une raison pour qu'elle soit mieux connue. Nous en ferons ici une description détaillée. La gondole est une production naturelle de Venise, un être animé ayant sa vie spéciale et locale, une espèce de poisson qui ne peut subsister que dans l'eau d'un canal. La lagune et la gondole sont inséparables et se complètent l'une par l'autre. Sans gondole, Venise n'est pas possible. La ville est un madrépore dont la gondole est le mollusque. Elle seule peut serpenter à travers les réseaux inextricables et l'infinie capillarité des rues aquatiques.

La gondole étroite et longue, relevée à ses deux bouts. tirant très-peu d'eau, a la forme d'un patin. Sa proue est armée d'une pièce de fer plate et polie qui rappelle vaguement un col de cygne courbé, ou plutôt un manche de violon avec ses chevilles. Six dents, dont les interstices sont quelquefois ornées de découpures, contribuent à cette ressemblance. Cette pièce de fer sert de décoration, de défense et de contre-poids, l'embarcation étant plus chargée à l'arrière; sur le bordage de la gondole, près de la proue et de la poupe, sont plantés deux morceaux de bois contournés comme ceux des jougs de bœuf, où le barcarol appuie sa rame debout sur une petite plate-forme et le talon calé par un tasseau.

Tout ce qui paraît de la gondole est enduit de goudron ou peint en noir. Un tapis plus ou moins riche en garnit le fond; au milieu est posée la cabine, la *felce*, qui s'enlève facilement lorsqu'on veut lui substituer un tendelet, dégénérescence moderne dont tout bon Vénitien gémit. La felce est entièrement tendue en drap noir, et meublée de deux moelleux coussins de maroquin de même couleur avec dossiers renversés; de plus, il y a deux strapontins sur les côtés, de sorte qu'on peut y tenir quatre; sur chaque face latérale sont coupées deux fenêtres qu'on laisse ordinairement ouvertes, mais qui se ferment de trois manières, premièrement par une glace de Venise à biseau ou à cadre de fleurs entaillées dans le cristal ; secondement, par une jalousie à lames mobiles pour voir sans être vu ; troisièmement, par un panneau d'étoffe sur lequel, pour plus de mystère, on peut faire encore tomber le drap de la felce : ces différents systèmes glissent sur une coulisse transversale. La porte, par laquelle on entre à reculons, car il serait difficile de se retourner dans cet étroit espace, a seulement une glace et un panneau. La partie qui est en bois est sculptée avec plus ou moins d'élégance, selon la richesse du propriétaire ou le goût du barcarol. Au chambranle gauche de cette porte reluit un écusson de cuivre surmonté d'une couronne ; c'est là que l'on fait graver son blason ou son chiffre ; au-dessous, un petit cadre garni d'un verre et s'ouvrant à l'intérieur contient l'image pour laquelle le patron ou le gondolier ont une dévotion spéciale : la Sainte-Vierge, saint Marc, saint Théodore ou saint Georges.

C'est de ce côté-là aussi qu'on accroche la lanterne, usage qui commence à se perdre un peu, car bien des gondoles cheminent sans avoir cette étoile au front. A cause du blason, du saint et de la lanterne, la gauche est la place d'honneur ; c'est là que se mettent les femmes, les personnes âgées ou considérables. Au fond, un panneau qui se déplace permet de parler au gondolier posté à la poupe, le seul qui dirige vraiment l'embarcation, son aviron étant à la fois une rame et un gouvernail. Deux cordes de soie avec deux poignées vous aident à vous relever lorsque vous voulez sortir, car l'on est assis très-bas; le drap de la felce est enjolivé à l'extérieur de houppes de soie assez semblables à celles des bonnets de prêtre, et, lorsqu'on veut se fermer complétement, se déploie sur l'arrière de la cabine comme un drap mortuaire trop long sur un cercueil. Pour terminer la description, disons que sur le bordage intérieur des espèces d'arabesques sont enlevées en blanc sur le champ noir du bois. Tout cela n'a pas l'air fort gai, et cependant, s'il faut en croire le Beppo de lord Byron, il se passe dans ces *noires* gondoles des scènes aussi drôles que dans les carrosses d'enterrement. Mme Malibran, qui n'aimait pas à entrer dans ces petits catafalques, essaya, mais sans succès, d'en changer la couleur. Cette teinte, qui peut nous sembler lugubre, ne le paraît pas aux Vénitiens, accoutumés au noir par les édits somptuaires de l'ancienne république, et chez qui les corbillards d'eau, les draps mortuaires et les croque-morts sont rouges.

Nous avions choisi une gondole à deux rameurs : celui de la poupe, cuit et recuit par le soleil, avec sa petite calotte vénitienne sur le haut de la tête, son épais collier de barbe fauve, ses manches retroussées, sa ceinture et son pantalon large, rappelait assez l'ancien caractère; celui de la proue, beaucoup plus petit-maître et modernisé, portait une casquette d'où sortait une mèche frisée, une veste d'indienne à raies, un pantalon de monsieur, et mélangeait au type du gondolier le type du domestique de place. Comme il faisait beau, un tendelet à bandes bleues et blanches remplaçait, à notre grand regret, la felce sous laquelle nous eussions volontiers étouffé de chaleur par l'excessif amour de la couleur locale.

Nous demandâmes qu'on nous conduisît tout de suite à la place Saint-Marc, qui se trouvait bien où la ligne de gaz nous l'avait fait supposer la veille. En prenant le large, nous pûmes examiner la façade de notre auberge, qui était vraiment fort magnifique avec ses trois étages de balcons, ses fenêtres mauresques et ses colonnettes de marbre. Sans un malheureux écriteau planté au-dessus du portique et contenant ces mots : « Hôtel de l'Europe, chez Marseille, » le palais Giustiniani serait encore tel qu'on le voit sur le merveilleux plan d'Albert Durer, à l'exception de deux fenêtres au troisième étage, percées à côté de la baie primitive, qu'on discerne toujours dans la muraille. Et les anciens propriétaires, s'ils revenaient de l'autre monde dans la gondole de Caron, barcarol de l'enfer, retrouveraient sans hésiter leur demeure sur le grand canal, intacte, quoique déshonorée. Venise a cela de particulier, que, bien que son drame soit fini, la décoration du passé y est restée en place.

Les gondoliers rament debout en se penchant sur leur aviron. Il est étonnant qu'ils ne tombent pas à chaque instant dans l'eau, car tout le poids de leur corps porte en avant. Ce n'est que la grande habitude qui leur donne l'aplomb nécessaire pour se tenir ainsi toujours en suspens. L'apprentissage doit coûter plus d'un plongeon ; rien n'égale leur adresse à éviter les chocs, la précision avec laquelle ils tournent un angle de rue, abordent un traghetto, un escalier; la gondole est si sensible à la moindre impression, qu'on dirait un être vivant.

Quelques coups de rames nous eurent bientôt amené en face d'un des plus merveilleux spectacles qu'il soit donné à l'œil humain de contempler : la Piazzetta vue de la mer ! Nous tenant debout à la proue de la gondole arrêtée, nous regardâmes quelque temps, dans une muette extase, ce tableau sans rival au monde, et le seul peut-être que l'imagination ne puisse dépasser.

A gauche, en prenant le point de vue du large, on aperçoit d'abord les arbres du jardin royal, traçant une ligne verte au-dessus d'une terrasse blanche, puis la Zecca (hôtel de la Monnaie), bâtiment à la robuste architecture, et l'ancienne bibliothèque, œuvre de Sansovino, avec ses élégantes arcades et son couronnement de statues mythologiques.

A droite, séparé par un espace qui forme la Piazzetta, vestibule de la place Saint-Marc, le palais ducal offre sa façade vermeille losangée de marbre blanc et rose, ses piliers massifs supportant une galerie de colonnettes, dont les nervures contiennent des trèfles quadrilobés, ses six fenêtres en ogive, son balcon monumental enjolivé de consoles, de niches, de clochetons, de statuettes, que domine une Sainte-Vierge ; son acrotère découpant sur le bleu du ciel ses feuilles d'acanthe et ses pointes alternées, et le listel en spirale qui cordonne ses angles, et se termine par un pinacle évidé à jour.

Au fond de la Piazzetta, du côté de la Bibliothèque, s'élève à une hauteur prodigieuse le Campanile, immense tour de briques au toit aigu surmonté d'un ange d'or. Du côté du palais ducal, Saint-Marc, vu de flanc, montre un coin de son portail, qui fait face à la Piazza. La perspective est fermée par quelques arcades de vieilles Procuraties, et la tour de l'Horloge, avec ses Jacquemarts de bronze, son lion de Saint-Marc sur fond bleu étoilé, et son grand cadran d'azur, où les vingt-quatre heures sont inscrites.

Au premier plan, en face du débarcadère des gondoles, entre la Bibliothèque et le palais ducal, se dressent deux énormes colonnes de granit africain d'un seul morceau, jadis roses, mais lavées de tons plus froids par la pluie et le temps.

Sur celle de gauche, en venant de la mer, se tient, dans une attitude triomphante, le front coiffé d'un nimbe de métal, l'épée au côté, la lance au poing, la main appuyée à sa targe, un saint Théodore d'une belle tournure, foulant aux pieds un crocodile.

Sur celle de droite, le lion de Saint-Marc en bronze, les ailes déployées, la griffe sur son évangile, le mufle refrogné, tourne la queue au crocodile de saint Théodore, de l'air le plus farouche et le plus maussade que puisse prendre un animal héraldique. Les deux monstres ne paraissent pas vouloir frayer ensemble.

On dit qu'il n'est pas de bon augure de débarquer entre ces deux colonnes, où se faisaient autrefois les exécutions, et nous priâmes le gondolier, quand il nous mettrait à terre, de débarquer par l'escalier de la Zecca ou du pont de la Paille, ne nous souciant nullement de finir comme Marino Faliero, à qui mal en prit d'avoir été jeté par la tempête au pied de ces piliers redoutables.

Au delà du palais ducal on voit les prisons neuves, auxquelles il se relie par le pont des Soupirs, espèce de cénotaphe suspendu au-dessus du canal de la Paille ; puis une ligne courbe de palais, de maisons, d'églises, d'édifices de toutes sortes, qui forme le quai des Esclavons (la riva dei Schiavoni), et se termine par le massif de verdure des jardins publics, dont la pointe s'avance dans la mer.

Près de la Zecca débouche le grand canal et se présente de front la douane de mer, qui fait, avec les jardins publics, les deux bouts de cet arc panoramique sur lequel s'étend Venise, comme une Vénus marine qui sèche sur le rivage les perles salées de l'élément natal.

Nous avons indiqué, le plus exactement qu'il nous a été possible, les principaux linéaments du tableau ; mais ce qu'il faudrait rendre, c'est l'effet, c'est la couleur, c'est le mouvement, c'est le frisson de l'air et de l'eau, c'est la vie. Comment exprimer ces tons roses du palais ducal, qui semble vivre comme de la chair ; ces blancheurs neigeuses des statues, dessinant leur galbe dans l'azur de Véronèse et de Titien ; ces rougeurs du Campanile, que caresse le soleil ; ces éclairs d'une dorure lointaine, ces mille aspects de la mer, tantôt claire comme un miroir, tantôt fourmillante de paillettes comme la jupe d'une danseuse ? Qui peindra cette atmosphère vague, lumineuse, pleine de rayons et de vapeurs, d'où le soleil n'exclut pas le nuage ; ce va-et-vient de gondoles, de barques, d'argosils, de galiotes ; ces voiles rouges ou blanches ; ces navires appuyant familièrement leurs guibres sur le quai, avec leurs mille accidents pittoresques de pavillons, de filets et de lignes qui sèchent ; les matelots qui chargent et déchargent les barques, les caisses qu'on porte, les tonneaux qu'on roule, les promeneurs bigarrés du môle, Dalmates, Grecs, Levantins et autres, que Canaletto indiquerait d'une seule touche ; comment faire voir tout cela simultanément, comme dans la nature, avec un procédé successif ? Car le poëte, moins heureux que le peintre et le musicien, ne dispose que d'une seule ligne ; le premier a toute une palette, le second tout un orchestre.

Le débarcadère de la Piazzetta est orné de lanternes gothiques, historiées de figures de saints, plantées sur des poteaux qui trempent dans la mer. L'une de ces lanternes a été donnée par la duchesse de Berry. Les gondoles font émeute à ce traghetto, le plus fréquenté de tous. Pour approcher de la rive, il faut se servir du fer de hache de la barque comme d'un coin, à l'aide duquel on divise cette masse épaisse. Quand on aborde, une foule de faquins vieux et jeunes, en guenilles, accourent tenant à la main un bâton armé d'un clou qui accroche le bateau comme une gaffe, et le maintient pendant que vous mettez pied à terre, opération qui présente dans les premiers temps une certaine difficulté, vu la mobilité extrême de la frêle embarcation. Vous pensez bien que cette sollicitude n'a pas pour but de vous empêcher de tomber à l'eau ou de prendre un bain de pieds sur une marche inférieure. Une main sale ou un bonnet crasseux, humblement tendus, vous inviteront à y laisser tomber le sou ou le centime autrichien, récompense de ce petit service.

Sur le socle des deux colonnes se tiennent assis des gondoliers attendant la pratique, des mendiants, des enfants hâves et demi-nus qui cherchent leur vie sur les escaliers de Venise, toute une population picaresque, amoureuse de *far niente* et de soleil. Ces socles étaient autrefois ornés de sculptures aujourd'hui presque effacées par le frottement, et qui semblent avoir représenté des figurines tenant des fruits et des feuillages. Combien a-t-il fallu de fonds de culottes pour user ce granit, est un problème que nous laissons à résoudre aux mathématiciens sans ouvrage. Pour en finir avec les colonnes, disons que celle de saint Théodore penche un peu vers la Bibliothèque, et celle du lion de Saint-Marc vers le palais ducal.

Dès les premiers pas que l'on fait sur la Piazzetta, on rencontre une guérite autrichienne zébrée de jaune et de noir, et quatre pièces de canon aux affûts peints en jaune, la gueule bouchée, le caisson par derrière, dans une espèce de parc d'artillerie adossé aux arcades en ogive du palais des Doges. Toute idée politique à part, cette vue choque comme une dissonance dans ce concert de choses admirables ; c'est la brutalité qui s'épate lourdement au milieu de la poésie.

La façade du palais ducal qui donne sur la Piazzetta est pareille à celle qui regarde la mer ; elle a, comme elle, une croisée monumentale d'où Manin, en résignant le gouvernement provisoire après la capitulation de Venise, en 1849, harangua le peuple pour la dernière fois.

Au bout de la Piazzetta se trouve la Piazza, qui fait équerre avec elle, et qui, comme son nom l'indique, est beaucoup plus grande.

Les quatre pans de la Piazza sont occupés par la façade de l'église de Saint-Marc, située près du palais ducal, par la tour de l'Horloge, les Procuraties vieilles et neuves, qui se font pendant, et un vilain palais moderne de goût classique, élevé stupidement en 1809 pour faire une salle du trône, à la place de la délicieuse église de San-Geminiano, dont le style élégant correspondait si bien à la basilique. Le Campanile, orné à sa base d'un charmant petit édifice de Sansovino, qu'on appelle la Logette, est isolé et se dresse à l'angle des Procuraties neuves ; sur la même ligne, à peu près, sont plantés les trois mâts qui supportaient les étendards de la république.

En se reculant vers le fond de la place, on jouit d'un coup d'œil vraiment féerique et qui vous cause un éblouissement, quelque préparé qu'on y soit par les peintures et les descriptions. Saint-Marc est devant vous avec ses cinq coupoles, ses porches étincelants de mosaïques à fond d'or, ses clochetons à jour, son immense verrière devant laquelle piaffent les quatre chevaux de Lysippe, sa galerie de colonnettes, son lion ailé, ses pignons en ogive fleuronnés de feuillages qui portent des statues, ses piliers de porphyre et de marbres antiques, son aspect de temple, de basilique et de mosquée : édifice étrange et mystérieux, exquis et barbare, immense amoncellement de richesses, église de pirates, faite de morceaux volés ou conquis à toutes les civilisations.

Une vive lumière faisait étinceler le grand évangéliste sur son ciel étoilé d'or ; les mosaïques reluisaient par paillettes; les coupoles d'un gris argenté s'arrondissaient comme les dômes de Sainte-Sophie à Constantinople, et des bouffées de colombes s'envolaient par moment des corniches et des balustrades pour venir s'abattre familièrement sur la place. On eût dit un rêve oriental pétrifié par la puissance de quelque enchanteur, une église moresque ou une mosquée chrétienne élevée par un calife converti.

A cette promenade nous ne regardâmes particulièrement aucun détail, et nous vous traduisons notre impression incomplète, mais générale et colorée de cette nuance vive que donne le premier coup d'œil. Nous monterons maintenant, si vous le voulez, au Campanile. C'est notre habitude quand nous arrivons dans une ville : nous préférons cette carte en relief à tous les plans et à tous les guides du monde. On se loge ainsi tout de suite dans la tête la configuration de l'endroit que l'on va habiter.

Comme la Giralda de Séville, le Campanile n'a pas d'escalier : l'ascension s'opère par une rampe que l'on pourrait gravir à cheval, tant la pente est douce. L'intérieur du Campanile est rempli par une cage de briques autour de laquelle tourne la rampe, et qui est fenestrée de grandes ouvertures allongées. A chaque palier une petite meurtrière, pratiquée sur une des faces de la tour, laisse filtrer une lumière suffisante. Après avoir monté assez longtemps, on parvient à la plate-forme, où sont les cloches. Des colonnes de marbre vert et rouge supportent quatre arcades sur chaque pan du Campanile et laissent la vue s'étendre aux quatre points de l'horizon ; un escalier en spirale permet de s'élever encore plus haut, jusqu'au pied de l'ange doré : mais c'est une fatigue inutile, car le panorama complet de Venise se déroule dès cette première station.

Si, en s'appuyant au balcon, la figure tournée du côté de la mer, on regarde au-dessous de soi, l'on voit d'abord le toit peuplé de Vénus, de Neptune, de Mars, et autres allégories de la Bibliothèque de Sansovino, aujourd'hui palais royal, puis celui du palais ducal, tout lamé de plomb ; on plonge aussi dans la cour de la Zecca ; et la Piazzetta, avec ses colonnes et ses gondoles, étale son pavé à compartiments. Plus loin, c'est la mer tachetée d'îles et d'embarcations.

Saint-Georges Majeur avec son clocher rouge, ses deux bastions blancs, son bassin, sa ceinture de barques attirées par la franchise du port, apparaît au premier plan. Un canal le sépare de la Giudecca, ce faubourg maritime de Venise qui tourne vers la ville une ligne de maisons, et vers la mer une ceinture de jardins. La Giudecca a deux églises, Santa-Maria et le Rédempteur, dont la coupole blanche abrite un couvent des capucins.

Au delà de Saint-Georges l'on découvre la Sanita, petit îlot ; San-Servolo, où est l'hôpital des fous ; les Arméniens, monastère et collège de langues orientales ; puis enfin le Lido, plage aride et sablonneuse, qui fait, avec la longue, étroite et basse langue de terre de Malamocco, un rempart à Venise contre le flot de l'Adriatique.

Derrière la Giudecca, s'enfonçant plus ou moins à l'horizon, s'étagent sur le bleu de la mer la Grazia, San-Clemente, lieu de pénitence et de détention pour les prêtres disciplinaires ; Poveglia, où les vaisseaux font quarantaine, et plus loin encore que la ligne de Malamocco, presque invisible dans le scintillement des vagues, la petite île de San-Pietro. Ces îles sont signalées à l'œil par un de ces longs clochers rouges à la vénitienne dont le Campanile semble être le prototype.

Sur cette mer se fait un grand mouvement de barques, de gondoles et de bâtiments de toutes sortes : le bateau à vapeur de Trieste, au moment où nous étions sur le clocher, arrivait crachant la vapeur, agitant ses palettes et faisant de grands remous dans l'eau paisible dont on voyait le fond par places ; des lignes de pieux marquent sur la lagune les canaux praticables pour les navires ; car la profondeur ordinaire n'est que trois ou quatre pieds ; ces pieux vus de cette hauteur ont l'air d'hommes qui pêchent dans l'eau jusqu'à mi-jambes.

Plus loin, l'œil se perd dans ces grands cercles d'azur que l'on prendrait pour le ciel, si quelque voile dorée par un rayon de soleil ne vous avertissait de votre erreur.

La transparence du ciel, la limpidité des eaux, l'éclat de la lumière, la netteté des silhouettes, la force et la finesse du ton donnaient à cette vue immense une splendeur éblouissante et vertigineuse.

En se tournant vers le fond de la Piazza, la perspective se présente ainsi : la continuation de la Giudecca, la Dogana avec sa Fortune échevelée, dont la boule, qu'on est en train de redorer, luit d'un éclat tout neuf ; la Salute et son double dôme, l'entrée du grand canal qui, malgré sa largeur, disparaît bientôt entre les maisons ; San-Moïse et son clocher, rejoint à l'église par un pont ; San-Stephano, à la tour de briques, surmontée d'une statue qui foule un croissant ; la grande église rougeâtre de Santa-Maria Gloriosa dei Frari, élevant au-dessus des toits son porche anguleux ; la coupole noire de Saint-Siméon le Petit, la seule à Venise qui soit de cette couleur, parce qu'au lieu d'être couverte de plomb elle est coiffée de cuivre, ce qui produit au milieu des casques d'argent des autres églises l'effet de ces armures de chevaliers mystérieux dans les tournois du moyen âge ; puis, à l'extrémité du canal toujours invisible, San-Geremia, dont le dôme et la tour ont reçu quelques boulets pendant le siége. Derrière San-Geremia verdissent les arbres du Jardin botanique, et les Scalzi montrent, à côté de la station du chemin de fer, leur façade en réparation encombrée de charpentes.

Entre ces églises dépassant les bâtisses vulgaires de toute la hauteur de l'idée, faites moutonner un océan de toits tumultueux et de tuiles désordonnées, faites jaillir des milliers de cheminées rondes, carrées, évasées en turban, crénelées en tourelles, épanouies en pots de fleurs, des formes les plus bizarres et les plus inattendues, découpez quelque fronton, quelque angle de palais qui se dégage de la cohue des maisons, et vous aurez le premier plan frappé d'une lumière nette, chaude, dorée, qui fait admirablement valoir le bleu vague de la mer que vous retrouvez au delà des toits, piquée seulement de deux îles, San-Angelo delle Polvere et Saint-Georges in Alga.

A l'horizon extrême ondulent en lignes d'azur les monts Euganéens, ramifications des Alpes du Frioul. Au pied des montagnes, de larges bandes vertes indiquent les fertiles cultures de la terre ferme, et Padoue dessine sa silhouette estompée par l'éloignement; une plage cendrée que la marée laisse à découvert, car il y a un flux et un reflux dans l'Adriatique, quoiqu'il n'y en ait point dans la Méditerranée, sert de transition et comme de demi-teinte entre la terre et l'eau. Le pont du chemin de fer, aisément visible de cette hauteur, traverse la lagune, relie Venise au continent et d'une île fait une presqu'île. Fusine et Mestre sont de ce côté, la première à gauche du chemin de fer, le second à droite.

La troisième face du Campanile regardant la tour de l'Horloge encadre dans sa fenêtre Santa-Maria dell'Orto, dont le haut clocher rouge et le grand toit de tuiles se distinguent parfaitement; les Saints-Apôtres, avec leur tourelle blanche ornée d'un cadran et d'une croix sur une boule, et les jésuites, faisant danser sur le bleu de la mer les statues contournées et strapassées de leur fronton ; plus, l'accompagnement obligé des cheminées et des toits.

Ce qu'il y a de singulier, c'est que nulle part on ne découvre l'apparence d'un canal ; les coupures que devraient faire ces rues d'eau dans les îles de maisons ne se soupçonnent même pas ; tout forme un bloc compacte, une tempête figée de tuiles et de combles, où les églises surnagent comme des vaisseaux à l'ancre.

En inclinant un peu vers la droite, l'œil rencontre le clocheton de la coupole grise de Saint-Jean et Saint-Paul, vaste bâtiment de briques ; la tour élégante de Santa-Maria Formosa, dont la blancheur tranche sur les tons roux de l'ensemble, et plus loin l'île de San-Secundo, fortin dans la mer. Au large, le cimetière encadré de murs roses et flanqué de deux églises, San-Cristoforo et San-Michele, s'offre comme une petite tache verte mouchetée de croix noires. Dans la même direction, au milieu de la lagune, Murano, où se fabriquaient ces verres de Venise qui font encore l'ornement des dressoirs, attire le regard par le campanile rouge de son église des Anges, le toit de Saint-Pierre et trois grands cyprès qui s'élèvent comme trois flèches sombres d'un groupe de maisons et d'arbres.

Par delà le palais ducal, en se penchant à la quatrième fenêtre du Campanile, on découvre Saint-François des Vignes et son clocher, remarquable par ses panneaux rouges bordés de blanc; San-Andrea et San-Zaccaria, dont le dôme grisâtre surmonté de croix avec boules, comme les croix de Saint-Marc, et la haute façade composée de trois frontons arrondis, émergent du milieu des maisons; l'Arsenal, avec sa tour carrée, rose par en haut, blanche par en bas, ses bassins où l'eau miroite, ses grands hangars de construction en forme d'arches d'aqueduc, ses poulies, ses engins et son aspect général de magasin et de corderie; et plus loin le dôme et le clocher de San-Pietro di Castello, le fronton triangulaire et la flèche de Santa-Elena.

Au large, sur la ligne de la pleine mer, se dessinent Burano, Mazorbo et Torcello, où habitèrent les premiers Vénètes; l'éloignement ne permet d'en saisir que des plaques verdoyantes de culture, quelques taches de maisons et trois églises, dont l'une plus apparente que les autres.

Ensuite, c'est le ciel ou l'eau; un feston d'écume qui blanchit, une voile qui passe, un goëland battant de l'aile dans la vapeur lumineuse et bleue; une immensité claire, la plus grande des immensités!

Dans l'épaisseur de cette fenêtre nous avons lu écrite en lettres d'une calligraphie caractéristique cette inscription gravée au couteau : Adrian Ziegler, 1604. Est-ce un aïeul du peintre moderne de ce nom qui a laissé au front du Campanile cette trace de son passage à Venise ?

Maintenant, nous pouvons redescendre dans la ville, la parcourir en tous sens, en examiner chaque détail ; nous en connaissons la configuration générale. L'Italie, tout le monde le sait, a la forme d'une botte à l'écuyère ; Venise a l'air d'une botte à chaudron. L'entonnoir est formé par les quartiers de Dorsoduro, de Santa-Croce, la jambe par Saint-Marc, Cannereggio, Castello, la pointe du pied par les jardins publics, le talon par l'île de Saint-Pierre, et le sous-pied par le pont de Castello. Le grand canal qui serpente dans le haut de la botte représenterait la piqûre du revers.

VIII.

Saint-Marc.

Nous avons, en décrivant la Piazz., donné l'aspect général de Saint-Marc, tel qu'on peut le saisir au premier coup d'œil ; mais Saint-Marc est un monde sur lequel on écrirait des volumes, et l'on nous permettra d'y revenir.

Comme la mosquée de Cordoue, avec laquelle elle a plus d'un point de ressemblance, la basilique de Saint-Marc a plus d'étendue que de hauteur, contrairement aux habitudes des églises gothiques, qui s'élancent vers le ciel à grand renfort d'ogives, d'aiguilles et de flèches. La grande coupole centrale n'a que cent dix pieds d'élévation. Saint-Marc a conservé le caractère du christianisme primitif, lorsque, à peine sorti des catacombes, il essayait, n'ayant pas encore d'art formulé, de se bâtir une église avec les débris des temples antiques et les données de l'art païen. Commencée en 979, sous le doge Pierre Orseolo, la basilique de Saint-Marc s'est achevée lentement, s'enrichissant à chaque siècle de quelque nouveau trésor, de quelque nouvelle beauté, et, chose singulière qui dérange toute idée de proportion, ce ramas de colonnes, de chapiteaux, de bas-reliefs, d'émaux, de mosaïques, ce mélange de styles grec, romain, byzantin, arabe, gothique, produisent l'ensemble le plus harmonieux.

Ce temple incohérent, où le païen retrouverait l'autel de Neptune avec ses dauphins, ses tridents, ses conques marines servant de bénitier, où le mahométan pourrait se croire dans le mirah de sa mosquée en voyant les légendes circuler aux parois des voûtes, comme des Suras du Coran, où le chrétien grec rencontrerait sa Panagia couronnée comme une impératrice de Constantinople, son Christ barbare au monogramme entrelacé, les saints spéciaux de son calendrier dessinés à la manière de Panselinos et des moines-peintres de la montagne sainte, où le catholique sent vivre et palpiter dans l'ombre des nefs illuminées du fauve reflet des mosaïques d'or la foi absolue des premiers temps, la soumission au dogme et aux formes hiératiques, le christianisme mystérieux et profond des âges de croyance ; ce temple, disons-nous, fait de pièces et de morceaux qui se contrarient, enchante et caresse l'œil mieux que ne saurait le faire l'architecture la plus correcte et la plus symétrique : l'unité résulte de la multiplicité. Pleins-cintres, ogives, trèfles, colonnettes, fleurons, coupoles, plaques de marbre, fonds d'or et vives couleurs des mosaïques, tout cela s'arrange avec un rare bonheur et forme le plus magnifique bouquet monumental.

La façade tournée vers la place a cinq porches donnant dans l'église, et deux conduisant sous les galeries extérieures latérales; en tout, sept ouvertures, trois de chaque côté du grand porche central. La porte principale est marquée par deux groupes de quatre colonnes de porphyre et de vert antique au premier étage, et de six au second, qui supportent les retombées du plein-cintre. Les autres porches n'ont que deux colonnes aussi à deux étages. Nous ne parlons ici que de la façade même, car l'épaisseur des porches est garnie d'autres colonnettes en marbre cipolin, jaspe, pentélique et autres matières précieuses.

Nous allons examiner avec quelque détail les mosaïques et les ornements de ce merveilleux portail. En commençant par la première arcade du côté de la mer, nous remarquerons, au-dessus d'une porte carrée et fermée d'une grille, un placage byzantin noir et or en forme de reliquaire, avec deux anges accolés aux nervures de l'ogive. Plus haut, dans le tympan du plein-cintre, se présente une grande mosaïque sur fond d'or, représentant le corps de saint Marc enlevé des cryptes d'Alexandrie et passé en fraude à la douane turque, entre deux flèches de porc, animal immonde que les musulmans ont en horreur, et dont le contact les forcerait à des ablutions sans nombre. Les infidèles s'écartent avec des gestes de dégoût, et laissent emporter bêtement le corps du saint apôtre. Cette mosaïque a été exécutée sur les cartons de Pietro Vecchia, vers 1650. Dans la retombée de l'archivolte, à droite, est encastré un bas-relief antique, Hercule portant sur ses épaules la biche d'Érymanthe et foulant du pied l'hydre de Lerne, et, dans la retombée de gauche (au point de vue du spectateur), par un de ces contrastes si fréquents à Saint-Marc, on voit l'ange Gabriel debout, ailé, nimbé et botté, s'appuyant sur sa lance; singulier pendant au fils d'Alcmène et de Jupiter !

Dans la seconde arcade est coupée une porte non symétrique à l'autre. Cette porte est surmontée d'une fenêtre à trois ogives, où s'inscrivent deux trèfles quadrilobés et qu'entoure un cordonnet d'émaux. La mosaïque du tympan, également sur fond d'or, comme toutes celles de Saint-Marc, a pour sujet l'arrivée du corps de l'apôtre à Venise, où il est reçu à sa descente du vaisseau par le clergé et les principaux de la ville; on voit le navire qui l'a transporté et les mannes d'osier qui le renfermaient : cette mosaïque est aussi de Pietro Vecchia.

Un saint Démétrius, assis, tirant à demi l'épée du fourreau, son nom gravé près de la tête, d'un aspect très-bas-empire et très-farouche, continue la ligne de bas-reliefs enchâssés dans la façade de la basilique comme dans un mur de musée.

Nous voici arrivé à la porte centrale, au grand porche, dont le contour entaille la balustrade de marbre qui règne au-dessus des autres arcades; il est, comme cela devait être, plus riche et plus orné; outre la masse de colonnes en marbre antique qui l'appuient et lui donnent de l'importance, trois cordons, dont deux intérieurs et l'autre extérieur, dessinent très-fermement son arc par leur saillie. Ces trois boudins d'ornements sculptés, fouillés et découpés avec une patience merveilleuse, se composent d'une spirale touffue de feuillages, de rinceaux, de fleurs, de fruits, d'oiseaux, d'anges, de saints, de figurines et de chimères de toutes sortes; dans le dernier, les arabesques jaillissent des mains de deux statues assises à chaque bout du cordon.

La porte, garnie de valves de bronze constellées de mufles d'animaux fantastiques, a pour couronnement une niche avec des volets dorés, treillissés et troués à jour en manière de triptyque ou de cabinet.

Un *Jugement dernier* de grande dimension occupe le haut de l'arcade. La composition est d'Antonio Zanchi, et la traduction en mosaïque de Pietro Spagna. L'œuvre date de 1680 environ, et a été restaurée en 1838 sur l'ancien dessin. Le Christ, qui rappelle un peu celui de Michel-Ange dans la Sixtine, fait la séparation des bons et des méchants. Il a près de lui sa divine mère et son disciple bien-aimé saint Jean, qui paraissent intercéder pour les pécheurs, et s'appuie sur sa croix que soutient un ange avec une sollicitude respectueuse. D'autres anges sonnent de la trompette à pleines joues, pour réveiller dans leur tombe les dormeurs obstinés.

C'est au-dessus de ce porche, sur la galerie qui fait le tour de l'église, que sont placés, ayant pour socles des piliers antiques, les célèbres chevaux qui ont orné un instant l'arc de triomphe du Carrousel. Les opinions sont très-partagées à leur endroit : les uns veulent que ce soit une œuvre romaine du temps de Néron, transportée à Constantinople au iv⁰ siècle; d'autres, une œuvre grecque de l'île de Chio, amenée par les ordres de Théodose, au v⁰ siècle, dans la même ville, où elle décorait l'hippodrome; et d'autres enfin affirment que ces chevaux sont de la main de Lysippe. Ce qu'il y a de certain, c'est qu'ils sont antiques, et que l'an 1205, Marino Zeno, qui était podestat à Constantinople pour les Vénitiens, les fit enlever de l'hippodrome et les donna à Venise. Ces chevaux, de grandeur naturelle, un peu ramassés dans leur encolure, la crinière droite et coupée comme celle des chevaux du Parthénon, peuvent être classés parmi les plus beaux restes de l'antiquité. Ils sont historiques et vrais, qualité rare; leur mouvement montre qu'ils étaient attelés à quelque quadrige triomphal. Leur matière n'est pas moins précieuse que leur forme; ils sont, dit-on, en airain de Corinthe, dont on voit la patine verdâtre à travers un vernis de dorure écaillé par le temps.

Le quatrième porche offre dans sa partie inférieure la même distribution que le second. Le tympan de l'arcade est occupé par une mosaïque représentant le doge, les sénateurs, les patriciens de Venise venant honorer le corps de saint Marc étendu sur une châsse et recouvert d'une brillante draperie bleue; à l'angle se cache un groupe de Turcs confus de s'être laissé dérober un tel trésor. Cette mosaïque, une des plus éclatantes de ton, a été faite par Leopoldo del Pozzo, sur le dessin de Sébastien Rizzi, en 1728. Elle est fort belle. Le sénateur en robe pourpre a un air tout à fait titianesque. Dans la retombée de l'archivolte qui avoisine le grand portail, on voit un saint Georges en style gréco-byzantin, et dans l'autre un ange ou une sainte inconnue.

Le cinquième porche est un des plus curieux. Cinq petites fenêtres à treillage d'or, de découpure variée, en remplissent la portion inférieure. Au-dessus, les quatre animaux évangéliques en bronze doré, le bœuf, le lion, l'aigle, l'ange, aussi fantasques de formes que des chimères japonaises, se jettent des regards louches, tandis qu'un cavalier étrange, sur une monture qui peut être Pégase ou le cheval pâle de l'Apocalypse, piaffe entre deux rosaces d'or. Les chapiteaux des colonnes sont aussi d'un goût plus sauvage, plus archaïque et plus touffu que partout ailleurs.

Plus haut, une mosaïque, ouvrage d'un artiste inconnu du XIIe siècle, contient un tableau d'un grand intérêt, une vue de la basilique élevée pour recevoir les reliques de saint Marc, telle qu'elle était il y a huit cents ans. Les dômes, dont la perspective ne laisse apercevoir que trois, les porches de la façade ont à peu près la même forme qu'aujourd'hui; les chevaux récemment arrivés de Constantinople sont déjà à leur place; l'arcade du milieu est occupée par un grand Christ byzantin avec son monogramme grec, et les autres sont remplies de rosaces, de fleurons et d'arabesques. Le corps du saint, porté sur les épaules par des prélats et des évêques, entre de profil dans l'église qui lui est consacrée. Une foule de personnages, des groupes de femmes vêtues, comme on se figure les impératrices grecques, de longues robes constellées d'émaux, se pressent pour voir la cérémonie.

La ligne de bas-reliefs disparates, dont nous avons dit les sujets, se termine de ce côté par un Hercule chargé du sanglier de Calydon et qui semble menacer un petit être grotesque à moitié enfoncé dans un tonneau. Sous ce bas-relief s'allongent deux lions rampants, et, un peu plus bas, une figure antique en ronde-bosse tient une amphore renversée sur son épaule. Ce thème, donné sans doute par le hasard, a été heureusement repris dans le reste de l'édifice.

Cette rangée de porches qui forme le premier étage de la façade est bordée d'une balustrade de marbre blanc; le second contient cinq arcades, dont celle du milieu, plus grande que les autres, s'arrondit derrière les chevaux de Lysippe, et, au lieu de mosaïque, est vitrée de verres ronds et ornée de quatre piliers antiques.

Six clochetons, composés de quatre colonnes à

jour formant niche pour une statue d'évangéliste et d'un pinacle entouré d'une couronne dorée et surmonté d'une girouette, séparent ces arcades dont le tympan est en plein-cintre, et dont les nervures s'effilent en pointe d'ogive. Les quatre sujets des mosaïques représentent l'ascension, la résurrection, Jésus faisant sortir des limbes Adam et Ève et les patriarches, et la descente de croix de Luigi Gaëtano, d'après les cartons de Maffeo Verona, en 1617. Dans les retombées des arcades sont placées des figures d'esclaves nus de grandeur naturelle, portant sur l'épaule des urnes et des amphores penchées comme s'ils voulaient verser de haut dans quelque bassin l'eau prise à la fontaine; à ces amphores creusées s'ajustent les gouttières, et les esclaves sont des gargouilles. Ils ont une grande variété de poses et une superbe tournure.

Dans la pointe ogivale de la grande fenêtre du milieu, sur un fond bleu foncé semé d'étoiles, se détache le lion de Saint-Marc, doré, nimbé, l'aile déployée, l'ongle sur un évangile ouvert où sont inscrits ces mots : *Pax tibi, Marce, evangelista meus.* Il a l'air apocalyptique et formidable, et regarde la mer comme un dragon vigilant; au-dessus de cette représentation symbolique de l'évangéliste, le saint Marc, cette fois sous sa forme humaine, se dresse au bout du pignon et semble recevoir les hommages des statues voisines. Ces cinq arcades sont festonnées sur leur nervure en ogive de grandes volutes, de feuillages, de riches fleurons découpés en acanthe qui ont pour fleur un ange ou un saint personnage en adoration. Sur chaque pignon se lève une statue, saint Jean, saint Georges, saint Théodore, saint Michel, coiffés d'un nimbe en forme de chapeau.

A chaque extrémité de la balustrade, il y a deux mâts peints en rouge pour attacher les étendards les dimanches et les jours de fête ; au coin du garde-fou, du côté du Campanile, est plantée une tête coupée, de porphyre sanguin.

La façade latérale, qui donne sur la Piazzetta et touche au palais ducal, mérite qu'on l'examine. Si, malgré tout le soin et toute l'exactitude possible, notre description vous paraît un peu confuse, ne nous en veuillez pas trop : il est difficile de peindre avec beaucoup d'ordre un édifice hybride, composite et disparate comme Saint-Marc. A partir de la porte de Bartholomeo, qui mène à l'escalier des Géants, dans la cour du palais des Doges, la basilique vous montre un flanc chamarré de plaques de marbre et de bas-reliefs antiques, byzantins, moyen âge, oiseaux, chimères, entrelacs, animaux de toutes sortes : lions, bêtes féroces poursuivant des lièvres ; enfants engloutis à demi par des dragons qui ressemblent à la guivre de Milan, et tenant dans leur main un cartouche dont l'inscription est presque effacée.

Une des curiosités de cet angle sont deux figures de porphyre, répétées deux fois d'une façon exactement pareille. Elles représentent des guerriers ayant à peu près le costume des croisés entrant à Constantinople, et sculptés d'une manière tout à fait primitive et barbare, comme les plus naïfs bas-reliefs gothiques. Ces hommes de porphyre, la main sur la garde de leur épée, ont l'air de se concerter pour une résolution violente : on a voulu y voir Harmodius et Aristogiton se préparant à frapper le tyran Hipparque. C'est l'opinion vulgaire. Le savant chevalier Mustoxidi y reconnaît les quatre frères Anemuria, qui avaient conspiré contre Alexis Comnène, empereur d'Orient. Ce pourraient bien être tout bonnement les quatre fils Aymon. Nous penchons vers cet avis. Selon d'autres, ces quatre bonshommes de porphyre seraient deux couples de voleurs sarrasins qui, ayant conçu le projet d'enlever le trésor de Saint-Marc, s'empoisonnèrent réciproquement pour avoir plus grosse part.

C'est de ce côté que sont plantés isolément deux gros piliers pris à l'église de Saint-Saba, à Saint-Jean d'Acre, tout couverts d'ornements bizarres et d'inscriptions en caractères cufiques assez frustes et dont le mystère n'est pas bien pénétré. Un peu plus loin, à l'angle de la basilique, il y a un gros bloc de porphyre en forme de tronçon de colonne, avec un socle et un chapiteau de marbre blanc, espèce de pilori sur lequel on exposait autrefois les banqueroutiers. Cet usage est tombé en désuétude; mais il est rare cependant qu'on s'y assoie, et les Vénitiens, si prompts à s'établir sur le premier socle ou sur le premier escalier venu, semblent l'éviter.

Une porte de bronze conduisant à la chapelle du baptistère occupe le bas de la première arcade; elle a pour imposte une fenêtre à colonnettes, avec ogive et trèfles à quatre feuilles; deux boucliers d'émaux de couleurs vives, dont l'un est chargé d'une croix, et une rosace trouée en truelle de poisson, complètent la décoration de ce tympan. Une mosaïque de saint Vitus dans une niche, un évangéliste tenant un livre et une plume, se dessinent aux deux pointes inférieures de l'arcade. Un petit fronton dans le goût de la Renaissance et des plaques de marbre blanc coupées par une croix verte remplissent le vide du second porche. Un banc en brocatelle rouge de Vérone offre, au bas de cette espèce de façade en épure, un siége commode au paresseux ou au rêveur qui, les pieds au soleil et la tête à l'ombre, d'après la méthode de Zafari, ne pense à rien ou pense à tout, en regardant à la base du campanile la logette de Sansovino ou la mer bleue et l'île Saint-Georges, au bout de la Piazzetta.

Sur les chapiteaux de vert antique qui supportent cette arcade, s'accroupissent deux monstres de l'Apocalypse, formes extravagantes entrevues par saint Jean dans les hallucinations de l'île de Pathmos : l'un, qui a un bec crochu, comme un aigle, tient une petite génisse les jambes repliées sous elle ; l'autre, qui participe du lion et du griffon, enfonce ses ongles dans le corps d'un enfant posé en travers. Une des serres semble crever l'œil de la victime.

L'angle est formé par une colonne détachée et trapue, qui porte un faisceau de cinq colonnettes sur son large chapiteau. A la voûte de ce portail à jour et recouvert d'un placage de marbres variés, il y a un aigle en mosaïque, tenant un livre entre les serres.

Le second étage nous montre sur les pignons des arcades deux statues de vertus cardinales d'une belle tournure : la Force caressant un lion familier qui se dresse comme un chien joyeux, et la Fermeté tenant une épée d'un air de Bradamante. Le sacristain baptise l'une du nom de Venise, et l'autre de reine de Saba.

Des incrustations de malachite, des émaux variés, deux petits anges de mosaïque déployant le linge qui garde la divine empreinte, une grande madone barbare présentant son fils à l'adoration des fidèles et flanquée de deux lampes qui s'allument chaque soir; un bas-relief de paons déployant leur queue, venant peut-être d'un vieux temple de Junon; un saint Christophe chargé de son fardeau, des chapiteaux tressés en corbeille et du plus charmant caprice : voilà les richesses que présente cet angle de la basilique aux promeneurs de la Piazzetta.

L'autre face latérale donne sur une petite place, prolongement de la Piazza. A l'entrée de cette place sont accroupis deux lions de marbre rouge, cousins germains de ceux de l'Alhambra par la fantaisie ignorante de leurs formes et la férocité grotesque de leurs mufles et de leurs crinières; ils ont acquis un poli prodigieux, car depuis un temps immémorial les petits vauriens de la ville passent leurs journées à grimper dessus et s'en servent comme de chevaux de voltige. Au fond s'élève le palais du patriarche de Venise, de construction récente, assez maussade à voir, s'il ne disparaissait dans l'ombre de Saint-Marc; et, sur le flanc, l'ancienne façade de l'église de San-Basso.

Ce côté est un peu moins chargé que l'autre : il est plaqué de disques, de mosaïques et d'émaux, de cadres, d'arabesques de tous les temps et de tous les pays, oiseaux, paons, aigles à formes bizarres, comme les alérions et les merlettes du blason. Le lion de Saint-Marc joue aussi son rôle dans cette ménagerie symbolique : le vide des porches est rempli, soit par de petites fenêtres entourées de palmes et d'arabesques, soit par des incrustations de fragments antiques ou byzantins; dans ces médaillons sont sculptés des hommes et des animaux luttant. En y regardant bien, on y trouverait peut-être le taureau mithriaque frappé au col par le sacrificateur, pour qu'aucune religion ne manque à ce temple naïvement panthéiste. Mais, à coup sûr, voilà Cérès qui cherche sa fille, un pin brûlant dans chaque main pour flambeau, et montée sur un char attelé de deux dragons cabrés. On dirait une idole hindoue, tellement le style en est archaïque et rappelle les sculptures persépolitaines. C'est un étrange pendant pour un Sacrifice d'Abraham en bas-relief, qui doit remonter aux premiers temps de l'art chrétien.

Un autre bas-relief composé de deux files de moutons, six de chaque côté, regardant un trône et séparés par deux branches de palmier, nous a fort préoccupé, car nous aurions voulu savoir ce qu'il signifie, et nous avons fait de vains efforts pour déchiffrer l'inscription en lettres gothiques ou grecques abréviées qui en indique sans doute le sujet. Ces moutons sont peut-être des vaches, et alors le bas-relief aurait pour sujet le songe de Pharaon. Un fragment antique, encastré dans le mur un peu plus loin, montre une initiée aux mystères d'Éleusis posant une couronne sur la palme mystique, ce qui n'empêche pas saint Georges de se carrer dans l'archivolte sur son trône de style grec, et les quatre évangélistes, saint Marc, saint Jean, saint Luc et saint Matthieu, de continuer leur marche sur les tympans, les pignons et les voûtes, seuls ou accompagnés de leurs animaux symboliques.

Le porche qui ouvre dans le bras de la croix formée par la basilique est entouré d'une épaisse nervure fouillée, évidée, ciselée, charmante floraison de rinceaux, de feuillages et d'anges ; une délicieuse vierge sert de clef de voûte ; au-dessus de la porte se contourne une ogive en cœur, échancrée à la base comme celles de la mosquée de Cordoue, fantaisie arabe corrigée à temps par une jolie Nativité toute chrétienne et d'un sentiment très-onctueux. Au delà, nous n'avons à mentionner qu'un saint Christophe, des apôtres et des saints dans des cadres de marbre blanc et rouge, en damier, et une jolie Notre-Dame de face, les mains ouvertes comme pour en laisser tomber les bénédictions, entre deux anges agenouillés qui l'adorent.

Nous avons, dans notre description, parlé d'une tête de porphyre enchâssée dans la balustrade, au-dessus du tronçon de colonne sur lequel on faisait asseoir les banqueroutiers. Suivant un conte populaire dont nous ne garantissons nullement l'exactitude, le comte Carmagnola, après de grands services rendus à la république, ayant voulu s'emparer du pouvoir, pour concilier la justice et la reconnaissance, le conseil des Dix le fit décapiter et lui éleva un monument qui consiste en ce socle et cette tête de porphyre, étrange statue dont le corps manque et dont la tête, sur cette balustrade, semble exposée comme dans une cage un chef de malfaiteurs; mais le pilori est Saint-Marc, le lieu sacré, le Capitole et le palladium de Venise. Quand il fallut mettre le héros à la torture pour obtenir de lui les aveux nécessaires, dans les idées du temps, à sa condamnation, on respecta ses bras, qui avaient combattu vaillamment pour l'État, et on lui mit le feu à la plante des pieds, mélange de déférence et de cruauté qui s'accorde assez bien avec la légende.

IX.

Saint-Marc.

Tous les promeneurs du Môle et de la Piazzetta ont remarqué deux petites lumières qui brillent invariablement au flanc de Saint-Marc, à la hauteur de la balustrade, devant la madone dessinée en mosaïque sur cette face de la cathédrale.

Sur ces lumières, il y a deux légendes différentes. Nous allons vous raconter sans critique l'une et l'autre version, dont l'authenticité n'offre aucun doute aux sacristains ni aux gondoliers.

Au temps de la république, un homme fut assassiné sur la Piazzetta. Le meurtrier, troublé par quelque bruit, laissa, en s'enfuyant, choir la gaîne de son stylet. Un boulanger qui passait par là pour rentrer chez lui vit briller le fourreau orné d'argent et se baissa pour le ramasser, n'apercevant pas le corps tombé dans l'ombre. Des sbires qui survinrent et heurtèrent le cadavre du pied, découvrant un homme à quelques pas de la victime, l'arrêtèrent et, l'ayant fouillé, trouvèrent sur lui la gaîne qui s'adaptait parfaitement au poignard retiré de la blessure. Le pauvre boulanger, malgré ses dénégations, fut emprisonné, jugé, condamné, exécuté. Quelques années ensuite, un célèbre bandit, chargé de crimes et prêt à monter à la potence, poussé de quelques remords, prouva que le malheureux mis à mort à sa place était innocent, et que lui seul avait fait le coup.

La mémoire du pauvre boulanger fut réhabilitée solennellement ; les juges qui l'avaient condamné furent exécutés, et leurs biens confisqués pour fonder une messe annuelle et constituer une rente destinée à l'entretien de ces deux lumières perpétuelles. Ce n'est pas tout : de peur que ces petites étoiles tremblotantes ne soient pas un *memento* suffisant pour la conscience des juges, à la fin de tout procès criminel, lorsque la condamnation est portée et que le bourreau va s'emparer de sa proie, un huissier, l'air impérieux et fatidique, s'avance jusqu'au pied du tribunal et dit aux juges : « Souvenez-vous du boulanger. » Alors l'arrêt est cassé, et l'on reprend la procédure de fond en comble. La phrase de l'huissier constitue au profit du coupable un appel en révision.

Voici l'autre version : un patricien, un magnifique seigneur de la république, eut un jour cette fantaisie lugubre de descendre au caveau de ses ancêtres et de se faire ouvrir leurs bières; alors il vit une chose qui l'épouvanta : les corps, au lieu de conserver la roide immobilité du cadavre, étaient tordus dans des attitudes violentes et désespérées. On eût dit que leur agonie avait recommencé sous terre. Il acquit ainsi la certitude qu'ils avaient été inhumés vivants, sous une apparence de mort léthargique, et ordonna qu'on ne descendît son corps au caveau, lorsque lui-même paraîtrait arrivé à sa dernière heure, qu'après l'avoir gardé le plus longtemps possible, et il se réveilla lorsqu'on allait le mettre dans la gondole rouge pour le conduire à sa dernière demeure. En reconnaissance d'avoir échappé à ce péril, il fit vœu de tenir toujours deux lampes allumées devant cette madone, à laquelle il avait une dévotion particulière.

Pour que l'une de ces versions soit vraie, il faut que l'autre soit fausse ; mais nous ne sommes pas chicanier en matière de légende, et toutes les deux ont assez le caractère vénitien. Ce qu'il y a de sûr, c'est que les deux lumières s'allument tous les soirs avec les étoiles, et qu'en venant du large on les voit briller au fond de la Piazzetta comme une pensée pieuse que ne peut distraire le bruit de la ville.

Avant d'entrer dans l'église, regardons les cinq coupoles pareilles à des casques d'argent, et qui se terminent par de petits dômes à côtes de melon, surmontés de croix de Saint-André ayant à chaque pointe trois boules d'or. A propos d'or, il fut un instant question, pendant les splendeurs de la république, de dorer entièrement les dômes et les clochetons. La chose était si bien décidée, que Gentile Bellini, ayant à peindre une vue de Saint-Marc dans un tableau représentant une procession sur la place, dora de confiance ces clochetons pour se trouver exact à l'avenir. Mais Léonardo Loredano, pressé d'argent pour une guerre qui survint, prit les sequins, dont il se servit pour défaire les ennemis de Venise, et la dorure de Saint-Marc n'exista que sur le tableau.

La basilique de Saint-Marc, comme un temple antique, est précédée d'un atrium qui ailleurs serait une église, et qui mérite une attention particulière. Regardez d'abord, lorsque vous avez franchi la porte, cette grande dalle de marbre rouge qui se détache des dessins compliqués du pavage ; elle marque l'endroit où l'empereur Frédéric Barberousse s'agenouilla en disant : *Non tibi, sed Petro*, devant l'orgueilleux pape Alexandre III, qui lui répondit superbement : *Et Petro et mihi*. Que de pieds, depuis le 23 juillet 1177, ont effacé dans la poussière la trace des genoux du grand empereur qui dort aujourd'hui au fond de la caverne de Kayserslauten, en attendant que les corbeaux ne volent plus sur la montagne !

Les trois portes de bronze incrustées et niellées d'argent, couvertes de figurines et d'ornements qui conduisent dans la nef, viennent, dit-on, de Sainte-Sophie de Constantinople. L'une d'elles est signée Léon de Molino.

Au bout du vestibule, à droite, on discerne, à travers une grille, la chapelle de Zeno, avec son retable et son tombeau de bronze. La statue de la Vierge, placée entre saint Jean-Baptiste et saint Pierre, s'appelle la madonna della Scarpa, la madone du Soulier, à cause de l'escarpin d'or qui chausse son pied usé par les baisers des fidèles : toute cette ornementation de métal a un aspect bizarre et sévère.

La voûte de l'atrium, arrondie en coupoles, présente en mosaïque l'histoire de l'*Ancien Testament*. On y voit d'abord, car toute l'histoire religieuse commence par une cosmogonie, les Sept jours de la création, d'après le récit de la *Genèse,* distribués en compartiments concentriques. La barbarie archaïque du style a quelque chose de mystérieux, de farouche et de primitif, qui convient à ces représentations sacrées. Le dessin, dans sa roideur, a l'absolu du dogme, et semble plutôt l'hiéroglyphe d'un mystère que la reproduction de la nature. C'est ce qui donne à ces grossières images gothiques une autorité et une puissance que n'ont pas des ouvrages plus parfaits. Ces globes bleus étoilés, ces disques d'or et d'argent qui figurent le firmament, le soleil et la lune, ces lanières échevelées qui symbolisent la séparation de l'eau et de la terre, ce personnage singulier aux gestes impossibles, dont la dextre fait éclore des animaux et des arbres de formes chimériques, et qui se penche comme un magnétiseur sur le premier homme endormi pour lui tirer la femme du flanc, ce mélange de linéaments anguleux et de tons éclatants, occupent le regard et l'esprit comme une arabesque inextricable et comme un symbolisme profond. Les versets de l'Écriture tracés en caractères antiques, compliqués d'abréviations et de ligatures, ajoutent beaucoup à l'aspect hiéroglyphique et génésiaque ; c'est bien un monde qui se débrouille du chaos. L'Arbre de la science du bien et du mal, la Tentation, la Chute, le Renvoi du Paradis terrestre complètent ce cycle cosmogonique et primitif, cette période quasi divine de l'humanité.

Plus loin, Caïn tue Abel après avoir vu son sacrifice rejeté du Seigneur. Adam et Ève cultivent la terre à la sueur de leur front. La légende : « Croissez et multipliez, » se traduit naïvement par un couple amoureux s'embrassant dans un lit dont la courtine est relevée, et qui nous semble d'une ébénisterie un peu avancée pour l'époque. Les quatre colonnes appliquées contre la muraille, au-dessous de ces mosaïques, comme ornement, car elles ne soutiennent rien, sont de marbre oriental blanc et noir, d'une grande rareté, et viennent de Jérusalem, où la tradition veut qu'elles aient fait partie du temple de Salomon. L'architecte Hiram, à coup sûr, ne les trouverait pas déplacées dans la cathédrale de Saint-Marc.

Dans la voûte suivante, Noé, d'après l'ordre de Dieu, construit, en prévision du Déluge, une arche à laquelle se rendent, couple par couple, tous les animaux de la création, admirable sujet pour un naïf mosaïste du XIII° siècle. Rien n'est plus curieux que de voir se dérouler sur fond d'or cette zoologie fantastique, qui tient du blason, de l'arabesque et des enseignes de ménageries foraines ; le Déluge est très-formidable et très-lugubre, dans un goût tout différent de celui tant vanté du Poussin. Les cheveux des vagues s'emmêlent étrangement avec les fils de la pluie, qui ont l'air de dents de peigne ; le corbeau, la colombe, la sortie et le sacrifice d'actions de grâces, rien n'y manque. Là se ferme le cycle antédiluvien. Des versets de la Bible, qui serpentent partout comme les inscriptions de l'Alhambra et font partie de l'ornementation, expliquent chaque phase de ce monde disparu : toujours l'idée est à côté de l'image. Le Verbe plane partout sur sa représentation plastique.

L'histoire, interrompue un instant par le porche d'entrée orné de quelques mosaïques, la Vierge avec des archanges et des prophètes, se continue sous l'autre voûte. Noé plante la vigne et s'enivre ; la séparation des races a lieu. Japhet, Sem et Cham, noirci par la malédiction paternelle, donnent chacun naissance à une famille du genre humain. La tour de Babel élève jusqu'au ciel le naïf anachronisme de son architecture byzantine, qui appelle l'attention de Dieu inquiet de se voir approché de trop près. La confusion des langues force les travailleurs à discontinuer leur ouvrage. La race humaine, qui jusque-là était une et parlait le même idiome, va commencer ses longues pérégrinations à travers le monde inconnu, pour retrouver ses titres et se reconstituer.

Les coupoles suivantes, placées, la première dans le vestibule, et les autres dans la galerie qui regarde la place des Lions, renferment l'histoire du patriarche Abraham avec tous ses détails, celle de Joseph et de Moïse, le tout accompagné de prophètes, de prêtres, d'évangélistes, Isaïe, Jérémie, Ézéchiel, Élie, Samuel, Habacuc, saint Alipius, saint Siméon, et une foule d'autres qui se groupent ou s'isolent dans les arcs, dans les pendentifs, dans les clefs de voûte, partout où peut se loger une figure qui ne tient ni à ses aises ni à l'anatomie, et qui se casserait un bras ou une jambe pour orner un angle biscornu.

Toutes ces légendes bibliques, pleines de détails naïfs, de curieux ajustements orientaux, ont un caractère superbe et sauvage sur le champ d'or dont l'éclat les rembrunit et les découpe. Ces vieilles mosaïques, exécutées probablement par des artistes grecs appelés de Constantinople, nous plaisent beaucoup plus que les mosaïques plus modernes qui visent au tableau : par exemple, celle qui couvre le mur de la galerie, du côté de San-Basso, au-dessous de l'histoire d'Abraham, et qui représente le *Jugement de Salomon*, exécutée sur les cartons de Salviati. La mosaïque, comme la peinture sur verre, ne doit pas chercher l'imitation de la nature : des formes typiques bien arrêtées, des couleurs franches, de grands tons locaux, des fonds d'or éloignant toute idée de tableau, voilà ce qui lui convient. Une mosaïque est un vitrail opaque, comme un vitrail est une mosaïque transparente. La palette du maître mosaïste se compose de pierres, celle du peintre verrier de pierreries : ni l'un ni l'autre ne doivent chercher la vérité.

Au bout de cette galerie, dans le tympan d'une porte, nous avons beaucoup admiré une madone assise sur un trône, entre saint Jean et saint Pierre, et présentant l'enfant Jésus aux fidèles. C'est une des plus belles mosaïques de Saint-Marc. La tête, avec ses grands yeux fixes qui vous pénètrent sans vous regarder, a quelque chose d'impérial et d'impérieux dans sa douceur. On dirait qu'Hélène ou qu'Irène ont brodé à Byzance le coussin sur lequel elle repose : la mère de Dieu, comme le dit son monogramme grec, et la reine du ciel, ne pouvait être représentée d'une façon plus majestueuse. Certaines barbaries de dessin qu'on pourrait croire hiératiques donnent à cette admirable figure un aspect d'idole, d'*icone*, pour nous servir du terme des chrétiens grecs, qui nous semble indispensable pour les sujets de sainteté.

Sous cette galerie il y a trois tombeaux, dont l'un, remarquable par son antiquité, représente Jésus-Christ et les douze apôtres rangés en file au-dessus d'une ligne de thuriféraires.

Pour en finir avec le Saint-Marc extérieur, entrons dans la chapelle du baptistère, qui ne se rattache à la cathédrale que par une porte de communication.

L'autel est fait d'une pierre rapportée de Tyr, en 1126, par le doge Domenico Michiel : selon la tradition, c'était sur cette pierre que montait Jésus-Christ lorsqu'il parlait aux Tyriens. Nous ne discuterons pas cette opinion populaire. Si elle est douteuse au point de vue historique, n'est-ce pas poétiquement une belle idée d'avoir fait de ce quartier de roche, d'où le réformateur, méconnu encore, annonçait la bonne nouvelle à la foule, un autel dans ce temple ruisselant d'or et rayonnant de chefs-d'œuvre ? N'est-ce pas, en effet, sur cette humble pierre, divinisée par le pied du céleste prédicateur, que sont fondées toutes les cathédrales du monde chrétien ?

Ce que les Espagnols appellent le retable, les Italiens la pala, et les Français le tableau d'autel, est formé d'un Baptême de Jésus-Christ par saint Jean, entre deux anges sculptés en bas-relief ; saint Théodore et saint Georges, à cheval, se font pendant de chaque côté, et au-dessus la mosaïque offre un grand crucifiement avec les saintes femmes sur un fond d'or et d'architecture.

La coupole représente Jésus-Christ dans sa gloire, entouré d'une grande roue de têtes et d'ailes disposées en cercles. Cela reluit, palpite, papillote, flamboie et tourbillonne étrangement : anges, archanges, trônes, dominations, vertus, puissances, principautés, chérubins, séraphins, entassent leurs têtes oblongues, entre-croisent leurs ailerons diaprés de manière à former comme une immense rosace de tapis turc. Aux pieds de la Puissance se tord le démon enchaîné, et la Mort vaincue rampe devant le Christ triomphant.

La coupole suivante, d'aspect très-singulier, nous montre les douze apôtres baptisant chacun les gentils d'une contrée différente. Les catéchumènes, suivant l'usage antique, sont plongés dans une cuve ou un bassin jusqu'aux aisselles, et le manque de perspective leur donne des attitudes contraintes et des mines piteuses qui font ressembler ces baptêmes à des supplices. Les apôtres, aux yeux démesurés, aux traits durs et farouches, ont l'air de bourreaux et de tortionnaires. Quatre docteurs de l'Église, saint Jérôme, saint Grégoire, saint Augustin et saint Ambroise, occupent les pendentifs. Les croix noires dont leurs dalmatiques sont semées ont quelque chose de sinistre et de funèbre.

Ce caractère est commun à toute la chapelle. Les mosaïques, d'une haute antiquité, les plus vieilles de l'église, y sont d'une barbarie féroce et révèlent un christianisme implacable et sauvage.

Dans l'arc de la voûte, il y a un grand médaillon représentant le Christ sous un aspect terrible ; ce n'est plus le Christ doux et blond, le jeune Nazaréen aux yeux bleus que vous savez, mais un

Christ sévère et formidable, avec une barbe qui s'échappe à flots gris comme celle de Dieu le père, dont il a l'âge, puisque le père et le fils sont co-éternels; des rides pleines d'éternités sillonnent son front, et sa bouche se contracte, prête à lancer l'anathème : on dirait qu'il désespère du salut du monde qu'il a sauvé, ou qu'il se repent de son sacrifice. Shiva, le Dieu de la destruction, n'aurait pas une face plus menaçante et plus sombre dans la pagode souterraine d'Ellora. Autour de ce Christ vengeur sont groupés les prophètes qui ont annoncé sa venue.

Sur les murailles se déroule l'histoire de saint Jean-Baptiste. On y voit l'ange annonçant à Zacharie la naissance du Précurseur, sa vie au désert sous une peau de bête sauvagement hérissée, le baptême de Jésus-Christ dans le Jourdain, mosaïque plutôt hindoue que byzantine, plutôt caraïbe qu'hindoue, tant ce corps maigre et ces eaux figurées par des lanières bleues et blanches ont un aspect baroque; la danse d'Hérodiade devant Hérode, la décollation et la présentation du chef coupé sur un plat d'argent, sujet favori de Juan Valdes Leal. Dans ces derniers tableaux, Hérodiade, vêtue de longues dalmatiques bordées de menu vair, rappelle ces impératrices dissolues de Constantinople, ces grandes courtisanes du Bas-Empire, Théodora, par exemple, luxueuses, lascives et cruelles. Une symétrie singulière signale la scène du festin : pendant qu'Hérodiade apporte la tête coupée, un écuyer tranchant arrive avec un faisan sur un plat, à l'autre côté de la table. Cette cuisine et ce meurtre mêlés font un effet horrible dans sa naïveté.

Les fonts baptismaux se composent d'une vasque de marbre et d'un couvercle de bronze dont les bas-reliefs, modelés en 1545 par Desiderio de Florence et Tiziano de Padoue, tous deux élèves de Sansovino, rappellent les motifs de l'histoire de saint Jean. La statue du saint, aussi de bronze, est de Francesco Segala et couronne admirablement l'œuvre. Au mur est appliqué le tombeau du doge Andrea Dandolo.

Entrons maintenant dans la basilique. La porte est surmontée d'un saint Marc en habits pontificaux, d'après un carton du Titien, par les frères Zuccati, sur lesquels Georges Sand a fait sa charmante nouvelle des *Maîtres mosaïstes*. Cette mosaïque a un éclat qui fait comprendre que des rivaux jaloux aient accusé les habiles artistes d'employer la peinture au lieu de s'en tenir aux ressources ordinaires. L'imposte intérieure est un Christ entre sa mère et saint Jean-Baptiste, d'un beau style de Bas-Empire, imposant et sévère, disons-le tout de suite, pour n'avoir pas à détourner un instant les yeux de l'admirable spectacle qui va s'offrir à nous.

Rien ne peut se comparer à Saint-Marc de Venise, ni Cologne, ni Strasbourg, ni Séville, ni même Cordoue avec sa mosquée : c'est un effet surprenant et magique. La première impression est celle d'une caverne d'or incrustée de pierreries, splendide et sombre, à la fois étincelante et mystérieuse. Est-on dans un édifice ou dans un immense écrin? telle est la question que l'on s'adresse, car toute idée d'architecture est ici mise en défaut.

Les coupoles, les voûtes, les architraves, les murailles sont recouvertes de petits cubes de cristal doré, fabriqués à Murano, d'un éclat inaltérable, où la lumière frissonne comme sur les écailles d'un poisson, et qui servent de champ à l'inépuisable fantaisie des mosaïstes. Où le fond d'or s'arrête, à hauteur de colonne, commence un revêtement des marbres les plus précieux et les plus variés. De la voûte descend une grande lampe en forme de croix à quatre branches, à pointes fleurdelisées, suspendue à une boule d'or découpée en filigrane, d'un effet merveilleux quand elle est allumée, effet que le diorama a rendu populaire chez nous. Six colonnes d'albâtre rubanné à chapiteaux de bronze doré, d'un corinthien fantasque, portent d'élégantes arcades sur lesquelles circule une tribune qui fait le tour de presque toute l'église. La coupole forme, avec le paraclet pour moyeu, des rayons pour jantes et les douze apôtres pour circonférence, une immense roue de mosaïque.

Dans les pendentifs, de longs anges sérieux découpent leurs ailes noires sur un fond illuminé de fauves lueurs. Le dôme central, qui se creuse à l'intersection des bras de la croix grecque dessinée par le plan de la basilique, offre dans sa vaste coupe Jésus-Christ assis sur un arc de sphère, au milieu d'un cercle étoilé soutenu par deux couples de séraphins. Au-dessous de lui la Mère divine, debout entre deux anges, adore son fils dans sa gloire, et les apôtres, séparés chacun par un arbre naïf qui symbolise le jardin des Oliviers, forment à leur maître une cour céleste ; des vertus théologales et cardinales sont nichées dans les entre-colonnements des fenêtres du petit dôme qui éclaire la voûte ; les quatre évangélistes, assis dans des cabinets en forme de châteaux, écrivent leurs précieux livres au bas des pendentifs, dont la pointe extrême est occupée par des figures emblématiques répandant d'une urne inclinée sur leur épaule les quatre fleuves du paradis : le Gehon, le Phison, le Tigre et l'Euphrate.

Plus loin, dans la coupole suivante, dont le centre est rempli par un médaillon de la Mère de Dieu, les quatre animaux familiers des évangélistes, délivrés cette fois de la tutelle de leurs maîtres, se livrent à la garde des saints manuscrits, dans des attitudes chimériques et menaçantes, avec un luxe de dents, de griffes et de gros yeux à en remontrer aux dragons des Hespérides.

Au fond du cul de four, qui reluit vaguement derrière le grand autel, se dessine le Rédempteur sous une figure gigantesque et disproportionnée, pour marquer, selon l'usage byzantin, la distance du personnage divin à la faible créature. Comme le Jupiter Olympien, ce Christ, s'il se levait, emporterait la voûte de son temple.

L'atrium de la basilique, nous l'avons montré, est rempli par l'Ancien Testament ; l'intérieur contient le Nouveau Testament tout entier, avec l'Apocalypse pour épilogue. La cathédrale de Saint-Marc est une grande Bible d'or historiée, enluminée, fleuronnée, un Missel du moyen âge sur une grande échelle. Depuis huit siècles, une ville feuillette ce monument comme un livre d'images, sans pouvoir se lasser dans sa pieuse admiration. Près de l'image se trouve le texte : partout montent, descendent, circulent des inscriptions, des légendes en grec, en latin, des vers léonins, des versets, des sentences, des noms, des monogrammes, échantillons de la calligraphie de tous les pays et de tous les temps; partout la lettre noire trace ses jambages sur la page d'or, à travers le bariolage de la mosaïque : c'est plutôt encore le temple du Verbe que l'église de Saint-Marc, un temple intellectuel qui, sans se soucier d'aucun ordre d'architecture, se bâtit avec des versets de la vieille et de la nouvelle foi, et trouve son ornementation dans l'exposé de sa doctrine.

Nous n'essayerons pas une description détaillée qui exigerait un ouvrage spécial, mais nous voudrions au moins pouvoir rendre l'impression d'éblouissement et de vertige que cause ce monde d'anges, d'apôtres, d'évangélistes, de prophètes, de saints, de docteurs, de figures de toute espèce, qui peuple les coupoles, les voûtes, les tympans, les arcs-doubleaux, les piliers, les pendentifs, le moindre pan de muraille. Ici l'arbre généalogique de la Vierge étend ses rameaux touffus qui portent pour fruits des rois et de saints personnages, et remplit un vaste panneau de ses frondaisons étranges; là rayonne un paradis avec sa gloire, ses légions d'anges et de bienheureux. Cette chapelle contient l'histoire de la Vierge; cette voûte déroule tout le drame de la Passion, depuis le baiser de Judas jusqu'à l'apparition aux saintes femmes, en passant par les agonies du jardin des Oliviers et du Calvaire. Tous ceux qui ont témoigné pour Jésus, soit par la prophétie, soit par la prédication, soit par le martyre, sont admis dans ce grand Panthéon chrétien. Voilà saint Pierre crucifié la tête en bas, saint Paul décapité, saint Thomas devant le roi indien Gondoforo, saint André souffrant son martyre; aucun des serviteurs du Christ n'est oublié, pas même saint Bacchus. Des saints grecs que nous connaissons peu, nous autres latins, viennent grossir cette multitude sacrée. Saint Phocas, saint Dimitri, saint Procope, saint Hermagoras, sainte Euphémie, sainte Erasma, sainte Dorothée, sainte Thècle, toutes les belles fleurs exotiques du calendrier grec, qu'on croirait peintes d'après les recettes du manuel de peinture du moine d'Aghia-Laura, viennent s'épanouir sur ces arbres d'or et de pierres précieuses.

A certaines heures, quand l'ombre s'épaissit et que le soleil ne lance plus qu'un jet de lumière oblique sous les voûtes et les coupoles, il se produit d'étranges effets pour l'œil du poëte et du visionnaire. De fauves éclairs jaillissent brusquement des fonds d'or. Les petits cubes de cristal fourmillent par places comme la mer sous le soleil. Les contours des figures tremblent dans ce réseau scintillant; les silhouettes si nettement découpées tout à l'heure se troublent et se brouillent à l'œil. Les plis roides des dalmatiques semblent s'assouplir et flotter : une vie mystérieuse se glisse dans ces immobiles personnages byzantins; les yeux fixes remuent, les bras au geste égyptien s'agitent, les pieds scellés se mettent en marche; les chérubins font la roue sur leurs huit ailes; les anges déploient leurs longues plumes d'azur et de pourpre clouées au mur par l'implacable mosaïste; l'arbre généalogique secoue ses feuilles de marbre vert ; le lion de Saint-Marc s'étire, bâille, lèche sa patte griffue ; l'aigle aiguise son bec et lustre son plumage ; le bœuf se retourne sur sa litière et rumine en faisant onduler son fanon. Les martyrs se relèvent de leurs grils ou se détachent de leurs croix. Les prophètes causent avec les évangélistes. Les docteurs font des observations aux jeunes saintes, qui sourient de leurs lèvres de porphyre ; les personnages des mosaïques deviennent des processions de fantômes qui montent et descendent le long des murailles, circulent dans les tribunes et passent devant vous en secouant l'or chevelu de leurs gloires. C'est un éblouissement, un vertige, une hallucination ! Le sens véritable de la cathédrale, sens profond, mystérieux, solennel, semble alors se dégager. On dirait qu'elle est le temple d'un christianisme antérieur au Christ, une église faite avant la religion. Les siècles se reculent dans des perspectives infinies. Cette Trinité n'est-elle pas une trimurti? Cette Vierge tient-elle sur ses genoux Horus ou Crichna? est-ce Isis ou Parvati? Cette figure en croix souffre-t-elle la Passion de Jésus ou les épreuves de Wishnou? Sommes-nous dans l'Égypte ou dans l'Inde, dans le temple de Karnak ou la pagode de Jaggernat? Ces figures à poses contraintes diffèrent-elles beaucoup des processions d'hiéroglyphes coloriés qui tournent autour des pylônes ou s'enfoncent dans les syringes?

Quand on ramène les yeux de la voûte vers le sol, on aperçoit à gauche la petite chapelle élevée à un Christ miraculeux, qui, frappé par un profanateur, versa du sang. Son dôme, supporté par des colonnes d'une rareté excessive, dont deux en porphyre blanc et noir, a pour couronnement une boule formée d'une agate la plus grosse qui soit au monde.

Au fond se déploie le chœur, avec sa balustrade, ses colonnes de porphyre, sa rangée de statues sculptées par les frères de Massegne, et sa grande croix de métal de Jacopo Benato, ses deux chaires en marbres de couleurs, et son autel qu'on entrevoit sous un dais, entre quatre colonnes de marbre grec, ciselées comme un ivoire chinois par de patientes mains qui ont inscrit toute l'histoire de l'Ancien Testament en figurines hautes de quelques pouces.

La pala de cet autel, qu'on appelle la pala d'Oro, a pour étui un tableau à compartiments en style du Bas-Empire. La pala elle-même est un fouillis éblouissant d'émaux, de camées, de nielles, de perles, de grenats, de saphirs, de découpures d'or et d'argent, un tableau de pierreries représentant des scènes de la vie de saint Marc, entouré d'anges, d'apôtres et de prophètes; cette pala a été faite à Constantinople en 976, et restaurée en 1342 par Giambi Bonasegna, qui, en signant son travail, demanda pieusement des prières pour lui.

L'arrière-autel, l'autel cryptique, a de remarquable ses colonnes d'albâtre, parmi lesquelles il y en a deux d'une transparence extraordinaire. Près de cet autel se trouve la merveilleuse porte de bronze où Sansovino a encastré à côté du sien les portraits du Titien, de Palma et de l'Arétin, ses grands amis. Cette porte conduit à une sacristie dont le plafond est fleuri d'une admirable mosaïque en arabesque, exécutée par Marco Rizzo et Francesco Zuccato, sur le dessin du Titien. Il est impossible de rien voir de plus riche, de plus élégant et de plus beau.

Il nous faudrait plus d'espace que nous n'en avons à notre disposition pour décrire en détail la chapelle de saint Clément, de la Vierge des Mâles (dei Mascoli), où il y a un retable magnifique de Nicolas Pisano, et les merveilles d'art que l'on rencontre à chaque coin : tantôt c'est une madone avec son bambin en albâtre, et d'une suavité exquise, tantôt un bas-relief d'un travail charmant, où des paons se font un nimbe de leur queue, ou bien une ogive turque brodée de dentelles arabes, un disque d'arabesques en émail, une paire de candélabres de bronze, d'une ciselure à décourager Benvenuto Cellini, quelque objet d'art ou de dévotion curieux ou vénérable.

Le pavage en mosaïque, qui ondule comme une mer, par suite de l'ancienneté et du tassage des pilotis, offre le plus merveilleux bariolage d'arabesques, de rinceaux, de fleurons, de losanges, d'entrelacs, de damiers, de grues, de griffons, de chimères lampassées, ailées, onglées, rampant, grimpant comme les monstres de l'art héraldique. Il y a là de quoi fournir de dessins pour des siècles la manufacture des Gobelins et celle de Beauvais. On est vraiment effrayé, confondu de la faculté créatrice déployée par l'homme dans la fantaisie ornementale. C'est tout un monde aussi varié, aussi touffu, aussi fourmillant que l'autre, et qui ne tire ses formes que de lui-même.

Que de temps, de soins, de patience et de génie, quelle dépense pendant huit siècles il a fallu pour cet immense entassement de richesses et de chefs-d'œuvre ! combien de sequins d'or se sont fondus dans le verre des mosaïques ! combien de temples antiques et de mosquées ont cédé leurs colonnes pour supporter ces coupoles ! que de carrières ont épuisé leurs veines pour ces dalles, ces piliers et ces revêtements de brocatelle de Vérone, de portor, de lumachelle, de bleutine, d'albâtre roux, de cyphise, de granit veiné, de granit mosaïcain, de vert antique, de porphyre rouge, de porphyre noir et blanc, de serpentine et de jaspe ! Quelles armées d'artistes, se succédant de générations en générations, ont dessiné, ciselé, sculpté dans cette cathédrale! Sans parler des inconnus, des humbles ouvriers du moyen âge que recouvre la nuit des temps, qui se sont ensevelis dans leurs œuvres, quelle liste de noms l'on pourrait dresser, dignes d'être inscrits sur le livre d'or de l'art!

Parmi les peintres qui ont fourni les cartons des mosaïques, car il n'y a pas un seul tableau dans Saint-Marc, on compte Titien, Tintoret, Palma, le Padouan, Salviati, Aliense, Pilotti, Sébastien Rizzi, Tizianello; parmi les maîtres mosaïstes, en tête desquels il faut placer le vieux Pétrus, auteur du Christ colossal qui occupe le fond de l'église, les frères Zuccati, Bozza, Vincenzo Bianchini, Luigi Gaetano, Michel Zambono, Giacomo Passerini; parmi les sculpteurs, tous gens d'un talent prodigieux et qu'on s'étonne de ne pas voir plus connus, Pierre Lombard, Campanato, Zuanne Alberghetti, Paolo Savi, les frères delle Massegne, Jacopo Benato, Sansovino, Pier-Zuana delle Campane, Lorenzo Breghno, et mille autres, dont un seul suffirait à la gloire d'une époque.

Saint-Marc, quoique nous ne soyons pas dans un siècle bien fervent, a toujours dans quelque angle un petit groupe de fidèles qui écoute une messe, ou des dévots isolés qui prient devant un saint spécial, une madone chérie ou privilégiée. Les vieilles femmes abondent comme partout; mais il y en a aussi de jeunes dont la ferveur n'est pas moindre, qui baisent le pied des statues, promènent leurs mains sur les images en traçant une croix, et recueillent avec leurs lèvres les atomes de sainteté ramassés par leurs doigts, respectables puérilités, enfantillages de la foi vive, dont on peut sourire, mais qui attendrissent. Il y a de ces images des marbres les plus durs, de ceux qui font rebrousser le ciseau du sculpteur, usées et fondues comme de la cire sous l'ardeur et la persistance de ces baisers!

Nous avons vu un baptême à Saint-Marc, qui ressemble à tous les baptêmes, sauf ce détail : l'enfant est emporté dans une petite châsse vitrée dont un carreau seul est ouvert, comme si l'eau lustrale venait d'en faire un saint.

Devant l'église s'élèvent les trois étendards supportés par des piédestaux de bronze d'Alessandro Leopardo, représentant des divinités marines, des Chimères d'un travail exquis et d'un poli admirable. Ces trois étendards symbolisaient autrefois les royaumes de Chypre, Candie et Morée, ces trois possessions maritimes de Venise. Maintenant, le dimanche, la bannière noire et jaune de l'Autriche flotte seule à la brise qui vient de Grèce et d'Orient!

X.

Le palais ducal.

Le palais ducal, dans la forme où nous le voyons aujourd'hui, date de Marino Faliero, et succède à un plus ancien commencé en 809, sous Angelo Participazio, et continué par les différents doges. C'est Marino Faliero qui fit bâtir, en 1355, telles qu'elles sont, les deux façades qui regardent le Môle et la Piazzetta; cette construction ne porta bonheur ni à l'ordonnateur ni à l'architecte : l'un fut décapité et l'autre pendu. Seulement il est fâcheux pour le parallélisme de fatalité de la légende que l'architecte du palais ne soit pas Philippe Calendario, comme on l'a cru jusqu'ici, mais bien Pietro Bassagio, ainsi que le prouve un document découvert par l'abbé Cadorin. Pourtant l'historiette a une chance de se rattraper. Calendario travailla aux sculptures des chapiteaux de la première galerie, qui sont des chefs-d'œuvre d'arabesque et d'ornementation : ce fil suffit à rattacher sa pendaison à l'influence sinistre du palais ducal.

On entre dans cet étrange édifice, à la fois palais, sénat, tribunal et prison sous le gouvernement de la république, par une charmante porte à l'angle de Saint-Marc, entre les piliers de Saint-Jean d'Acre et l'énorme colonne trapue supportant tout le poids de l'immense muraille de marbre blanc et rose qui donne tant d'originalité à l'aspect du vieux palais des doges. Cette porte, appelée della Carta, d'un goût charmant d'architecture, ornée de colonnettes, de trèfles et de statues, sans compter l'inévitable lion ailé et le saint Marc de rigueur, conduit par un passage voûté dans la grande cour intérieure : cette disposition assez singulière d'une entrée placée en dehors, pour ainsi dire, de l'édifice où elle conduit, a l'avantage de ne déranger en rien l'unité des façades, que ne trouble aucune saillie, excepté celle des fenêtres monumentales.

Avant de passer sous son arcade, donnons un coup d'œil à l'extérieur du palais pour en remarquer quelques détails intéressants. Au-dessus de la grosse et robuste colonne dont nous venons de parler, il y a un bas-relief d'aspect farouche représentant le Jugement de Salomon, avec le costume moyen âge et une certaine barbarie d'exécution qui rend le sujet difficile à reconnaître. C'est à ce bas-relief que vient aboutir la longue colonnette torse qui cordonne chaque angle de l'édifice. A l'autre coin, du côté de la mer, on voit Adam et Ève décemment habillés d'une feuille de figuier, et à l'angle qu'échancre le pont de la Paille, le patriarche Noé, dont Sem et Japhet recouvrent la nudité, tandis que Cham, le fils peu respectueux, ricane à l'écart sur le retour du mur. Le bras du vieillard, traité avec une fine sécheresse gothique, laisse voir tous les muscles et toutes les veines.

A la façade de la Piazzetta, au second rang de galerie, deux colonnes de marbre rouge indiquent la place d'où l'on lisait les sentences de mort, coutume qui existe encore aujourd'hui. On vante aussi beaucoup le treizième chapiteau de la galerie inférieure, en partant de Saint-Marc, qui contient, en huit compartiments, autant d'époques de la vie humaine très-finement rendues. Au reste, tous les chapiteaux sont d'un goût exquis et d'une variété inépuisable. Pas un ne se répète. Ils contiennent des Chimères, des enfants, des anges, des animaux fantastiques, quelquefois des sujets de la Bible ou de l'histoire, entremêlés à des rinceaux, à des acanthes, à des fruits et des fleurs qui font merveilleusement ressortir la pauvreté d'invention de nos architectes modernes : plusieurs portent des inscriptions à demi effacées en caractères gothiques, qui exigeraient, pour être lus couramment, un paléographe habile; on compte dix-sept arcades sur le Môle et dix-huit sur la Piazzetta.

La porte della Carta vous conduit à l'escalier des Géants, qui n'a rien de gigantesque par lui-même, mais qui tire son nom de deux colosses de Neptune et de Mars d'une douzaine de pieds de proportion, de Sansovino, posés sur les socles en haut de la rampe. Cet escalier, conduisant du pavé de la cour à la seconde galerie qui règne à l'intérieur comme à l'extérieur du palais, a été élevé, sous le dogat d'Agostino Barbarigo, par Antonio Rizzo. Il est en marbre blanc, et décoré par Dominique et Bernardin de Mantoue d'arabesques et de trophées d'un relief très-faible et d'une perfection à désespérer tous les ornemanistes, ciseleurs et nielleurs du monde. Ce n'est plus de l'architecture, c'est de l'orfévrerie comme Benvenuto Cellini et Vechte pourraient seuls la faire. Chaque morceau de cette balustrade découpée à jour est un monde d'invention ; les armes et les casques de chaque bas-relief, tous dissemblables, sont de la fantaisie la plus rare et du style le plus pur ; l'épaisseur même des marches est niellée d'ornements exquis, et pourtant qui est-ce qui connaît Dominique et Bernardin de Mantoue ? La mémoire humaine, déjà fatiguée d'une centaine de noms illustres, se refuse à en retenir davantage et laisse à l'oubli des noms qui méritaient la gloire.

Au bas de cet escalier sont posées, à la place où l'on met habituellement les pommes de rampe, deux corbeilles de fruits usés par la main de ceux qui montent. Un de ces esprits fins qui veulent trouver malice partout prétend que ces corbeilles de fruits signifiaient l'état de maturité où devaient être ceux qui se rendaient au sénat pour traiter des affaires de la république. Dominique et Bernardin, s'ils revenaient au monde, seraient sans doute bien surpris du sens profond que prête l'esthétique au marbre qu'ils ont taillé sans autre souci que celui de la beauté, en humbles et grands artistes qu'ils étaient. Les statues de Neptune et de Mars, malgré leur grande taille et le renflement exagéré de leurs muscles, sont un peu molles, considérées absolument; mais liées à l'architecture, elles tiennent leur place d'une façon hautaine et majestueuse. La plinthe porte le nom de l'artiste, que nous jugeons supérieur dans ses statuettes d'apôtres et sa porte de la sacristie à Saint-Marc.

Arrivé au haut de cet escalier, si l'on se retourne, l'on a devant soi la façade interne de la porte de Bartolomeo toute fleuronnée de volutes, toute plaquée de colonnettes et de statues, avec des restes de peinture bleue étoilée d'or dans les tympans des arceaux. Parmi les statues, une surtout est très-remarquable : c'est une Ève, par Antonio Rizzo de Vérone, sculptée en 1471. Une certaine timidité gothique règne encore dans ses formes charmantes, et sa pose ingénue rappelle avec une adorable gaucherie l'attitude de la Vénus de Médicis, cette Ève païenne qui retient de la main une feuille de figuier absente. Les artistes antérieurs à la Renaissance, qui avaient peu d'occasions de traiter le nu, y mettent une sorte d'embarras pudique et de naïveté enfantine qui nous plaît extrêmement. L'autre face qui regarde les citernes a été bâtie en 1607 en style Renaissance, avec des colonnes et des niches renfermant des statues antiques venant de Grèce, qui représentent des guerriers, des orateurs et des divinités. Une horloge et une statue du duc Urbin, sculptée par Gio. Bandini de Florence, en 1625, complète cette façade sévère et classique.

En laissant tomber vos yeux vers le milieu de la cour, vous apercevez comme de magnifiques autels de bronze. Ce sont des bouches de citernes de Nicolo de Conti et de Francesco Alberghetti. L'une date de 1556, l'autre de 1559. Toutes deux sont des chefs-d'œuvre. Elles représentent, outre l'accompagnement obligé de griffons, de Sirènes, de Chimères, différents sujets aquatiques tirés de l'Écriture. On ne saurait imaginer la richesse d'invention, le goût exquis, la perfection de ciselure, le fini du travail de ces margelles de puits que rehaussent le poli et la patine du temps. L'intérieur même de la bouche, garni de lames de bronze, est ramagé d'un damas d'arabesques. Ces deux citernes passent pour contenir la meilleure eau de Venise. Aussi sont-elles très-fréquentées, et les cordes qui tirent les seaux ont-elles produit dans le rebord d'airain des entailles de deux ou trois pouces de profondeur.

Dans aucun endroit de Venise, vous ne trouverez un lieu plus propice pour étudier l'intéressante classe des porteuses d'eau, dont la beauté est célèbre un peu gratuitement, à notre avis ; car, pour quelques jolies, nous en avons vu beaucoup de laides et de vieilles. Leur costume est assez caractéristique : elles sont coiffées d'un chapeau d'homme en feutre noir et vêtues d'un grand jupon de drap noir qui leur monte sous les aisselles, comme une taille de l'Empire ; leurs pieds sont nus, ainsi que leurs jambes, quelquefois cependant entourées d'une espèce de knémis, ou bas coupé, à la mode des paysans de la Huerta de Valence. Une chemise de grosse toile, plissée à la poitrine et à manches courtes, complète le costume. Elles portent leur denrée sur l'épaule dans deux seaux de cuivre rouge qui se font équilibre. La plupart de ces femmes sont Tyroliennes.

Au moment où nous étions arrêté au haut de l'escalier, il y avait, penchée sur la margelle d'airain de la citerne de Nicolo de Conti, une de ces jeunes Tyroliennes qui tirait à elle avec assez d'effort, car elle était petite et délicate, une de ces marmites pleines d'eau. Sa nuque inclinée laissait voir, sous son chapeau masculin, une torsade de jolis cheveux blonds et un commencement d'épaules assez blanches, où le hâle n'avait pas encore fait fondre entièrement la neige de la montagne. Un peintre en eût fait le sujet d'un agréable tableau de genre : nous préférons de beaucoup à cette méthode de marcher courbée entre deux seaux l'habitude espagnole et africaine de porter l'eau sur la tête dans une amphore en équilibre. Les femmes prennent ainsi une noblesse de port étonnante. A la manière dont elles sont hanchées et piétées, on dirait de statues antiques. Mais en voilà assez sur les porteuses d'eau.

Près de l'escalier des Géants, l'on voit une inscription encadrée d'ornements et de figurines par Alessandro Vittoria, qui rappelle le passage d'Henri III à Venise, et plus loin, dans la galerie, à l'entrée de l'escalier d'or, deux statues d'Antonio Aspetti, Hercule et Atlas pliant sous le firmament étoilé dont le robuste héros va prendre le poids sur son col de bœuf. Cet escalier, très-magnifique, orné de stucs de Vittoria et de peintures de Giambatista, est de Sansovino et conduit à la bibliothèque, qui occupe maintenant plusieurs salles du palais des Doges; essayer de les décrire les unes après les autres serait un travail de patience et d'érudition qui demanderait un volume et conviendrait plutôt à un guide spécial qu'à un recueil d'impressions de voyage.

L'ancienne salle du Grand Conseil est une des plus vastes que l'on puisse voir. La cour des Lions, de l'Alhambra, y tiendrait à l'aise. Quand on y entre, l'on reste frappé d'étonnement. Par un effet assez fréquent en architecture, cette salle paraît beaucoup plus grande que le bâtiment qui la renferme. Une boiserie sombre et sévère, où les armoires à livres ont remplacé les stalles des anciens sénateurs, sert de plinthe à d'immenses peintures qui se déroulent tout autour de la muraille, interrompues seulement par les fenêtres, sous une ligne de portraits de doges et un plafond colossal tout doré, d'une richesse et d'une exubérance d'ornementation incroyable, à grands compartiments, carrés, octogones, ovales, avec des ramages, des volutes et des rocailles d'un goût peu approprié au style du palais, mais si grandiose et si magnifique qu'on en est tout ébloui. Malheureusement, pour cause de réparations indispensables, l'on a retiré maintenant les toiles de Paul Véronèse, de Tintoret, de Palma le jeune et autres grands maîtres, qui remplissaient ces cadres superbes. Nous avons beaucoup regretté de ne pouvoir admirer cette Venise personnifiée par Paul Véronèse, si radieuse et si fière, et qui semble l'incarnation même du génie de ce grand maître.

Un des côtés de la salle, celui de la porte d'entrée, est occupé tout entier par un gigantesque paradis de Tintoret, qui contient tout un monde de figures. L'esquisse d'un sujet analogue, que l'on voit au musée du Louvre, à Paris, peut donner l'idée de cette composition, dont le genre plaisait au génie fougueux et tumultueux de ce mâle artiste, qui remplit si bien le programme de son nom, Jacopo Robusti. C'est en effet une robuste peinture, et il est dommage que le temps l'ait si fort assombrie. Les ténèbres enfumées qui la couvrent conviennent presque autant à un enfer qu'à une gloire. Derrière cette toile, circonstance que nous n'avons pas été à même de vérifier, il existe, dit-on, un ancien paradis, peint sur le mur, en camaïeu vert, par Guariento de Padoue, en l'an 1365. Il serait curieux de pouvoir comparer ce paradis vert à ce paradis noir. Il n'y a que Venise pour avoir de la peinture sur deux rangs de profondeur.

Cette salle est une espèce de musée de Versailles de l'histoire vénitienne, avec cette différence que, si les exploits sont moindres, la peinture est bien meilleure. Voici les sujets de ces tableaux, la plupart de dimensions énormes : le pape Alexandre III reçu par le doge Ziani; le pape donnant la corne au doge (c'est ainsi que s'appelle le bonnet dogal, d'où sort, en effet, un bec recourbé); les ambassadeurs se présentant à l'empereur Frédéric Barberousse, à Pavie, de Tintoret; le pape donnant le bâton de maréchal au doge qui s'embarque, de F. Bassan; le doge béni par le pape, du Fiammingo; Othon, fils de Frédéric, fait prisonnier par les Vénitiens, de Tintoret; Othon traitant de la paix avec le pape; Frédéric et le pape, de F. Zuccato; arrivée du pape, de l'empereur et du doge à Ancône, par Girolamo Gambarate; le pape offrant des présents au doge dans Saint-Pierre de Rome, de Giulio del Moro; le retour du doge Andrea Contarini, vainqueur des Génois en 1378, de Paul Véronèse dans sa vieillesse, mais toujours digne du maître; Baudouin élu empereur à Constantinople, dans l'église de Sainte-Sophie, de A. Vicentino; Baudouin couronné empereur par le doge Enrico Dandolo, de l'Aliense; Constantinople prise pour la première fois par les Vénitiens, ayant à leur tête le vieux Dandolo, de Palma le jeune, et pour la seconde fois par les Vénitiens alliés aux croisés, en 1204, d'Andrea Vicentino; Alexis, fils de l'empereur Isaac, invoquant la protection des Vénitiens en faveur de son père; l'assaut de Zara, de Vicentino; la prise de Zara, de Tintoret; la ligue du doge Dandolo avec les croisés dans l'église Saint-Marc, de Jean Leclerc; sans compter les figures allégoriques de l'Aliense et de Marco Vecellio, logées dans les embrasures, les angles et les impostes, qui ne peuvent recevoir de grandes compositions historiques.

On ne saurait imaginer un coup d'œil plus merveilleux que cette salle immense entièrement recouverte de ces pompeuses peintures où excelle le génie vénitien, le plus habile dans l'agencement des grandes machines. De toutes parts, le velours miroite, la soie ruisselle, le taffetas papillote, le brocart d'or étale ses orfrois grenus, les pierreries font bosse, les dalmatiques rugueuses s'enroulent, les cuirasses et les morions aux ciselures fantasques se damasquinent d'ombre et de lumière et lancent des éclairs comme des miroirs; le ciel ouate de ce bleu particulier à Venise l'interstice des colonnes blanches, et sur les marches des escaliers de marbre s'étagent ces groupes fastueux de sénateurs, d'hommes d'armes, de patriciens et de pages, personnel ordinaire des tableaux vénitiens.

Dans les batailles, c'est un chaos inextricable de galères, aux châteaux à trois étages, de trinquets de gabie, de huniers, de triples éventails de rames, de tours, de machines de guerre et d'échelles renversées entraînant leurs grappes d'hommes; un mélange étonnant de comites, de garde-chiourme, de forçats, de matelots et d'hommes d'armes s'assommant avec des masses, des coutelas et des engins barbares, les uns nus jusqu'à la ceinture, les autres vêtus de harnois singuliers ou de costumes orientaux d'un goût capricieux et baroque, comme ceux des Turcs de Rembrandt; tout cela fourmille et se débat sur des fonds de fumée et d'incendie ou sur des vagues faisant jaillir entre les galères qui se choquent leurs longues lanières vertes, que termine un flocon d'écume. Il est fâcheux pour beaucoup de ces peintures que le temps soit venu ajouter sa fumée à celle du combat; mais, si l'œil y perd, l'imagination y gagne. Les années donnent plus qu'elles n'ôtent aux tableaux où elles travaillent. Bien des chefs-d'œuvre doivent une partie de leur mérite à la patine dont les siècles les dorent.

Au-dessus de ces grandes machines historiques circule une rangée de portraits de doges par Tintoret, Bassan et d'autres peintres; ils ont, en général, la mine enfumée et rébarbative, quoiqu'ils n'aient point de barbe, contrairement à l'idée qu'on s'en fait. Dans un coin, l'œil s'arrête sur un cadre vide et noir, qui fait un trou sombre comme une tombe dans la galerie chronologique. C'est la place que devait occuper le portrait de Marino Faliero, et que représente cette inscription : *Locus Marini Phaletri, decapitati pro criminibus*. Toutes les effigies de Marino Faliero furent également détruites, de sorte que son portrait est pour ainsi dire introuvable. On prétend cependant qu'il en existe un chez un amateur à Vérone. La république aurait voulu supprimer le souvenir de ce vieillard orgueilleux, qui la mit à deux doigts de sa perte, pour une plaisanterie de jeune homme suffisamment punie par quelques mois de prison. Pour en finir avec Marino Faliero, disons qu'il ne fut pas décapité au haut de l'escalier des Géants, comme on le représente dans quelques estampes, par la raison que cet escalier ne fut bâti que cent cinquante ans plus tard, mais bien à l'angle opposé, à l'autre bout de la galerie, sur le palier d'une rampe démolie depuis.

En sortant sur le balcon de la grande croisée, on aperçoit, outre la perspective de Saint-Georges Majeur et de la Giudecca, dans le portant de la fenêtre à gauche, une jolie statuette de saint Georges, de Canova, lorsqu'il étudiait encore chez le sculpteur Torretti, et que nous préférons à ses ouvrages classiques; elle fait pendant à un saint Théodore, saint Michel ou tout autre saint guerrier d'une tournure charmante et superbe, qu'elle ne vaut pas, mais dont elle soutient le voisinage.

Nous allons nommer, sans les prétendre décrire en détail, les salles les plus célèbres du palais : la chambre *dei Scarlatti;* la cheminée est couverte de bas-reliefs en marbre du plus fin travail. On y voit aussi placé en imposte un très-curieux bas-relief de marbre représentant le doge Loredan à genoux devant la Vierge et l'Enfant, en compagnie de plusieurs saints, admirable ouvrage d'un artiste inconnu. La salle de l'Écu : c'est là qu'on blasonnait les armoiries du doge vivant; elle est tapissée de cartes géographiques de l'abbé Grisellini, qui retracent les découvertes de Marc-Paul, si longtemps traitées de fabuleuses, et d'autres illustres voyageurs vénitiens, tels que Zeni et Cabota. On y conserve une mappemonde gravée sur bois, trouvée sur une galère turque, d'une configuration baroque, selon les idées orientales, et toute chamarrée de lettres arabes découpées avec une finesse merveilleuse, et un grand plan de Venise à vol d'oiseau, dont la matrice se trouve au musée Correr, par Albert Durer, qui a séjourné longtemps dans la ville des Doges. Ce grand artiste, à la fois si fantastique et si exact, qui introduisit la chimère dans les mathématiques, a retracé la ville d'or, la *città d'oro*, comme la nomme Pétrarque, telle qu'elle était à cette époque, avec une minutie scrupuleuse et un caprice étrange. Il a placé dans la mer, entre la Piazzetta et Saint-Georges, un Neptune symbolique coiffé de madrépores, ceint de joncs marins, tout hérissé, tout squammeux, frappant l'eau de nageoires onglées et secouant une barbe déchiquetée comme les lambrequins d'un blason allemand. Quatre vents, les joues ballonnées, indiquent les quatre points cardinaux. Des embarcations bizarres, galères, galéasses, bombardes, argosils, orgues, flûtes, caraques, nefs de toutes sortes, emblème du commerce du monde, sillonnent une mer guillochée en petites vagues, où sautent des dauphins aux fosses béantes. Dans ce plan, le Campanile n'est pas encore coiffé de son clocher aigu : c'est une simple tour. La Zecca et la Bibliothèque n'ont pas la forme qu'elles ont aujourd'hui ; la Douane de mer est à sa place, bâtie autrement, mais l'église della Salute n'existe pas. A la place où s'éleva plus tard le Rialto, il y a un pont de bois garni de planches, dont le milieu est occupé par un tablier qui se lève avec des chaînes. En général, l'aspect de la ville est le même, car depuis trois siècles on n'a pas mis une pierre sur l'autre dans les villes d'Italie.

Continuons la nomenclature et citons encore la salle des Philosophes : on y remarque une très-belle cheminée de Pietro Lombardi ; la salle des Stucs, ainsi nommée à cause de son ornementation : elle renferme des peintures de Salviati, de Pordenone et du Bassan, la Vierge, une descente de croix et la nativité de Jésus-Christ ; la salle du Banquet : c'est là que le doge donnait certains repas d'étiquette, des dîners diplomatiques, comme on dirait aujourd'hui ; on y voit un portrait d'Henri III, de Tintoret, très-vigoureux et très-beau, et, en face de la porte, l'adoration des Mages, chaude peinture de Bonifazio, ce grand maître dont nous ne possédons presque rien à Paris ; la salle des Quatre-Portes : elle est précédée d'un salon carré dont le plafond, peint par Tintoret, représente la Justice qui donne l'épée et la balance au doge Priuli.

Les quatre portes sont décorées de statues d'une

grande tournure par Giulio del Moro, Francesco Caselli, Girolamo Campagna, Alessandro Vittoria; les peintures qui l'enrichissent sont des chefs-d'œuvre : on y admire le doge Marino Grimani agenouillé devant la sainte Vierge, avec saint Marc et d'autres saints, de Contarini; le doge Antoine Grimani en pareille attitude devant la figure de la Foi, de Titien, blonde et superbe peinture où le style d'apparat ne nuit en rien à la simplicité. En face, Carletto Caliari a peint le doge Cicogna recevant les ambassadeurs de Perse, belle occasion de brocarts ramagés, de turbans, d'aigrettes et d'égrenement de perles pour un artiste de l'école et de la famille de Paul Véronèse. Une immense composition d'André Michel, dit le Vincentino, représente l'arrivée d'Henri III au Lido de Venise, où il est reçu par le doge Mocenigo, le patriarche trévisan et les magistrats, sous l'arc de triomphe élevé à cette occasion, sur les dessins de Palladio. Cette grande machine a l'aspect opulent et fastueux, comme toutes les peintures du bon temps de cette école vénitienne, née pour peindre le luxe.

Un tableau du même Carlo Caliari, représentant le doge donnant audience à des ambassadeurs d'État, complète la symétrie. Les caissons du plafond ont été distribués par Palladio; les stucs sont de Vittoria et de Bombarda, d'après les dessins de Sansovino; une *Venise* de Tintoret, conduite par Jupiter sur l'Adriatique, au milieu d'un cortége de divinités, occupe le compartiment central.

Passons de cette salle dans l'Anti-Collegio, c'est la salle d'attente des ambassadeurs; l'architecture est de Scamozzi. Les envoyés des diverses puissances qui venaient présenter leurs lettres de créance à la sérénissime République ne devaient guère être pressés d'être introduits : les chefs-d'œuvre entassés comme à plaisir dans cette antichambre splendide ont de quoi faire prendre patience. Les quatre tableaux placés près de la porte sont de Tintoret, et de ses meilleurs. Nous ne connaissons de lui, qui soit de cette force, que l'*Adam et Ève* et l'*Abel et Caïn*, de l'Académie des Beaux-Arts; en voici les sujets : *Mercure et les Grâces*, les *Forges de Vulcain*, *Pallas* accompagnée de la joie et de l'abondance qui chasse Mars; *Ariane consolée par Bacchus*. A part quelques raccourcis un peu forcés, quelques attitudes violentes dont la difficulté plaisait à ce maître, on ne peut que louer la mâle énergie de la touche, la chaleur du coloris, la vérité des chairs, la puissance de vie et cette grâce virile et charmante qui distingue les talents forts lorsqu'ils ont à rendre des sujets suaves.

Mais la merveille de ce sanctuaire de l'art est l'*Enlèvement d'Europe*, par Paul Véronèse. La belle jeune fille est assise, comme sur un trône d'argent, sur le dos du taureau divin, dont le poitrail de neige va s'enfoncer dans la mer bleue qui tâche d'atteindre de ses lames amoureuses la plante des pieds qu'Europe relève par une enfantine peur de se mouiller, détail ingénieux des métamorphoses que le peintre n'a eu garde d'oublier. Les compagnes d'Europe, ne sachant pas qu'un dieu se cache sous la noble forme de ce bel animal si doux et si familier, s'empressent sur la rive et lui jettent des guirlandes de fleurs, sans se douter qu'Europe, ainsi enlevée, va nommer un continent et devenir la maîtresse de Zeus aux noirs sourcils et à la chevelure ambroisienne. Quelles belles épaules blanches! quelles nuques blondes aux nattes enroulées! quels bras ronds et charmants! quel sourire d'éternelle jeunesse dans cette toile merveilleuse, où Paul Véronèse semble avoir dit son dernier mot! Ciel, nuages, arbres, fleurs, terrains, mer, carnation, draperies, tout paraît trempé dans la lumière d'un Élysée inconnu. Tout est ardent et frais comme la jeunesse, séduisant comme la volupté, calme et pur comme la force; rien de maniéré dans cette grâce, rien de malsain dans cette rayonnante allégresse : devant cette toile, et c'est un bien grand éloge pour Watteau, nous avons pensé au *Départ pour Cythère*. Seulement, à la clarté des quinquets de l'Opéra, il faut substituer le jour splendide de l'Orient; aux mièvres poupées de la Régence, en robes de taffetas chiffonné, des corps superbes, où la beauté grecque s'assouplit sous la volupté vénitienne, et que caressent des draperies souples et vivantes. Si l'on nous donnait à choisir un morceau unique dans toute l'œuvre de Véronèse, c'est celui-là que nous préférerions : c'est la plus belle perle de ce riche écrin.

Au plafond, le grand artiste a fait asseoir sa chère Venise sur un trône d'or, avec cette ampleur étoffée et cette grâce abondante dont il a le secret. Pour cette Assomption où Venise remplace la Vierge, il sait toujours trouver de l'azur et des rayons nouveaux.

Une magnifique cheminée d'Aspetti, une corniche en stucs de Vittoria et de Bombarda, des camaïeux bleus de Sébastien Rizzi, des colonnes de vert antique et de cipolin encadrant la porte, achèvent cette merveilleuse décoration, où brille un luxe le plus beau de tous, le luxe du génie!

La salle de réception, ou Collegio, se présente ensuite. Nous retrouvons là Tintoret et Paul Véronèse, l'un roux et violent, l'autre azuré et calme; le premier fait pour les grands pans de muraille, le second pour les plafonds immenses. Tintoret a peint dans cette salle le doge Andrea Griffi priant la madone et le bambin, le Mariage de sainte Catherine avec divers saints, et le doge Dona; la sainte Vierge sous un baldaquin, plus l'accompagnement obligé d'anges, de saints et de doges; et le Rédempteur adoré par le doge Luigi Mocenigo. Sur l'autre paroi, Paul Véronèse a représenté le Christ trônant, ayant à ses côtés Venise personnifiée, la Foi et des anges qui tendent des palmes à Sébastien Venier, depuis doge, lequel remporta la célèbre victoire sur les Turcs à Cursolari, le jour de sainte Justine, placée elle-même dans le tableau; le fameux provéditeur Agostino Barbarigo, tué dans ce combat, et les deux figures latérales de saint Sébastien et de sainte Justine en grisailles, l'une faisant allusion au nom du vainqueur, l'autre à la date de la victoire.

Le plafond, qui est magnifique, renferme dans ses caissons la déification complète de Venise, par Paul Véronèse, à qui ce sujet sourit particulièrement. Le premier compartiment nous montre Venise puissante sur terre et sur mer; le second, Venise soutenant la religion; le troisième, Venise amie de la paix et ne craignant pas la guerre : le tout symbolisé avec force allégories de grande mine et de fière tournure, sur des fonds de nuages légers, laissant voir çà et là un ciel couleur de turquoise. Comme si ce n'était pas assez de cette apothéose, Venise figure encore au-dessus de la fenêtre, couronne en tête et sceptre en main, peinte par Carletto Caliari. Nous ne parlerons pas des camaïeux, des grisailles, des colonnes de vert antique, des arceaux de jaspe fleuri et des sculptures de G. Campagna : nous n'en finirions pas, et ce sont là somptuosités ordinaires dans le palais des Doges.

Nous sentons malgré nous s'allonger cette nomenclature ; mais à chaque pas un chef-d'œuvre nous tire par la basque de notre habit quand nous passons, et nous demande une phrase. Le moyen d'y résister! nous allons, ne pouvant tout dire, laisser travailler votre imagination. Il y a encore dans le palais ducal plus de salles admirables que nous n'en avons nommé. La salle du Conseil des Dix, la salle du Conseil suprême, la salle des Inquisiteurs d'État, et bien d'autres encore. Sur leurs plafonds et leurs parois faites coudoyer l'Apothéose de Venise par l'Assomption de la Vierge, les doges à genoux devant l'une ou l'autre de ces madones par des héros mythologiques et des dieux de la fable, le lion de saint Marc par l'aigle de Jupiter, l'empereur Frédéric Barberousse par un Neptune, le pape Alexandre III par une Allégorie court vêtue ; mêlez aux histoires de la Bible, aux saintes Vierges sous des baldaquins, des prises de Zara émaillées de plus d'épisodes qu'un chant de l'Arioste, des surprises de Candie et des capitolades de Turcs ; sculptez les chambranles des portes, chargez les corniches de stucs et de moulures ; dressez des statues dans tous les coins ; dorez tout ce qui n'est pas couvert par la la brosse d'un artiste supérieur ; dites-vous : « Tous ceux qui ont travaillé ici, même les obscurs, avaient vingt fois plus de talent que nos célébrités du jour, et les plus grands maîtres y ont usé leur vie ; » alors vous aurez une faible idée de toutes ces magnificences qui défient la description. Comme architectes, Palladio, Scamozzi, Sansovino, Antonio da Ponte, Pierre Lombard; comme peintres, Titien, Paul Véronèse, Tintoret, Carlo Caliari, Bonifazio, Vivarini, J. Palma, Aliense, Contarini, le Moro, le Vincentino, toute la bande des Bassans, Zuccari, Marco Vecellio, le Bazacco, Zelotti, Gambareto, Bozzatto, Salviati, Malombra, Montemezzano, et Tiepolo, ce charmant peintre, grand maître de la décadence, sous la brosse duquel expira la belle école vénitienne, épuisée de chefs-d'œuvre; comme sculpteurs et ornemanistes, Vittoria, Aspetti, Fr. Segala, Girolamo Campagna, Bombarda, Pietro di Salo, ont enfoui dans ces salles un génie, une invention, une habileté incomparables. Des peintres dont le nom n'est pas prononcé une fois par siècle s'y maintiennent dans les plus terribles voisinages. On dirait que le génie était dans l'air à cette époque climatérique du genre humain, et que rien n'était plus aisé que de faire des chefs-d'œuvre. Les sculpteurs surtout, dont on ne parle jamais, déploient un talent extraordinaire et ne le cèdent en rien aux plus grandes illustrations de la peinture.

Près de la porte d'une de ces salles, l'on voit encore, mais dépouillée de tout son prestige de terreur et réduite à l'état de boîte aux lettres sans ouvrage, l'ancienne gueule de lion dans laquelle les délateurs venaient jeter leurs dénonciations. Il ne reste plus que le trou dans le mur, la gueule a été arrachée. Un corridor sombre vous conduit de la salle des Inquisiteurs d'État aux Plombs et aux Puits, texte d'une infinité de déclamations sentimentales. Certes il n'y a pas de belles prisons; mais la vérité est que les Plombs étaient de grandes chambres recouvertes en plomb, matière dont se compose la toiture de la plupart des édifices de Venise, et qui n'a rien de particulièrement cruel, et que les Puits ne plongeaient nullement sous la lagune. Nous avons visité deux ou trois de ces cachots; nous nous attendions à des fantasmagories architecturales dans le goût de Piranèse, à des arceaux, à des piliers trapus, à des escaliers tournants, à des grilles compliquées, à des anneaux énormes scellés dans des blocs monstrueux, à des soupiraux laissant filtrer un jour verdâtre sur la dalle humide, et nous aurions voulu être conduit par un geôlier en bonnet de peau de renard orné de sa queue, et faisant bruire des trousseaux de clefs à sa ceinture. Un guide vénérable, à figure de portier du Marais, nous précédait, une chandelle à la main, par d'étroits couloirs obscurs. Les cachots, recouverts de bois à l'intérieur, avaient une porte basse et une petite ouverture pratiquée en face de la lampe accrochée au plafond du couloir. Un lit de camp en bois occupait l'un des angles.

C'était étouffé et noir, mais sans appareil mélodramatique. Un philanthrope arrangeant un cachot cellulaire n'aurait pas fait pis ; sur les murs, on déchiffre quelques-unes de ces inscriptions que l'ennui des prisonniers grave avec un clou aux parois de leur tombe ; ce sont des signatures, des millésimes, de courtes sentences de la Bible, des réflexions philosophiques assorties à l'endroit, un timide soupir vers la liberté, quelquefois la cause de l'emprisonnement, comme l'inscription dans laquelle un captif dit qu'il a été incarcéré pour sacrilége, ayant donné à manger à un mort. On nous a fait voir, à l'entrée d'un corridor, un siége de pierre sur lequel on faisait asseoir ceux que l'on exécutait secrètement dans la prison. Une corde fine, jetée au col et tournée en manière de garrotte, les étranglait à la mode turque. Ces exécutions clandestines n'avaient lieu que pour les prisonniers d'État convaincus de crimes politiques. La chose faite, on emballait le cadavre dans une gondole, par une porte qui donne sur le canal de la Paille, et on allait le couler au large, un boulet ou une pierre aux pieds, dans le canal Orfanello, qui est très-profond, et où il est défendu aux pêcheurs de jeter leurs filets.

Les vulgaires assassins s'exécutaient entre les deux colonnes, à l'entrée de la Piazzetta. Le pont des Soupirs, qui, vu du pont de la Paille, a l'air d'un cénotaphe suspendu sur l'eau, n'a rien de remarquable à l'intérieur : c'est un corridor double, séparé par un mur qui mène à couvert du palais ducal à la prison, édifice sévère et solide d'Antonio da Ponte, situé de l'autre côté du canal, et qui regarde la façade latérale du palais, qu'on présume avoir été élevée sur les dessins d'Antonio Riccio. Le nom de pont des Soupirs donné à ce tombeau qui relie deux prisons vient probablement des plaintes des malheureux voyageant de leur cachot au tribunal et du tribunal à leur cachot, brisés par la torture ou désespérés par une condamnation. Le soir, ce canal, resserré entre les hautes murailles des deux sombres édifices, éclairé par quelque rare lumière, a l'air fort sinistre et fort mystérieux, et les gondoles qui s'y glissent, emportant quelque beau couple amoureux qui va respirer le frais sur la lagune, ont la mine d'avoir une charge pour le canal Orfano.

Nous avons visité aussi les anciens appartements du doge ; il n'y reste rien de la primitive magnificence, si ce n'est un plafond fort orné, divisé en caissons hexagones dorés et peints. Dans ces caissons, à l'abri des feuillages et des rosaces, était pratiqué un trou invisible par où les inquisiteurs d'État et les membres du conseil des Dix pouvaient épier à toute heure du jour et de la nuit ce que faisait le doge chez lui. La muraille, non contente d'écouter par une oreille, comme la prison de Denis le Tyran, regardait par un œil toujours ouvert, et le doge vainqueur à Zara ou à Candie entendait, comme Angelo, « des pas dans son mur, » et sentait circuler autour de lui une surveillance mystérieuse et jalouse. Nous avons vu aussi les statues antiques transportées de la bibliothèque du Sansovino dans le palais ducal. Il y a un groupe charmant de Léda et du Cygne ; elle résiste encore, mais si faiblement, avec une vertu si lasse et un refus si provocateur, que déjà l'oiseau divin l'a entourée de son aile comme d'un rideau nuptial. Il faut s'arrêter aussi devant un bas-relief d'enfants, en marbre de Paros, du meilleur temps de la sculpture grecque ; un Jupiter Ægiochus, trouvé à Éphèse ; une Cléopatre, et surtout deux grands masques de Faune et de Faunesse, d'une expression singulière.

XI.

Le grand canal.

Maintenant nous allons, si vous n'êtes pas las de cette visite au palais des Doges, remonter dans notre gondole et faire une promenade sur le grand canal. Le grand canal est à Venise ce qu'est à Londres le Strand, à Paris la rue Saint-Honoré, à Madrid la calle d'Alcala, l'artère principale de la circulation de la ville. Sa forme est celle d'un S retourné, dont la bosse échancre la ville du côté de Saint-Marc, et dont la pointe supérieure aboutit à l'île de Santa-Chiara, et la pointe inférieure à la Douane de mer, près du canal de la Giudecca. Cet S est coupé vers le milieu par le pont de Rialto.

Le grand canal de Venise est la plus merveilleuse chose du monde. Nulle autre ville ne peut présenter un spectacle si beau, si bizarre et si féerique : on trouve peut-être ailleurs d'aussi remarquables morceaux d'architecture, mais jamais placés dans des conditions si pittoresques. Là, chaque palais a un miroir pour admirer sa beauté, comme une femme coquette. La réalité superbe se double d'un reflet charmant. L'eau caresse avec amour le pied de ces belles façades que baise au front une lumière blonde, et les berce dans un double ciel. Les petits bâtiments et les grosses barques qui peuvent remonter jusque-là semblent amarrés exprès comme repoussoirs ou premiers plans, pour la commodité des décorateurs et des aquarellistes.

En longeant la Douane, qui, avec le palais de Giustiniani, aujourd'hui hôtel de l'Europe, forme l'entrée du grand canal, jetez un regard à ces têtes de cheval décharnées comme des massacres, sculptées dans la corniche carrée et trapue qui soutient la boule de la Fortune : cet ornement singulier signifie-t-il que, le cheval étant inutile à Venise, on s'en défait à la Douane, ou plutôt n'est-ce qu'un pur caprice d'ornementation ? Cette explication nous semble la meilleure, car nous ne voudrions pas tomber dans les finesses symboliques que nous avons reprochées aux autres. Nous avons déjà décrit la Salute, que nous apercevons de notre fenêtre, et qui n'a pas besoin qu'on s'y arrête après le tableau de Canaletto, le chef-d'œuvre du peintre peut-être. Mais ici nous éprouvons un embarras. Le grand canal est le véritable livre d'or où toute la noblesse vénitienne a signé son nom sur une façade monumentale.

Chaque pan de muraille raconte une histoire ; toute maison est un palais ; tout palais un chef-d'œuvre et une légende : à chaque coup de rame le gondolier vous cite un nom qui était aussi connu du temps des croisades qu'aujourd'hui ; et cela à droite et à gauche, sur une longueur de plus d'une demi-lieue. Nous avons écrit une liste de ces palais, non pas de tous, mais des plus remarquables, et nous n'osons la transcrire à cause de sa longueur. Elle a cinq ou six pages : Pierre Lombard, Scamozzi, Vittoria, Longhena, Andrea Trémignan, Giorgio Massari, Sansovino, Sebastiano Mazzoni, Sammicheli, le grand architecte de Vérone ; Selva, Domenico Rossi, Visentini, ont donné les dessins et dirigé la construction de ces demeures princières, sans compter les merveilleux artistes inconnus du moyen âge qui ont élevé les plus pittoresques et les plus romantiques, celles qui donnent à Venise son cachet et son originalité.

Sur les deux rives se succèdent sans interruptions des façades toutes charmantes et diversement belles. Après une architecture de la Renaissance, avec ses colonnes et ses ordres superposés, vient un palais du moyen âge dans le style gothique arabe, dont le palais ducal est le prototype, avec ses balcons évidés à jour, ses ogives, ses trèfles et son acrotère dentelé. Plus loin est une façade plaquée de marbres de couleurs, ornée de médaillons et de consoles; puis un grand mur rose, où se découpe une large fenêtre à colonnettes : tout s'y trouve, le byzantin, le sarrasin, le lombard, le gothique, le roman, le grec, et même le rococo, la colonne et la colonnette, l'ogive et le plein cintre, le chapiteau capricieux, plein d'oiseaux et de fleurs, venu d'Acre ou de Jaffa, le chapiteau grec trouvé dans les ruines athéniennes, la mosaïque et le bas-relief, la sévérité classique et la fantaisie élégante de la Renaissance. C'est une immense galerie à ciel ouvert, où l'on peut étudier, du fond de sa gondole, l'art de sept ou huit siècles. Que de génie, de talent et d'argent ont été dépensés dans cet espace qu'on parcourt en moins d'une heure ! Quels prodigieux artistes, mais aussi quels seigneurs intelligents et magnifiques! Quel dommage que les patriciens qui savaient faire exécuter de si belles choses n'existent plus que dans les toiles de Titien, de Tintoret et du Moro !

Avant d'arriver seulement au Rialto, vous avez à gauche, en remontant le canal, le palais Dario, style gothique, le palais Venier, qui se présente par un angle avec ses ornements, ses marbres précieux et ses médaillons, style lombard ; les Beaux-Arts, façade classique accolée à l'ancienne Scuola de la Charité et surmontée d'une Venise chevauchant un lion ; le palais Contarini, architecture de Scamozzi ; le palais Rezzonico, aux trois ordres superposés ; le triple palais Giustiniani, dans le goût moyen âge, où habite M. Natale Schiavoni, descendant du célèbre peintre Schiavoni, qui a une galerie de tableaux et une belle fille, reproduction vivante d'une toile peinte par son aïeul; le palais Foscari, reconnaissable à sa porte basse, à ses deux étages de colonnettes supportant des ogives et des trèfles, où logeaient autrefois les souverains qui visitaient Venise, et maintenant abandonné ; le palais Balbi, au balcon duquel les princes s'accoudaient pour regarder les régates qui se faisaient sur le grand canal avec tant d'éclat et de pompes, aux beaux temps de la république ; le palais Pisani, dans le style allemand du commencement du XV siècle ;

et le palais Tiepolo, tout pimpant et moderne relativement, avec ses deux élégants pyramidions; à droite, tout près de l'auberge de l'Europe, il y a entre deux grands bâtiments un palazzino délicieux qui se compose d'une fenêtre et d'un balcon; mais quelle fenêtre et quel balcon! Une guipure de pierre, des enroulements, des guillochages et des jours qu'on ne croirait possibles qu'à l'emporte-pièce, sur une de ces feuilles de papier qui recouvrent les dragées de baptême ou qu'on jette sur le globe des lampes; nous avons bien regretté de n'avoir pas 25000 fr. sur nous pour l'acheter, car on n'en demandait pas davantage.

Plus loin, en remontant, l'on trouve les palais : Corner della Cà Grande, qui date de 1532, un des meilleurs du Sansovino; Grassi, aujourd'hui l'auberge de l'Empereur, dont l'escalier de marbre est garni de beaux orangers en pots; Corner-Spinelli, Grimani, robuste et puissante architecture de Sammicheli, dont le soubassement de marbre est entouré d'une double grecque d'un bel effet, et qui sert aujourd'hui d'hôtel des Postes; Farsetti, au péristyle à colonnes, à la longue galerie de colonnettes occupant toute sa façade, où s'est logée la municipalité. Nous pourrions dire, comme don Ruy-Gomez da Silva à Charles-Quint, dans la pièce d'*Hernani*, lorsqu'il lui montre les portraits de ses aïeux : « J'en passe, et des meilleurs. » Nous demanderons cependant grâce pour le palais Lorédan et l'antique demeure d'Enrico Dandolo, le vainqueur de Constantinople. Entre ces palais, il y a des maisons qui les valent, et dont les cheminées en turban, en tourelles et en vases de fleurs, rompent très à propos les grandes lignes d'architecture.

Quelquefois un traghetto ou une piazzetta, comme le campo San-Vitale, par exemple, qui fait face à l'Académie, coupe à propos cette longue suite de monuments. Ce campo, bordé de maisons crépies d'un rouge vif et gai, fait le plus heureux contraste avec les guirlandes de pampre d'une treille de cabaret; cette tranche vermeille, dans cette file de façades plus ou moins rembrunies par le temps, repose et charme l'œil; on y trouve toujours quelque peintre établi, sa palette au pouce et sa boîte sur les genoux. Les gondoliers et les belles filles que le voisinage de ces drôles attire toujours posent naturellement, et d'admirateurs deviennent modèles.

Le Rialto, qui est le plus beau pont de Venise, a l'air très-grandiose et très-monumental; il enjambe le canal par une seule arche d'une courbe élégante et hardie; il a été construit en 1591, sous le dogat de Pasquale Cicogna, par Antonio da Ponte, et remplace l'ancien pont-levis en bois dont nous avons parlé à propos du plan d'Albert Durer. Deux rangées de boutiques, séparées au milieu par un portique en arcade et laissant voir une trouée du ciel, chargent les côtés du pont qu'on peut traverser sur trois voies, celle du centre et les deux trottoirs extérieurs garnis de balustrades de marbre. Autour du pont de Rialto, un des points les plus pittoresques du grand canal, s'entassent les plus vieilles maisons de Venise, avec leurs toits en plate-forme, plantés de piquets pour attacher des bannes, leurs longues cheminées, leurs balcons ventrus, leurs escaliers aux marches disjointes et leurs larges plaques de crépi rouge, dont les écailles tombées laissent à nu les murailles de briques et les fondations verdies par le contact de l'eau. Il y a toujours, près du Rialto, un tumulte de barques et de gondoles, et des îlots stagnants d'embarcations amarrées séchant leurs voiles fauves quelquefois traversées d'une grande croix.

Shylock, ce juif si affamé de chair de chrétien, avait sa boutique au pont de Rialto, qui a ce grand honneur d'avoir fourni une décoration à Shakspeare.

En deçà et au delà du Rialto, se groupent sur les deux rives l'ancien Fondaco dei Tedeschi, dont les murs colorés de teintes incertaines laissent deviner des fresques de Titien et de Tintoret, pareilles à des songes qui vont s'évanouir ; la poissonnerie, le marché aux herbes et les vieilles et nouvelles fabriques de Scarpagnino et de Sansovino, près de tomber en ruines, où sont installées différentes magistratures.

Ces fabriques rougeâtres, dégradées, glacées de tons admirables par la vétusté et l'abandon, doivent faire le désespoir de l'édilité et la joie des peintres. Sous leurs arcades fourmille d'ailleurs une population active et bruyante, qui monte et descend, va et vient, vend et achète, rit et piaille : là le thon frais se débite en rouges tranches, et s'emportent par paniers moules, huîtres, crabes, crevettes.

Sous l'arche du pont, où vibre pourtant un écho des plus sonores, dorment à l'abri du soleil les gondoliers attendant pratique.

En remontant toujours, l'on rencontre à gauche le palais Corner della Regina, ainsi nommé à cause de la reine Cornaro, que les Parisiens connaissent par l'opéra d'Halévy, la *Reine de Chypre*, où Mme Stoltz avait un si beau rôle. Nous ne nous rappelons plus si la décoration de MM. Séchan, Diéterle et Despléchin était ressemblante ; elle aurait pu l'être sans rien perdre, car l'architecture de Domenico Rossi est d'une grande élégance. Le somptueux palais de la reine Cornaro est maintenant un mont-de-piété, et les humbles guenilles de la misère et les joyaux de l'imprévoyance aux abois viennent s'entasser sous les riches lambris qui leur doivent de ne pas tomber en ruines : car aujourd'hui il ne suffit pas d'être beau, il faut encore être utile.

Le collége des Arméniens, qui se trouve à quelque distance de là, est un admirable édifice de Baldassare de Longhena, d'une riche, solide et imposante architecture. C'est l'ancien palais Pesaro.

A droite s'élève le palais delle Cà D'oro, un des plus charmants du grand canal. Il appartient à Mlle Taglioni, qui l'a fait restaurer avec le soin le plus intelligent. Il est tout brodé, tout dentelé, tout découpé à jour, dans un goût grec, gothique, barbare, si fantasque, si léger, si aérien, qu'on le dirait fait exprès pour le nid d'une sylphide. Mlle Taglioni a pitié de ces pauvres palais abandonnés. Elle en a plusieurs en pension, qu'elle entretient par pure commisération pour leur beauté; on nous en a signalé trois ou quatre à qui elle fait cette charité de réparations.

Regardez ces poteaux d'amarre bleus et blancs, semés de fleurs de lis d'or; ils vous disent que l'ancien palais Vendramin Calergi est devenu une habitation quasi royale. C'est la demeure de S. A. la duchesse de Berry, et certes elle est mieux logée qu'au pavillon Marsan; car ce palais, le plus beau de Venise, est un chef-d'œuvre d'architecture, et les sculptures en sont d'une finesse merveilleuse. Rien n'est plus joli que les groupes d'enfants qui tiennent des écussons sur les arceaux des fenêtres. L'intérieur est rempli de marbres précieux ; on y admire surtout deux colonnes de porphyre d'une beauté si rare que leur valeur payerait le palais.

Quoique nous ayons été bien long, nous n'avons pas tout dit. Nous nous apercevons que nous n'avons pas parlé du palais Mocenigo, où demeurait le grand Byron ; notre gondole a pourtant frôlé l'escalier de marbre où, les cheveux au vent, le pied dans l'eau, par la pluie et la tempête, la fille du peuple, maîtresse du lord, l'accueillait à son retour par ces tendres paroles : « Grand chien de la madone, est-ce un temps pour aller au Lido ? » Le palais Barbarigo mérite aussi une mention. Nous n'y avons pas vu les vingt-deux Titien qu'il renferme et que tient sous scellé le consul de Russie, qui les a achetés pour son maître ; mais il contient encore d'assez belles peintures, et le berceau tout sculpté et tout doré destiné à l'héritier de la noble famille, berceau dont on pourrait faire une tombe, car les Barbarigo sont éteints ainsi que la plupart des anciennes familles de Venise : de neuf cents familles patriciennes inscrites au livre d'or, il en reste aujourd'hui cinquante à peine.

L'ancien caravansérail des Turcs, si peuplé au temps où Venise faisait tout le commerce de l'Orient et des Indes, présente maintenant deux étages d'arcades arabes effondrées ou obstruées par des cahutes qui ont poussé là comme des champignons malsains.

A cette hauteur environ où s'embranche le Canareggio, on aperçoit des traces du siége et du bombardement des Autrichiens; quelques projectiles sont arrivés jusqu'au palais Labbia, qui a brûlé, et ont sillonné la façade inachevée de San-Geremia. D'une construction effondrée, caprice étrange des boulets dans leur destruction intelligente, il ne reste plus d'apparent qu'un crâne de marbre sculpté au sommet d'un mur, comme si la mort, par une sorte d'effroi respectueux, avait reculé devant son blason. En s'éloignant du cœur de la ville, la vie s'éteint. Beaucoup de fenêtres sont fermées ou barrées de planches; mais cette tristesse a sa beauté : elle est plus sensible à l'âme qu'aux yeux, régalés sans cesse des accidents les plus imprévus d'ombre et de lumière, de fabriques variées que leur délabrement même ne rend que plus pittoresques, du mouvement perpétuel des eaux, et de cette teinte bleue et rose qui fait l'atmosphère de Venise.

XII.

La vie à Venise.

Derrière la Venise monumentale, espèce de décoration d'opéra féerique, qui saisit d'abord les regards, et à laquelle le voyageur ébloui s'arrête ordinairement, il en existe une autre plus familière, plus intime et non moins pittoresque, quoique peu connue ; c'est de celle-ci que nous allons parler.

Devant faire un assez long séjour à Venise, nous quittâmes l'hôtel de l'Europe, qui occupe l'ancien palais Giustiniani, à l'entrée du grand canal, pour nous installer à l'angle du Campo-San-Mosè, chez le signor Tramontini, dans le logement laissé vacant par un prince russe. Que ce mot, prince russe, n'éveille pas dans l'imagination du lecteur des idées de magnificence déplacées pour un pauvre poëte comme nous : on peut à Venise se passer le luxe d'un palais dans les prix doux. Une merveille, signée Sansovino ou Scamozzi, s'y loue moins cher qu'une mansarde de la rue de la Paix, et notre appartement faisait partie d'une simple maison crépie de rose, comme la plupart des maisons de Venise. Ce logement offrait au prince l'avantage de regarder par les fenêtres, du côté de la place, la boutique d'une boulangère française qui avait, sinon des écus, du moins une fille d'une beauté rare. Ce que le prince russe acheta de pains mollets, de pains de gruau, de pains jocko, de pains de pâte ferme, de pains anglais, de pains azymes, dans l'intérêt de sa passion, eût suffi pour nourrir des familles ; mais rien n'y fit. La jeune boulangère était gardée par la vigilance maternelle avec plus de soin que les pommes d'or du jardin des Hespérides par le dragon mythologique, et le Moscovite désappointé fut forcé d'aller éteindre son ardeur dans les neiges natales. Cette belle fille resta pour nous à l'état de mystère, car nous ne l'aperçûmes pas une seule fois pendant un voisinage de quelques semaines. Tout locataire de ce logement était par cela même suspect de galanterie.

Ce n'est nullement l'envie d'illustrer le coin où nous avons passé un mois si heureux qui nous pousse à nous y arrêter avec quelques détails. Nous ne sommes pas de ceux dont la joie ou la tristesse importe au monde, et, si nous usons quelquefois de notre personnalité dans ces notes de voyage, c'est comme moyen de transition et pour éviter des embarras de formes; et puis il n'est pas sans intérêt de mêler à la Venise du rêve la Venise de la réalité.

A travers nos recherches d'un appartement, nous avions été accosté par un aventurier brescian, jeune homme de belle mine, qui se disait étudiant et peintre, et profitait de notre ignorance des lieux et du dialecte vénitien pour se rendre nécessaire et se glisser dans notre intimité; car quelques pièces de monnaie qui sonnaient dans nos poches nous faisaient paraître à ses yeux de magnifiques seigneurs, relativement à sa pauvreté personnelle. Il nous conduisit à un tas de bouges plus horribles les uns que les autres, et auprès desquels la petite chambre de Consuelo, dans la Corte-Minelli, eût été un paradis. Il s'étonnait de nous voir si difficiles, et en concevait des idées d'autant plus splendides à notre endroit. Pour se concilier notre bienveillance, et s'assurer des patrons si considérables, il nous fit cadeau d'un de ces frêles bouquets montés sur un bâton et entourés d'une carte, qu'on distribue à Venise pour quelque menue pièce de cuivre. Il paraissait fonder de grandes espérances sur la délicatesse ingénieuse de ce régal, espérances qui furent déçues et à la perte desquelles il se résigna difficilement. Des glaces et du café ne lui semblèrent point une compensation suffisante de son bouquet, et il se plaignit avec tant d'amertume des dépenses auxquelles la générosité de son cœur trop loyal l'avait entraîné en compagnie des nobles étrangers, que nous nous crûmes obligés de lui offrir une demi-douzaine de zwantzigs qu'il accepta en grommelant et avec tous les signes d'une fierté blessée.... de recevoir si peu.

Notre logis avait une porte d'eau et une porte de terre donnant sur un canal et sur une place comme la plupart des maisons de Venise. Il se composait d'une chambre à coucher fort propre et d'un salon assez vaste, séparés par une pièce d'entrée dans laquelle s'ouvrait un balcon à trois fenêtres que nous fîmes garnir de fleurs, et où nous passâmes la meilleure partie de notre temps à rêver et à regarder, en fumant des cigarettes; cette distribution se répète presque partout, dans les palais comme dans les habitations les plus humbles. Le balcon est le point central et comme le type générateur de l'édifice. Ces balcons tiennent le milieu entre le mirador espagnol et le moucharaby arabe.

Un canapé, des chaises de crin, un lit enveloppé d'un moustiquaire, une table, une toilette formaient l'ameublement. Le parquet était remplacé par une espèce de stuc diapré de différentes couleurs, ressemblant, à s'y méprendre, à une immense tranche de galantine. Rien n'y manquait, pas même les truffes, simulées par les cailloux noirs. Cette charcuterie pave tous les appartements de Venise. Elle est fraîche au pied d'ailleurs et facile à tenir nette. Les murs, suivant l'usage en Italie, étaient badigeonnés d'un teinte plate à la détrempe et ornés de lithographies galantes enluminées d'après Compte-Calix, ce qui était flatteur jusqu'à un certain point pour l'art français, mais regrettable au point de vue de la couleur locale; heureusement une Panagia, peinte par les néo-byzantins du mont Athos avec une rigidité et une barbarie hiératique digne du ixᵉ siècle, relevait à propos la vulgarité moderne de ces images de pacotille.

Cette madone au monogramme doré venait de notre hôtesse, aimable Grecque mariée à Venise, qui habitait l'appartement au-dessus du nôtre. Un sonnet, imprimé sur satin et proprement encadré, disait, avec force allusions tirées de la mythologie, comment les flots ioniens avaient cédé cette Vénus aux flots adriatiques, et comment une vertueuse Hélène avait suivi au delà des mers un honnête Pâris.

Hélène était en effet le nom de la jeune femme, mais la ressemblance ne se continuait pas jusqu'à l'époux, qui s'appelait Joseph Tramontini.

La signora Elena achevait sa quarantaine de relevailles et gardait encore la douce pâleur des mains et de la figure qui est comme la récompense des jeunes mères. Mariée de très-bonne heure, elle avait eu déjà plusieurs *avocats*. Que cette phrase ne fasse en rien soupçonner la pudicité de cette charmante femme. Quoiqu'on vive assez vieux à Venise, les enfants s'y élèvent mal et il en meurt beaucoup en bas âge. Ces petits innocents vont tout droit au ciel et plaident la cause de leurs parents devant le tribunal de Dieu. De là le nom d'*avocats*. Aussi, dans cet espoir, se console-t-on assez facilement de leur perte.

Le reste de la maison se composait d'une jeune nourrice venue des Alpes du Frioul, paysanne aux joues étroites, au profil busqué, au grand œil étonné et sauvage, qui bondissait dans l'escalier de marche en marche, son poupon au bras, comme une chèvre peureuse sautant de roche en roche, et d'une vieille servante appelée Lucia, nom poétique, peu d'accord avec ses cheveux hérissés comme des crins de goupillon, sa peau bistrée et rance, ses yeux louches, sa bouche lippue, sa voix criarde et son aspect de Léonarde et de Maritorne.

Comme nous l'avons dit, notre logis avait vue sur la place et sur le canal. Pourquoi une description de ce double aspect n'aurait-elle pas l'intérêt d'une aquarelle de Joyant ou de Williams Wyld, qui ont fait ainsi une foule de petites esquisses familières de ruelles étroites, d'angles de canaux, de dessous de pont, de traguets pittoresquement encombrés? La plume est-elle plus maladroite que le pinceau? Essayons.

Au fond de la place, ou, comme on dit ici, du campo, s'élève l'église de San-Mosè, avec sa façade d'un rococo flamboyant, tourmenté, presque farouche dans sa violente exagération. Ce n'est pas ce rococo fade, mollasse, vieillot et fripé dont nous avons l'habitude en France, mais un mauvais goût robuste, plein de force, d'exubérance, d'invention et de caprice; les volutes se contournent comme des parafes de pierre, les consoles font de brusques saillies, les architraves sont interrompues par de profondes échancrures, les allégories sculptées s'accoudent sur l'arc des tympans avec des postures impossibles et michelangesques. Des statues aux contours ronflants, aux draperies bouillonnantes, prennent dans leur niche des poses de capitan ou de maître de danse. Le buste du fondateur a l'air, au bout du pyramidion qui le supporte, tant il est moustachu et formidable, du propre portrait de don Spavento. Eh bien! ces chicorées touffues comme des choux, ces rocailles tarabiscotées, ces cartouches à serviette, ces colonnes à bracelets, ces figures strapassées, ces surcharges d'ornementation extravagantes, produisent un effet riche, grandiose, en dépit du bon goût violé dans chaque détail, mais violé par une imagination vigoureuse. Vignole blâmerait le dessinateur de ce portail fantasque. Nous l'absolvons pleinement. Ce bizarre architecte s'appelait Alexandre Trémignone.

Cette façade truculente est reliée par un pont volant à son clocher, diminutif du campanile de la place Saint-Marc. En Italie, les architectes ont toujours été embarrassés des clochers; ils ne savent pas ou ne veulent pas les rattacher au monument. On dirait que, préoccupés malgré eux des temples païens, ils regardent le clocher catholique comme une superfétation difforme, comme une excroissance barbare; ils n'en font qu'une tour isolée, une sorte de beffroi, et semblent ignorer les magnifiques effets qu'en a tirés l'architecture religieuse du Nord. Ceci soit dit en passant. Nous aurons à revenir plus d'une fois sur cette observation.

L'entrée de San-Mosè est recouverte d'une épaisse portière de cuir piqué, qui, lorsqu'on la soulève, laisse vaguement entrevoir de la place, dans une ombre transparente, des éclairs de dorure, des étoiles de bougie, et sortir de tièdes bouffées d'encens mêlées à des rumeurs d'orgue et de prières.

Le clocher n'est pas un sinécuriste : il babille et carillonne toute la journée. Le matin, c'est l'Angelus, puis la messe, puis les vêpres, puis le salut du soir; à peine si ses langues de fer se taisent quelques instants. Rien ne fatigue ses poumons de bronze.

Tout auprès, séparé par une ruelle aussi étroite que le *callejon* le plus étranglé de Grenade ou de Constantine, et qui mène au traghetto du grand canal, s'abrite dans l'ombre de l'église le presbytère, sombre façade plaquée d'un rouge déteint, percée de fenêtres mornes à grillages compliqués, et qui ferait tache à ce clair tableau vénitien, si des masses de plantes pariétaires, retombant en désordre, ne l'égayaient un peu de leur vert tendre, et si une charmante madone, surmontant un tronc pour les pauvres, n'y souriait entre deux lampes.

Les trois ou quatre maisons qui y font face contiennent la maison de la boulangère assiégée par le prince russe, un marchand de fleurs, dont la devanture, garnie de petits pots, étalait des tulipes en ognons ou épanouies, et des plantes rares, échafaudées de baguettes et flanquées d'écriteaux scientifiques ; un magasin de denrées quelconques formant l'angle du côté du canal, le tout crépi à la chaux, diapré de contrevents verts, rayé de balcons et surmonté de ces cheminées au chapiteau évasé en turban, qui changent les toits de Venise en cimetières turcs.

A l'un de ces balcons paraissait assez souvent une signora jolie autant que l'éloignement permettait de le distinguer, vêtue presque toujours de noir et jouant de l'éventail avec une dextérité tout espagnole. Il nous semblait l'avoir déjà vue quelque part. En y songeant, nous trouvâmes que c'était dans les Mémoires de Charles Gozzi. Elle rappelait le type de la jeune femme de son roman par la fenêtre. Peut-être n'eût-il pas été impossible de l'engager dans un amour en gondole, avec sérénades, régals et confitures à l'ancienne mode vénitienne. Mais le voyageur est un oiseau de passage qui n'a pas le temps d'aimer.

Sur la face libre de la place, du côté du débarcadère, s'abat un pont de marbre blanc d'une seule arche, qui enjambe le canal et met le campo en communication avec la ruelle de la rive opposée conduisant à la place de Saint-Maurice.

Le canal s'enfonce par un bout dans une de ces perspectives que les vues de Venise ont rendues présentes à tout le monde : hautes maisons, roses par en haut, vertes par en bas, la tête dans le soleil et le pied dans l'eau, fenêtres à ogives coudoyant la baie carrée moderne, cheminées arrondies en pots de fleurs, longues bannes rayées pendant des balcons, tuiles vermeilles ou bistrées, faîtes couronnés de statues, se détachant en blanc sur l'azur du ciel, poteaux d'amarre enluminés de couleurs vives, eaux miroitantes dans l'ombre, barques stationnaires ou rasant de leurs flancs noirs le marbre des escaliers avec des effets d'ombre ou de lumière imprévus.

Cette aquarelle, grande comme nature, était accrochée en dehors de notre fenêtre du côté de l'eau.

Par l'autre bout, le canal, encore barré d'un pont, se dégorgeait dans le canalazzo et laissait voir une portion du mur d'entrée de la Douane de mer et la Fortune de bronze virant au vent sur sa boule d'or, ainsi que les agrès des embarcations trop fortes pour pénétrer dans les étroites rues d'eau.

Vis-à-vis de nous se trouvait l'auberge de l'*Étoile d'or*, qui n'a rien de remarquable qu'une terrasse festonnée de vigne, et dont nous ne parlerions pas sans un détail caractéristique de son enseigne, écrite primitivement en trois langues : en italien, en français, en allemand; les lettres tudesques, effacées sans doute pendant le siége de Venise, se devinent vaguement sous la couleur et n'ont pas été rétablies par patriotisme. Cette muette protestation contre le joug étranger se retrouve partout.

Assis sur notre balcon et poussant devant nous de légères bouffées de tabac du Levant, nous allons crayonner une esquisse de la vie vénitienne.

Il est matin encore ; le coup de canon de la frégate qui ouvre le port vient de faire crever sa fumée blanche sur la lagune ; la salutation angélique vibre aux mille clochers de la ville. La Venise patricienne et bourgeoise dort encore profondément; mais les pauvres diables qui couchent sur les marches des escaliers, sur les perrons des palais ou le fût des colonnes, ont déjà quitté leur lit et secoué leurs guenilles humides de la rosée nocturne.

Les barcarols du traguet lavent les flancs de leur gondole, brossent le drap de la felce, polissent le fer de leur proue, secouent le tapis de Perse qui garnit le fond du bateau, font bouffer les coussins de cuir noir et mettent tout en ordre dans leur embarcation pour être prêts à l'appel de la pratique.

Les lourds bateaux qui apportent les provisions à la ville commencent à arriver de Mestre, de Fusine, de la Giudecca, espèce de faubourg maritime bordé d'édifices d'un côté et de jardins de l'autre, de Chioggia, de Torcello et d'autres endroits de la terre ferme ou des îles.

Ces barques, encombrées de légumes verts, de raisins, de pêches, laissent derrière elles une suave odeur de végétation qui contraste avec la senteur âcre des embarcations chargées de thons, de rougets, de poulpes, d'huîtres, de pidocchi, de crabes, de coquillages et autres fruits de mer, selon la pittoresque expression vénitienne.

D'autres portent le bois et le charbon, s'arrêtent aux portes d'eau pour livrer leur marchandise et reprennent leur course paisible. Le vin arrive non dans des tonneaux, comme chez nous, non dans des outres de peau de bouc, comme en Espagne, mais dans de grandes cuves ouvertes qu'il teint de sa pourpre plus sombre que du jus de mûres. L'épithète de noir, qu'Homère ne manque jamais d'appliquer au vin, conviendrait parfaitement à ces produits des crus du Frioul et de l'Istrie.

On amène de la même manière l'eau pour remplir les citernes; car Venise, malgré sa situation aquatique, mourrait de soif comme Tantale, ne possédant pas une seule source. Autrefois l'on allait chercher cette eau à Fusine dans le canal de la Brenta. Maintenant les puits artésiens, creusés avec bonheur par M. Degousée, fournissent la plupart des citernes. Il n'est guère de campo qui n'en possède une. L'orifice de ces réservoirs, entouré d'une margelle comme celle d'un puits, a fourni les plus délicieux motifs aux fantaisies des architectes et des sculpteurs vénitiens : tantôt ils en font un chapiteau corinthien, évidé au milieu; tantôt une gueule de monstre; d'autres fois ils enroulent autour de ce tambour de bronze, de marbre ou de pierre, des bacchanales d'enfants, des guirlandes de fleurs ou de fruits, par malheur trop souvent usées par le frottement des cordes et des seaux de cuivre. Ces citernes remplies de sable, où l'eau se maintient fraîche, donnent un caractère particulier aux places; elles s'ouvrent à certaines heures, et les femmes viennent y puiser, comme les esclaves grecques aux fontaines antiques.

Bon! voilà une gondole qui en accroche une autre. On dirait, à les voir se mordre par leur fer de hache, deux cygnes méchants se plumant à coups de bec; l'un des gondoliers n'a pas entendu, ou entendu trop tard le cri d'avertissement, espèce de piaulement en jargon inconnu. La dispute s'engage et les deux champions *s'engueulent* comme des héros homériques avant la bataille; debout sur la poupe, ils brandissent leur rame. On croirait qu'ils vont s'assommer. N'ayez pas peur, il y aura plus de bruit que de mal. Les *corps de Bacchus*, les *sang de Diane* voltigent d'un bord à l'autre; mais bientôt les jurons mythologiques ne suffisent plus. Les injures et les blasphèmes se croisent en augmentant toujours d'intensité : canard manqué, grenouille de vase, crabe boiteux, pou de mer, chien fils de vache, âne fils de truie, assassin, ruffian, mouchard, tedesco, telles sont les aimables qualifications qu'ils se prodiguent. Associant le ciel à leur querelle, ils injurient leurs saints respectifs : « La madone de ton traguet est une coureuse qui ne vaut pas deux chandelles, » dit l'un. « Ton saint est un bélître qui ne sait pas faire un miracle présentable, » répond l'autre. Nous adoucissons les termes.

Il est à remarquer que les vociférations sont d'autant plus outrageuses que les barques s'éloignent davantage et que les interlocuteurs de ce dialogue furibond se sentent hors de portée.

Bientôt on n'entend plus que les croassements enroués qui se perdent dans le lointain.

Voici passer une gondole officielle avec le pavillon autrichien à l'arrière, menant à quelque inspection un fonctionnaire roide et froid, la poitrine chamarrée de décorations; cette autre promène des Anglais, touristes flegmatiques; celle-là, mince comme un patin, file, mystérieuse et discrète, du côté du large. Sa felce rabattue, ses jalousies relevée, abritent deux amants qui vont déjeuner en partie fine à la pointe de Quintavalle; celle-là, plus lourde et plus large, emporte sous son tendelet rayé de blanc et de bleu une honnête famille allant prendre les bains de mer au Lido, sur cette plage dont le sable fin garde encore la trace du pied des chevaux de lord Byron.

Mais l'église s'ouvre. Il en sort un cortége rouge portant une bière rouge qu'on dépose dans une gondole rouge. On porte ici le deuil en pourpre. C'est un mort qu'on embarque pour le cimetière, situé dans une île sur le chemin de Murano. Les prêtres, les porteurs, les chandeliers et les ornements d'église occupent la barque qui précède. Va dormir, pauvre mort, sous le sable imprégné de sel marin, à l'ombre d'une croix de fer qu'effleurera l'aide du goëland. Pour les os d'un Vénitien, la terre ferme serait un manteau trop lourd.

Puisque nous en sommes sur ce sujet funèbre, disons qu'à Venise, lorsqu'il meurt quelqu'un, on colle sur sa maison et dans celles des rues avoisinantes, en manière de billets de faire part, une pancarte imprimée qui dit son nom, son âge, son lieu de naissance, la maladie à laquelle il a succombé, affirme qu'il a reçu les sacrements, qu'il est mort en bon chrétien, et demande pour lui les prières des fidèles.

Laissons là ces idées mélancoliques ; le sillon de la barque rouge s'est refermé, n'y pensons plus. Soyons oublieux comme le flot, qui ne garde la marque de rien ; c'est à la vie, et non à la mort, qu'il faut songer !

XIII.

Détails familiers.

Sur le pont vont et viennent des jeunes filles, ouvrières, grisettes ou servantes, en chemise et jupon sous leur long châle ; sur leurs nuques s'enroulent, comme des câbles, de longues torsades de ces cheveux blonds roux, si chers au peintre vénitien. Je salue de ma fenêtre ces modèles de Paul Véronèse, qui passent sans se souvenir qu'ils ont posé, il y a trois cents ans, pour les *Noces de Cana*. De vieilles femmes, encapuchonnées de la *baüte* nationale, se hâtent pour arriver à temps à la messe, dont le dernier coup tinte à San-Mosè.

Des soldats hongrois, aux pantalons bleus, aux bottines noires, à la casaque de coutil gris, font résonner le pont sous leur pas pesant et régulier, portant à quelque caserne le bois pour faire cuire la soupe ou les victuailles de la gamelle.

Des *illustrissimi*, anciens nobles ruinés, ayant

encore grand air sous leurs vêtements propres et râpés, s'en vont prendre à Florian, le lieu de réunion de l'aristocratie, cet excellent café dont Constantinople a transmis la recette à Venise, et que nulle part on ne boit meilleur. Ailleurs, peut-être, ces apparitions du temps passé exciteraient le sourire; mais le peuple de Venise aime sa vieille noblesse, qui a toujours été bonne et familière avec lui.

Rien ne se fait à la façon ordinaire dans cette ville fantastique. Les musiques des rues, au lieu de cheminer sur la hanche du tourneur de manivelle, sont trimballées par eau : l'orgue va en gondole.

Il en passe justement un sous notre balcon; c'est une de ces grandes mécaniques que l'on fabrique à Crémone, la patrie des bons violons. Rien ne ressemble moins à ces boîtes à fausses notes dont le rouleau édenté ne soulève plus qu'une partie des touches sonores, et qui, chez nous, font hurler d'angoisse les chiens au coin des carrefours; des jeux de trompettes, de triangle et de tambour de basque en font un orchestre complet, au son duquel danse un bal de marionnettes mécaniques renfermées dans un cartouche. On dirait une ouverture d'opéra qui se promène.

Plus d'une barque se détourne de son chemin pour jouir plus longtemps de la mélodie, et la gondole musicale s'avance suivie d'une petite flottille dilettante qui parcourt les canaux après elle.

Quel est donc ce bateau qui passe ayant amarré à son flanc une espèce de monstre bleuâtre qui barbote, clapote et fait voler l'eau en écume? Ce sont des pêcheurs qui montrent un dauphin, curiosité marine capturée dans leurs filets, et qui tendent leurs bonnets aux fenêtres et aux gondoles pour recueillir quelque monnaie. De fortes cordes, nouées adroitement, maintiennent l'animal moitié dans son élément, moitié dans l'air, afin qu'on puisse le voir. Il ne ressemble guère à ces monstres fantastiques auxquels le blason donne le nom de dauphin, chimère qui tient le milieu entre le poisson et l'ornement. Nous n'avons pas retrouvé dans cette grosse tête tombée, terminée par un bec, les fosses héraldiques et les déchiquetures lambrequinées des armoiries. Arion, avec sa lyre, ne ferait pas trop bonne figure enfourché sur une monture de cette espèce.

Maintenant, regardons du côté de la place. Le tableau n'est pas moins animé. La boutique du marchand de friture, dont la baraque de planches et de toiles est établie au bas du pont, est ouverte; les fourneaux sont en pleine activité et mêlent dans l'air l'odeur de la fumée et les parfums un peu âcres de l'huile bouillante : la friture tient une grande place dans la vie italienne. La sobriété est une vertu méridionale qui se complique aisément de paresse, et il se fait peu de cuisine dans les maisons. On envoie chercher à ces officines en plein vent des pâtes, des beignets, des bras de poulpe, des poissons frits, que d'autres, moins cérémonieux, consomment sur place.

Le friturier, qu'on nous pardonne ce néologisme nécessaire dans un voyage en Italie, est un grand et gros gaillard pansu, joufflu, espèce d'Hercule obèse, type de Palforio, aux joues écarlates, au nez de perroquet, aux oreilles ornées de boucles, aux luisants cheveux noirs frisés par petites mèches, comme de la peau d'agneau d'Astracan. Il trône comme un roi sur son trône, ayant derrière lui trois ou quatre rangées de grands plats de cuivre estampés et brillants, pareils à des boucliers antiques pendus au rebord des trirèmes.

Le marchand de citrouilles, mets dont les Vénitiens sont friands, étale aussi sa denrée par masses qui ressemblent à des pains de cire jaune et qu'il débite en tranches. Une jeune fille, à la fenêtre, fait signe au marchand et descend, au bout d'une ficelle, un panier avec lequel elle remonte un morceau de citrouille proportionné à l'argent quelle a descendu. Cette manière commode de s'approvisionner convient à la nonchalance vénitienne.

Un groupe s'est formé au milieu du campo, groupe bientôt épaissi de tous les passants et de tous les flâneurs dégorgés par le pont et qui se rendent, par la ruelle le long de l'église, à la Frezzaria ou à la place Saint-Marc, les deux endroits les plus fréquentés de Venise.

Un cercle laissé libre au centre du rassemblement nous permet de voir un pauvre diable fort délabré, coiffé d'un chapeau élégiaque, vêtu d'un habit piteux et d'un pantalon effrangé ; il a près de lui une vieille, affreuse compagnonne, Parque mêlée de sorcière, en aussi piètre équipage que le bonhomme. Un panier couvert est placé à terre devant eux.

Un chien hérissé, sordide, maigre, mais ayant l'air intelligent d'un animal académique dressé à toutes sortes d'exercices, regarde le vieux couple avec cet œil humain que prend le chien devant son maître : il semble attendre un signe, un ordre.

Est-ce à une représentation du chien savant que nous allons assister ? Cependant il n'y a pas de musique, et la pauvre bête n'est pas habillée en marquis.

Le vieux a fait un geste de commandement. Le chien attentif s'est précipité sur le panier, dont il a soulevé avec les dents un des couvercles ; il y reste quelques secondes, puis, poussant l'autre couvercle de son nez, il ressort triomphant, tenant dans la gueule un petit morceau de papier plié, qu'il dépose aux pieds de la vieille ; il recommence ce manége plusieurs fois, et les assistants s'arrachent les billets ainsi extraits du panier.

Ce chien tire des numéros pour la loterie. Ceux qu'il amène dans certaines conditions doivent gagner infailliblement : les joueurs et les joueuses, qui sont en grand nombre à Venise, comme dans tous les pays malheureux, où l'espérance d'une fortune subite, gagnée sans travail, agit énergiquement sur les imaginations, ont grande confiance aux numéros ainsi pêchés par le chien.

En voyant la misère profonde et la mine famélique du couple, l'anatomie efflanquée du chien dont les numéros devaient faire gagner tant d'écus, nous nous demandions pourquoi ces pauvres diables ne profitaient pas davantage des moyens de faire fortune qu'ils distribuaient si généreusement aux autres pour quelques sous.

Cette réflexion si simple ne venait à personne. Peut-être les devins de numéros sont-ils comme les sorcières, qui ne peuvent prévoir l'avenir pour elles-mêmes ; clairvoyantes pour les autres, elles deviennent aveugles quand il s'agit d'elles ; autrement, ces deux malheureux eussent été bien fautifs de n'être pas millionnaires pour le moins.

Venise est pleine de bureaux de loterie. Les numéros gagnants, inscrits sur des cartels encadrés de fleurs et de rubans, en chiffres fantastiques d'azur, de vermillon et d'or, excitent la cupidité des passants. Le soir, ils sont brillamment illuminés de bougies et de lampes : les numéros favoris, les numéros qui doivent infailliblement sortir, d'après ces calculs de probabilité chers aux joueurs de loterie, aussi forts sur cette matière que M. Poisson, de l'Institut, sont aussi exposés en grande pompe. Certains joueurs, qui suivent opiniâtrément ces martingales imaginaires, les achètent à tout prix, et recommencent, malgré de nombreuses déceptions, leurs mises doublées ou triplées d'après des progressions mathématiques.

En France, on a supprimé la loterie comme immorale. Peut-être est-il plus humain de ne pas ôter l'espérance au malheur : pourquoi donner à de pauvres diables la certitude qu'ils n'auront jamais le sou? Cette chimère du gros lot, ce paradis du quaterne et du quine, a fait patienter jusqu'à la fin bien des désespoirs.

Notre gondole doit venir à trois heures. Antonio heurte à la porte d'eau : nous avons remercié les barcarols de l'hôtel d'Europe et pris une gondole au mois, ce qui est peu coûteux et plus commode. Antonio est un jeune drôle de quinze ou seize ans, très-alerte, très-fûté, maniant passablement l'aviron, faisant fort bon effet sur la poupe de la barque, avec son bonnet chioggiote et sa veste d'indienne à dessins perses. Il n'a qu'un défaut : c'est de se préoccuper trop vivement de la jambe des jolies femmes qui entrent en gondole ou qui en sortent ; l'autre jour, une petite pantoufle d'or chaussant un bas de soie brodé, qui descendait trois marches de marbre rose, faillit nous faire chavirer par notre trop inflammable gondolier. A cela près, il était fort gentil; l'amour le préservait de l'ivroguerie. Cupidon le sauvait de Bacchus, dirait un classique.

Il y a, tout au bout de la rive des Esclavons, au delà des jardins publics, à la pointe de Quintavalle, dans l'île de San-Pietro, la maison d'un vieux pêcheur nommé Ser-Zuane, célèbre pour les dîners de poisson, comme l'hôtel de Trafalgar ou la taverne du Vaisseau, à Greenwich, près de Londres, ou comme la Râpée à Paris.

Nous avions formé la partie d'y aller dîner, et faisant tenir la gondole un peu au large, nous jouissions nonchalamment de ce spectacle dont l'œil ne peut se lasser, le vît-il tous les jours, tant il est admirable, féerique et perpétuellement neuf. Nous voyions défiler devant nous, comme sur une bande panoramique, entre le ciel et l'eau, la Zecca, l'ancienne bibliothèque de Sansovino, les colonnes de la Piazetta, le palais ducal, le pont des Soupirs, l'hôtel Danieli, le quai des Esclavons, tout bordé de boutiques et d'embarcations de l'effet le plus pittoresque ; les fondamenta Cà di Dio qui prolongent la ligne du quai et les jardins publics, dont la verdure et la fraîcheur démentent cette idée qu'il n'y a dans Venise que de l'eau, du marbre et de la brique.

Ayant tourné les jardins, nous abordâmes, par le canal de San-Pietro de Castello, à la demeure de Ser-Zuane ; des barques tirées sur le sable et pittoresquement échouées, des filets étendus au soleil, des poutrelles et des planches, forment un traguet rustique devant son logis, fort simple d'ailleurs, et fourniraient un motif piquant de croquis maritime à Eugène Isabey.

On nous avait préparé la plus belle chambre de la maison. Nous fîmes transporter notre couvert au fond du jardin, sous une tonnelle ombragée de pampres, de feuilles de figuier, et d'où pendaient les fruits de quelques courges qu'on avait fait grimper. Le jardin, obstrué de plantes potagères, de fleurs et de mauvaises herbes, était assez mal peigné pour être charmant. Cette végétation libre et touffue nous plaît plus qu'une culture trop ornée.

Ser-Zuane, quoiqu'un peu contrarié de cette fantaisie toujours incompréhensible pour des gens du peuple, de préférer un banc de bois, une table à tréteaux sous un massif de verdure, à une chaise de crin devant une table d'acajou, dans une chambre à glaces et à estampes de la rue Saint-Jacques, ne s'en montra pas moins envers nous de la plus joviale cordialité.

La femme de Ser-Zuane, qui paraît jouir au logis d'une autorité despotique, est une grosse commère réjouie, haute en couleur, bastionnée d'appas formidables. Elle aime à dire des gaillardises auxquelles son vieux époux donne la réplique. Nous ne savons si ce Philémon et cette Baucis de la friture ont été heureux, mais ils ont eu beaucoup d'enfants, comme les princes et les princesses des contes de fées. Le Zuane prétend même qu'il est assez vert pour augmenter cette nombreuse lignée, mais sa femme dit que c'est une pure fatuité.

Chaque pays a ses mets locaux, son plat particulier. Marseille vante sa bouille-à-baisse, son aioli et ses clovisses ; Venise a la soupe aux pidocchi, qui vaut mieux que son nom peu ragoûtant. Les pidocchi (poux de mer) sont des espèces de moules qui se recueillent dans les lagunes et les canaux même. Les meilleurs sont ceux de l'Arsenal.

La soupe aux pidocchi est classique chez Ser-Zuane, et tout voyageur épris de la couleur locale doit à sa conscience d'en manger une accommodée de la main du vieux pêcheur de l'Adriatique. Nous déclarons, la main sur l'estomac, préférer le potage à la bisque et le turtle-soup ; mais cependant, le bouillon de moules, convenablement relevé d'épices et d'herbes aromatiques, a bien son charme, surtout sous une treille de Quintavalle.

Le reste du dîner, qu'un supérieur de chartreux

n'eût pas désavoué, se composait d'huîtres de l'Arsenal aux fines herbes, d'écrevisses de mer d'un blanc rosâtre, de soles et de muges de Chioggia au court-bouillon, de rougets et de sardines frites, le tout arrosé de vin du val Policella et de Piccolit de Conegliano, avec un dessert de ces beaux fruits vermeils et dorés qui se cuisent au soleil sur les collines d'Esta, de Monselice et de Montagnana.

Au dessert, pendant que nous buvions une bouteille de vin de Samos, cuit et miellé comme un vin homérique, la vieille vint causer avec nous, gaiement et familièrement, à la façon d'une hôtesse antique ; elle offrit un gros bouquet, arraché à la hâte dans son jardin et noué d'un brin de jonc, à la femme de l'ami qui partageait notre repas, charmante personne à la physionomie espagnole, dont le bras rond et blanc sortait du sabot de dentelles noires qui terminait sa manche.

La vieille se récria sur la blancheur et la beauté de ce bras, qu'elle baisa à plusieurs reprises avec cette grâce familière du bas peuple de Venise, dont la courtoisie respectueuse n'a rien de servile.

L'addition nous fut apportée, écrite sur le fond d'une assiette. Elle montait assez haut, mais nous avions fait un dîner délicat et curieux, et, en qualité d'étranger, nous devions payer un tiers de plus qu'un naturel du pays, pour les frais de traduction ; il n'y avait rien à dire : aussi ne fîmes-nous pas la moindre observation, et le pêcheur nous reconduisit jusqu'au traguet où nos gondoles nous attendaient.

Nous allâmes faire un tour aux jardins publics, tout voisins de là : c'est une grande promenade plantée d'arbres, dessinant un triangle obtus sur la mer, et terminée à sa pointe par un monticule surmonté d'un café fréquenté des buveurs et des musiciens ambulants. Les enfants et les jeunes filles s'amusent à dévaler sur cette pente douce, tapissée de gazon fin.

La vue s'étend au loin sur la lagune : l'on aperçoit de là Murano, l'île où se fait le verre, San-Servolo, où est l'hôpital des fous, et la ligne basse du Lido, avec ses dunes, ses cabarets et ses arbres écimés ; des rangées de pieux, indiquant la profondeur de l'eau, forment des espèces d'allées dans cette mer peu profonde, où flottent des bancs de varechs et de fucus. La perspective est égayée par un va-et-vient perpétuel de voiles et d'embarcations.

Les jardins publics, les jours de fête, renferment la plus charmante collection de beautés vénitiennes. C'est là qu'on peut étudier à son aise ce type caractérisé par Gozzi, *biondo*, *bianco et grassoto*.

La présence des Autrichiens a dû nécessairement modifier le type vénitien, quoique cependant les unions soient rares, à cause de l'aversion naturelle des deux races; mais l'on retrouve encore dans la réalité les modèles de Jean Bellin, de Giorgione, de Titien et de Véronèse.

Les jeunes filles se promènent par groupes de deux ou trois, la plupart tête nue et coiffées avec beaucoup de goût de leurs opulents cheveux blonds ou châtains. Le type brun méridional est assez rare à Venise parmi les femmes, quoique fréquent chez les hommes. Nous avions déjà remarqué cette bizarrerie en Espagne, à Valence, où la population mâle a le poil noir, le teint olivâtre, l'aspect hâve et brûlé d'une tribu de bédouins d'Afrique, tandis que les femmes sont blondes, blanches et fraîches comme des fermières du Lancashire. Du reste, cette distribution de nuances est très-bonne, — Adam était couleur de briques, Ève couleur de lait, — et elle fournit aux peintres d'heureuses oppositions.

Nous avons vu là de bien charmantes têtes, dont le souvenir très-distinct pour nous serait difficile à reproduire sans crayon. Nous essayerons d'esquisser quelques traits généraux. Les lignes de la figure, sans arriver à avoir la régularité grecque, régularité presque architecturale et qui est comme le poncis de la beauté, ont néanmoins un rhythme qui manque aux visages du Nord, plus tourmentés par la pensée et les multiples inquiétudes de la civilisation. Les nez sont plus purs, plus francs d'arête que les nez septentrionaux, toujours pleins d'imprévu et de caprice. Les yeux ont aussi cette placidité brillante inconnue chez nous et qui rappelle le regard clair et tranquille de l'animal : ils sont noirs très-souvent, malgré la teinte blonde des cheveux; la bouche a cette smorfia, espèce de sourire dédaigneux plein de provocation et de charme, qui donne tant de caractère aux têtes des maîtres italiens.

Ce qu'il y a de charmant surtout chez les Vénitiennes, c'est la nuque, l'attache du col et la naissance des épaules. On ne saurait rien imaginer de plus svelte, de plus élégant, de plus fin et de plus rond. Il y a du cygne et de la colombe dans ces cols qui ondulent, se penchent et se rengorgent; sur les nuques se tordent toutes sortes de petits cheveux follets, de petites boucles rebelles, échappées aux morsures du peigne, avec des jeux de lumière, des pétillements de soleil, des éclairs d'ombre à ravir un coloriste. Après une promenade aux jardins publics, on ne s'étonne plus de la splendeur dorée de l'école vénitienne; ce qu'on croyait un rêve de l'art n'est que la traduction quelquefois inférieure de la réalité. Nous avons suivi bien souvent quelques-unes de ces nuques sans même essayer de voir la tête qu'elles portaient, nous enivrant de ces lignes si pures et de cette chaude blancheur.

Une fois même, nous fîmes à travers l'écheveau des ruelles de Venise la promenade la plus embrouillée à la suite d'une belle nuque qui n'y comprenait rien et nous prenait pour un galantin opiniâtre et imbécile.

C'était une grande fille, brune par extraordinaire, ayant beaucoup de ressemblance avec Mlle Rachel pour l'élégance longue et fine de son corps et les attaches antiques de son col. Elle avait une dignité si parfaite de mouvements que son grand châle rouge de barége semblait sur elle le manteau de pourpre d'une reine. Jamais la grande tragédienne n'a fait prendre à ses péplum et à ses tuniques des plis plus beaux et plus nobles. Elle marchait vite, faisant écumer autour d'elle le volant de sa robe bleue, comme les vagues aux pieds de Thétis, avec une aisance et une fierté d'allure dont une grande coquette eût été jalouse. Nous la perdions souvent à travers les masses de promeneurs; mais la rouge étincelle de son châle nous guidait comme l'éclat d'un phare, et nous la retrouvions toujours.

Ce pourchas avait commencé sur la place Saint-Marc. Près du pont de la Paille, la belle s'arrêta et causa quelques instants avec un vieil homme basané, gris de barbe et de cheveux, gondolier ou pêcheur, qui semblait être son père. Le vieillard lui donna quelque argent, puis elle s'enfonça dans une de ces petites ruelles qui débouchent sur le quai des Esclavons. Après beaucoup de détours dans ce dédale de ruelles, de sotto portici, de canaux, de ponts qui égarent si souvent l'étranger à Venise, elle fit halte, sans doute pour se débarrasser de l'ombre qui la suivait à distance, devant une de ces boutiques de poissons en plein vent, où le thon se débite par rouges tranches ; elle marchanda longuement un morceau qu'elle ne prit pas. Elle se remit en marche, tournant imperceptiblement la tête sur l'épaule et roulant sa prunelle dans le coin de l'œil pour voir si elle était débarrassée de son attentif. Quand elle s'aperçut du contraire, elle fit un geste de mauvaise humeur qui la rendit encore plus charmante, et continua sa route par les rues, les places, les ruelles, les passages, les ponts à escaliers, de manière à nous désorienter complétement. Elle nous mena ainsi, de son pas agile et toujours plus pressé, du côté de l'Arsenal, dans un quartier désert, jusqu'à une place où s'élève une façade d'église non achevée, et là se jeta comme une biche effarée contre une porte qui s'ouvrit et se referma aussitôt.

Entre toutes les suppositions que put faire cette pauvre enfant, attaque galante, séduction, enlèvement, elle ne s'imagina certainement pas qu'elle était suivie par un poëte plastique qui donnait une fête à ses yeux et cherchait à graver dans son souvenir, comme une belle strophe ou un beau tableau, cette nuque charmante qu'il ne devait plus revoir.

XIV.

Le début du Vicaire, gondoles, coucher du soleil.

Au sortir des jardins publics, on se trouve sur un ancien canal comblé et transformé en rue. Cette rue présentait l'aspect le plus animé; en dehors de toutes les fenêtres et de tous les balcons pendaient des pièces de damas, des lés de brocatelle, des tapis de Perse ou faits de pièces de couleur en façon d'habit d'arlequin, comme on en fabrique à Venise, des nappes de guipure, des morceaux de soie flambée, et aux maisons plus pauvres des rideaux ou des draps de lit : il n'y avait pas une façade qui ne fût point pavoisée. Nous nous serions cru en France un jour de Fête-Dieu, au temps où la procession pouvait sortir, si l'étrangeté des costumes et des types ne nous eût rappelé le contraire; les fenêtres encadraient des groupes de trois ou quatre jeunes filles ou jeunes femmes en robes blanches ou bleues, avec des châles de couleurs vives, l'air animé et joyeux, amicalement enlacées, se penchant vers la rue, se tournant pour répondre aux hommes placés derrière elles.

La rue était encombrée de boutiques de friture, de marchands de pastèques, de citrouilles et de raisins. Les acquajoli jetaient dans l'eau ces quelques gouttes de kirch qui lui donnent la froideur de la glace et la teinte de l'opale. Les cafetiers improvisés débitaient leur brune liqueur avec le marc; d'autres vendaient des glaces grossièrement coloriées. Les cabarets regorgeaient de buveurs, fêtant le vin noir d'Italie et le vin jaune de Grèce; une foule incroyable fourmillait dans un gai tumulte sur cet espace étroit.

L'église devant laquelle nous passâmes laissait voir, par ses portes ouvertes, un embrasement de cierges. Le maître-autel éblouissait, et, dans cette chaude atmosphère rouge, scintillaient comme des étoiles des milliers de lumières; l'église était tendue de damas galonnés d'or, festonnée de guirlandes en papier, et l'assistance était si compacte qu'il nous fut impossible de faire trois pas au delà du seuil.

Un ouragan de musique, basses, flûtes et violons, se déchaînait sous la voûte enflammée, puis les voix reprenaient leur psalmodie. Un office en musique n'est pas rare à Venise; mais cet office était écouté avec une curiosité attentive qui n'est guère le fait de la dévotion italienne, un peu sensuelle et distraite.

Un prêtre de la paroisse *débutait* comme curé ou comme vicaire, nous ne savons plus lequel, et c'était là le motif de cette fête. Des sonnets et des odes à la louange de ses vertus évangéliques et de sa charité chrétienne placardaient toutes les murailles : en Italie, tout est occasion de sonnet ; on en fait sur les mariages, sur les naissances, sur les anniversaires, sur les guérisons, sur les morts ; on en crible les cantatrices ; le sonnet est en Italie ce que la réclame est chez nous, réclame innocente et poétique, désintéressée surtout, épanchement naïf de cette admiration enfantine que les peuples du Midi, plus passionnés que ceux du Nord, sentent le besoin d'épancher à propos de tout. Dans ces sonnets, il se fait une effroyable consommation de métaphores et de concetti ; on y décroche les étoiles à tout instant ; les planètes y dansent des sarabandes, et l'on y fait des omelettes de lunes et de soleils. L'*Adone* du cavalier Marin n'est pas si oublié qu'on pense.

En longeant les *fondamenta Cà di Dio* pour retourner à la Piazzetta, nous vîmes des jeunes gens de la ville, amateurs de prouesses aquatiques comme nos canotiers parisiens, qui lançaient à toutes rames leur gondole contre la berge du quai, et, à quelques pouces du revêtement de pierre, au plus fort de l'élan, par un brusque coup d'aviron, arrêtaient la barque net. Ce jeu est effrayant et gracieux : on croit, quand on la voit venir de cette vitesse, que l'embarcation va se briser en mille morceaux, mais il n'en est rien ; l'on prend du champ et l'on recommence. C'est ainsi que les cavaliers arabes ou turcs poussent leurs chevaux à fond de train contre un mur, et les retiennent sur leurs quatre jambes, faisant soudain succéder l'immobilité du repos à la violence de la course. Les anciens Vénitiens ont pu voir jadis ces fantasias équestres dans l'Atmeidan de Constantinople, et les ont traduites à l'usage de leur patrie, où le cheval est pour ainsi dire un être chimérique.

Plus d'un jeune praticien revêt encore la veste, le bonnet et la ceinture traditionnels, et dirige lui-même sa gondole avec beaucoup d'aisance. Les étrangers aussi y prennent goût, les Anglais principalement, en leur qualité de peuple nautique. Plusieurs d'entre eux payent des maîtres de gondole et s'exercent dans l'art difficile de *nager* à la vénitienne.

Tous les matins, sous notre balcon, passait un jeune gentleman du plus grand air, qui travaillait sa leçon de rame avec conscience et transpiration; il faisait des progrès visibles, et doit être en état maintenant d'être reçu dans la corporation des Nicolotti ou des Castellani; s'il continue, il pourra peut-être aspirer au baptême d'encre de sépia, qui se confère encore en secret, lorsqu'il s'agit de sacrer un chef à ces factions en gondole.

Il y a de bien beaux couchers de soleil à Paris. Lorsqu'on sort des Tuileries par la place de la Concorde et qu'on tourne la figure du côté des Champs-Élysées, il est difficile de ne pas être ébloui du magnifique spectacle qui se présente : les masses d'arbres, l'obélisque égyptien, la perspective magique de la grande allée, la porte triomphale de l'Arc-de-l'Étoile, ouverte sur le vide, font un admirable encadrement à l'astre qui s'éteint dans des splendeurs plus éclatantes pour nos yeux que celles du jour.

Mais il y a quelque chose de plus beau encore, c'est un coucher de soleil à Venise, lorsqu'on vient du Lido, de Quintavalle ou des jardins publics.

La ligne de maisons de la Giudecca, qu'interrompt le dôme de l'église du Rédempteur ; la pointe de la Douane de mer élevant sa tour carrée, surmontée de deux Hercules soutenant une Fortune ; les deux coupoles de Santa-Maria della Salute arrondies comme des seins pleins de lait, forment une découpure merveilleusement accidentée, qui se détache en vigueur sur le ciel et fait le fond du tableau.

L'île de Saint-Georges-Majeur, placée plus avant, sert de repoussoir, avec son église, son dôme et son clocher de briques, diminutif du Campanile, qu'on aperçoit à droite, au-dessus de l'ancienne Bibliothèque et du palais ducal.

Tous ces édifices baignés d'ombre, puisque la lumière est derrière eux, ont des tons azurés, lilas, violets, sur lesquels se dessinent en noir les agrès des bâtiments à l'ancre ; au-dessus d'eux éclate un incendie de splendeurs, un feu d'artifice de rayons ; le soleil s'abaisse dans des amoncellements de topazes, de rubis, d'améthystes que le vent fait couler à chaque minute, en changeant la forme des nuages ; des fusées éblouissantes jaillissent entre les deux coupoles de la Salute, et quelquefois, selon le point où l'on est placé, la flèche de Palladio coupe en deux le disque de l'astre.

Cela sans doute est fort beau. Mais ce qui double la magie du spectacle, c'est qu'il est répété par l'eau. Ce coucher de soleil, plus magnifique que celui d'aucun roi, a la lagune pour miroir : toutes ces lueurs, tous ces rayons, tous ces feux, toutes ces phosphorescences ruissellent sur le clapotis des vagues en étincelles, en paillettes, en prismes, en traînées de flamme. Cela reluit, cela scintille, cela flamboie, cela s'agite dans un fourmillement lumineux perpétuel. Le clocher de Saint-Georges-Majeur, avec son ombre opaque qui s'allonge au loin, tranche en noir sur cet embrasement aquatique, ce qui le grandit d'une façon démesurée et lui donne l'air d'avoir sa base au fond de l'abîme. La découpure des édifices semble nager entre deux ciels ou entre deux mers. Est-ce l'eau qui reflète le ciel ou le ciel qui reflète l'eau ? L'œil hésite et tout se confond dans un éblouissement général.

Ce spectacle splendide nous rappela ce passage du *Magicien prodigieux* de Calderon, où le poëte, décrivant un coucher de soleil par la bouche de l'étudiant Cyprien, peint les nuées et les vagues qui font

> Une tombe d'argent au grand cadavre d'or !

Mais laissons là cette peinture impossible et regrettons que Ziem, qui a fait un si joli lever de soleil d'azur, d'argent et de rose, au large de la Piazzetta, ne lui ait pas donné pour pendant un coucher pris de San-Servolo ou de la riva dei Schiavoni; cela nous dispenserait de notre description.

On nous débarqua au traguet de la Piazzetta, encombré d'une émeute de gondoles, et nous nous dirigeâmes vers la Piazza par les arcades de l'ancienne Bibliothèque du Sansovino, aujourd'hui palais du vice-roi. Notons en passant un détail caractéristique : aux endroits propices où l'on élèverait chez nous une colonne Rambuteau, on trace une grande croix noire avec ce mot, *rispetto*, recommandation qui n'est pas très-pieusement observée. C'est faire un singulier usage du signe de notre rédemption, que de l'employer à protéger les angles suspects. N'y a-t-il pas là quelque réminiscence du paganisme, une traduction à la mode italienne du vers d'Horace :

> Enfants, allez plus loin; cet endroit est sacré.

Nous demandons pardon aux lecteurs et surtout aux lectrices de cette remarque un peu familière, mais c'est un trait de mœurs qu'on peut et qu'on doit noter. Il peint l'Italie mieux peut-être qu'une grande dissertation générale.

C'est sur la Piazza, vers les huit heures du soir, que la vie de Venise arrive à son maximum d'intensité. On ne saurait rien imaginer de plus gai, de plus vif, de plus amusant. Le soleil couchant illumine du rose le plus vif la façade de Saint-Marc, qui semble rougir de plaisir et scintille ardemment dans ce dernier rayon. Quelques pigeons retardataires regagnent le pignon ou la corniche où ils doivent dormir jusqu'au matin, la tête sous leur aile.

La Piazza est toute bordée de cafés, comme le Palais-Royal de Paris, avec lequel elle offre plus d'une ressemblance; le plus célèbre de tous est le café Florian, rendez-vous de l'aristocratie. Puis viennent les cafés Suttil, Quadri, Costanza, fréquentés par les Grecs, l'Empereur d'Autriche, où se réunissent les Allemands et les Levantins.

Ces cafés n'ont rien de remarquable comme ornementation, surtout si on les compare aux superbes établissements surchargés d'or, de peintures et de glaces, que Paris possède en ce genre : ils consistent en quelques pièces fort simples, assez basses de plafond, où l'on ne se tient jamais, à moins que ce ne soit dans les plus mauvais jours de l'hiver ; la seule décoration caractéristique que nous puissions noter, ce sont quelques panneaux de filigrane de verre colorié formant vitre dans les portes intérieures du café Florian.

L'ancien propriétaire du café Florian était très-bien vu de la vieille noblesse vénitienne, à laquelle il rendait toutes sortes de petits services officieux. Il fut aussi l'ami de Canova, qui modela la jambe du cafetier, atteint de la goutte, pour que le cordonnier pût lui faire des chaussures qui ne le gênassent point. Ce trait de bonhomie est touchant de la part de l'illustre artiste devant qui la belle Pauline Borghèse ne dédaigna pas de poser nue.

Le café, nous l'avons déjà dit, est excellent à Venise ; on le sert sur des plateaux de cuivre, accompagné d'un verre dont la dégustation occupe des heures entières les loisirs des Vénitiens. Les glaces et les granits n'ont de remarquable que leur bas prix ; il y a loin de là aux raffinements exquis des boissons glacées espagnoles. Nous n'avons rien trouvé de spécial qu'un certain sorbet au raisin ou vert-jus, très-frais, très-savoureux.

Les consommateurs se placent sous les arcades ou sur la Piazza même, où sont installés devant chaque café des chaises, des bancs de bois et des tables. Autrefois l'on dressait au milieu de la place des tentes et des bannes rayées d'un joli effet ; cette coutume pittoresque a disparu. Les stores bariolés commencent aussi à devenir rares ; ils sont trop souvent remplacés par d'affreux lambeaux de toile bleue, semblables à des tabliers de cuisinières. C'est moins *voyant* et de meilleur goût, disent les civilisés.

Des marchandes de bouquets très-accortes, très-délurées, mais néanmoins d'une vertu farouche, s'il faut en croire les chroniques qui font des récits d'Anglais éperdus d'amour et jetant à poignées les bank-notes dans leur corbeille sans le moindre succès, papillonnent sur la place et égayent les passants et les consommateurs de leurs gentilles obsessions : quand on les refuse, elles vous donnent en riant un petit bouquet et s'enfuient. Il n'est pas d'habitude de les payer sur-le-champ ; cela serait grossier, mais on leur donne de temps en temps un petit écu en guise de cadeau et de bonne manche.

Aux marchandes de bouquets succèdent les vendeurs de fruits glacés, qui s'en vont criant : « Caramel ! caramel ! » d'une façon étourdissante ; leur magasin consiste en un panier contenant des raisins, des figues, des poires, des prunes, enveloppés dans une croûte brillante de sucre candi.

L'un d'eux, petit bonhomme d'une douzaine d'années, nous amusait par la prodigieuse volubilité avec laquelle il faisait son cri. Nous lui donnions quelques pièces de monnaie, et il s'arrêtait toujours pour causer avec nous ; ses relations avec des étrangers de tous pays l'avaient rendu polyglotte, et il n'était guère d'idiome dont il ne sût quelques mots. Ce gamin de Paris sur le pavé de Venise était plein de dispositions et d'intelligence. Il paraît même que le vice-roi avait accordé une petite pension pour le faire élever ; mais le jeune vendeur de caramel s'était compromis sous le gouvernement de Manin : il avait été tambour de la république, et ses prouesses de héros lui avaient fait perdre sa position de rentier de l'État. Un soir, un merveilleux à qui il offrait sa marchandise avec trop d'importunité peut-être lui asséna un terrible coup de canne sur sa pauvre petite épaule maigre ; il ne dit rien et ne pleura pas, mais il lança à ce brutal un coup d'œil qui signifiait : « Bon pour une coltellata dans quelques années d'ici. » Nous espérons que ce compte sera réglé comme celui de Lorédano. Dans un mouvement d'indignation bien naturel, nous avions déjà soulevé un escabeau pour en fendre le crâne à ce misérable endimanché ; mais un respect humain, auquel nous nous reprochons d'avoir cédé, nous arrêta. Nous reculâmes devant un tumulte et une explication dans un dialecte qui ne nous est pas familier.

Nous avions aussi pour amis une collection de

petits mendiants, garçons et filles, très-ébouriffés, très-déguenillés, très-blonds et très-roses sous leur hâle et leur crasse, et auxquels il n'eût fallu qu'un bain de trois ou quatre seaux d'eau pour les faire nager dans l'outre-mer des ciels de Véronèse. L'un d'eux avait un pantalon fait de lisières de drap cousues ensemble, ce qui produisait le plus singulier bariolage. Sur l'une de ces bandes on lisait : « Manufacture de draps d'Elbeuf, » en lettres jaunes sur fond bleu. Cet arlequin composé de rognures formait le vêtement le plus picaresque du monde.

Nous donnions quelquefois une zwantzig à une fillette de dix à douze ans, la plus raisonnable de la bande, à la condition de la partager avec les autres; et c'était fort drôle de la voir aller chercher de la monnaie chez le changeur pour faire la répartition, ou les petits drôles tirer de leurs haillons de quoi faire l'appoint.

XV.

Les Vénitiennes. Guillaume Tell, Girolamo.

S'il y a au monde quelque chose d'indolent et de paresseux avec délices, ce sont les Vénitiennes de la haute classe. L'usage de la gondole les a déshabituées de la marche. Elles savent à peine faire un pas. Il faut, pour qu'elles se risquent au dehors, une conjoncture de circonstances atmosphériques rares même dans ce beau et doux climat. Le sirocco, le soleil, un nuage qui menace pluie, une brise de mer trop fraîche sont des raisons suffisantes pour les retenir au logis ; un rien les abat, un rien les fatigue, et leur plus grand exercice est d'aller de leur canapé à leur balcon respirer une de ces larges fleurs qui s'épanouissent si bien dans l'air humide et tiède de Venise. Cette vie nonchalante et retirée leur donne une blancheur mate et pure, une délicatesse de teint incroyable.

Lorsque, par hasard, il fait un de ces temps privilégiés qu'on appelle chez nous temps de demoiselle, quelques-unes font deux ou trois tours sur la place Saint-Marc, à l'heure où la bande militaire exécute sa symphonie du soir, et se reposent longuement devant le café Florian, en face d'un verre d'eau opalisée par une goutte d'anis, en compagnie de leurs maris, frères ou cavaliers servants ; mais cela est rare, surtout dans les mois caniculaires, pendant lesquels les familles patriciennes ou riches se réfugient en terre ferme dans leurs villas, au bord de la Brenta, ou dans leurs terres du Frioul, à cause des exhalaisons des lagunes, qu'on dit malsaines et qui causent quelques fièvres.

Autrefois, les Levantins abondaient à Venise ;

leurs pelisses, leurs dolmans, leurs amples habits aux couleurs éclatantes, variaient pittoresquement la foule, qu'ils traversaient impassibles et graves. Ils sont plus rares aujourd'hui que le commerce se détourne et prend la route de Trieste, mais l'on rencontre fréquemment des Grecs, à la calotte inondée d'une vaste houppe de soie, espèce de chevelure bleue qui se répand sur les épaules, aux tempes rasées, aux cheveux flottants par derrière, à la physionomie caractéristique, dont le beau vêtement national tranche sur le hideux costume moderne. Ces Grecs, qui, la plupart, ne sont que des marchands ou des patrons de barques de Zante, de Corfou, de Chypre ou de Syra, ont une majesté de tournure singulière, et la noblesse de leur race antique est écrite sur leurs traits comme sur un livre d'or; ils se rendent, par groupes de trois ou quatre, à l'angle de la Piazza, au café de la Costanza, qui jouit du monopole d'offrir le moka et la pipe aux enfants du Levant.

Autour des cafés circulent des musiciens ambulants qui exécutent des morceaux d'opéras, des ténors chantant la *Lucia* ou tout autre air de Donizetti avec cet organe souple et cette admirable facilité italienne, où l'instinct singe le talent à s'y tromper; des ombres chinoises différentes des nôtres, en ce que le fond du tableau est noir et que les figures sont blanches, se déroulent rapidement, encadrées dans une baraque de toile. Le démonstrateur, espèce de gracioso vêtu d'un frac à l'antique, coiffé d'une espèce de chapeau à cornes comme le marquis que chacun se rappelle avoir vu courir les rues de Paris secouant sa perruque de filasse et raclant un mauvais violon, explique qu'il était autrefois impresario d'Opéra, mais que, par suite de la cherté des ténors et de l'humeur capricieuse des prime donne, il a été réduit à la misère et ne dirige plus que des ombres chinoises, compagnie docile s'il en fut et peu coûteuse.

Mais un groupe se forme au milieu de la place, l'on ne prête plus au ténor qu'une attention distraite, les ombres chinoises voient se rompre le cercle de leurs spectateurs ; les vendeurs de caramels cessent leurs cris monotones; les chaises exécutent un quart de conversion, tout se tait.

On a disposé les pupitres, placé la musique; la bande militaire arrive, on prélude, l'on commence. C'est l'ouverture de *Guillaume Tell.*

De même que les Italiens ont l'instinct de la musique vocale, de même les Allemands ont l'instinct de la musique instrumentale; l'ouverture est jouée avec une justesse, un ensemble admirables; cependant il y manque cette énergie, cet entrain, cette ardeur sauvage que demande impérieusement cette musique révolutionnaire. Tout ce qui rend l'amour, les délices de la vie pastorale, les neiges de la montagne, l'émeraude de la prairie, l'azur du lac, les bruits de clochettes, les frais parfums alpestres, est exprimé avec un sentiment poétique et profond ; mais les accents de révolte et de liberté, l'indignation d'une âme fière opprimée par la tyrannie, toute la partie tumultueuse, bouillonnante de l'œuvre, est rendue d'une façon molle, timorée, évasive en quelque sorte, comme si une censure mystérieuse avait ordonné d'éteindre dans une harmonie efféminée ces bruits de clairons, ces sifflements de flèches, ces grondements sourds d'un peuple qui secoue ses chaînes.

Il semblerait qu'on veut ainsi empêcher les Vénitiens de penser que le bonnet de Gessler, le signe de la domination autrichienne devant lequel il faut courber la tête, est toujours implanté au haut de son mât. Les trois mâts de Saint-Marc, avec leur bannière jaune et noire, sont là pour rendre le rapprochement facile, et l'ouverture jouée avec plus de vigueur pourrait donner l'idée de renverser l'insigne tyrannique.

L'ouverture terminée, la foule se retire lentement. Il ne reste bientôt plus que de rares promeneurs, que les berrichini, espèces de ruffians, dont le plus honnête commerce est la vente de cigares de contrebande, qui vous poursuivent de leurs propositions suspectes ; car, bien qu'on lise encore dans les récits de voyageurs modernes que l'on fait du jour la nuit à Venise, il n'en est pas moins vrai qu'à minuit la Piazza est déserte, et certainement plus solitaire que le boulevard de Gand à la même heure ; ce qui n'empêchera pas les touristes, sur la foi d'anciennes relations qui s'appliquent à des usages tombés en désuétude depuis la chute de la république, de dire pendant cinquante ans encore que la place Saint-Marc fourmille de monde jusqu'au matin.

Cela était vrai quand les appartements qui s'élèvent sur les arcades des Procuraties vieilles et neuves étaient occupés par des banques de pharaon, des redoutes et des casinos, où s'agitait tout ce monde nocturne de nobles, de chevaliers d'industrie et de courtisanes, carnaval perpétuel auquel rien ne manquait, pas même le masque, et dont Casanova de Seingalt a laissé dans ses Mémoires de si curieuses peintures.

Les offices des courtiers de commerce, les boutiques où se vendent les verreries de Murano, les colliers de coquillages et de corail et les modèles de gondoles, les magasins d'estampes, de cartes et de vues de Venise à l'usage des étrangers, s'étaient fermés les uns après les autres. Il n'y avait plus d'ouvert que les cafés et les bureaux de tabac.

Il était temps de regagner notre gondole, qui nous attendait au débarcadère de la Piazzetta, près de la lanterne de la duchesse de Berry. La lune s'était levée, et rien n'est plus charmant qu'une promenade au clair de lune, le long du grand canal ou de la Giudecca. C'est une satisfaction romantique dont il n'est guère permis à un voyageur enthousiaste de la classe spécifiée par Hoffmann de se priver dans une belle et claire nuit d'août. Nous avions encore une autre raison pour errer sur la lagune, à une heure où il eût été plus sage d'aller nous envelopper dans notre moustiquaire. Qui n'a entendu parler des gondoliers, qui chantent des octaves du Tasse et des barcaroles dans ce patois vénitien si doux, si brisé, si zézeyant qu'il semble un balbutiement enfantin? C'est un de ces lieux communs de voyage qu'il est plus maniéré peut-être d'éviter que d'accepter. Les gondoliers ne chantent plus depuis longtemps. Cependant la tradition n'est pas encore perdue; les anciens des traguets gardent au fond de leur mémoire quelque épisode de la *Jérusalem délivrée*, dont ils ne demandent pas mieux que de se souvenir moyennant une bonne manche et quelques pots de Chypre. Comme les filles d'Ischia, qui ne revêtent leurs beaux costumes grecs que pour les Anglais, ils ne déploient leurs mélodies qu'à bon escient et avec accompagnement de guinées :

> Aussi, lorsque le soir un chant mélancolique,
> Un beau chant alterné comme une flûte antique,
> S'en vient saisir votre âme et vous élève aux cieux,

Vous pensez que ce chant, cet air mélodieux,
Est le reflet naïf de quelque âme plaintive,
Qui, ne pouvant, le jour, dans la ville craintive,
Épancher à loisir le flot de ses ennuis,
Par la douceur de l'air et la beauté des nuits,
S'abandonne sans peine à la musique folle,
Et, la rame à la main, doucement se console.
Alors, penchant la tête et pour mieux écouter,
Vous regardez les flots qui viennent de chanter ;
Et la gondole passe, et sur les vagues brunes
Son flambeau luit et meurt au milieu des lagunes ;
Et vous, toujours tourné vers le point lumineux,
Le cœur toujours rempli de ces chants savoureux
Qui surnagent encor sur la vague aplanie,
Vous demandez quelle est cette lente harmonie
Et vers quels bords lointains fuit ce concert charmant.
Alors quelque passant vous répond tristement :
« Ce sont des habitants des lieux froids de l'Europe,
De pâles étrangers que la brume enveloppe,
Qui, sans amour chez eux, à grands frais viennent voir
Si Venise en répand sur ses ondes le soir.
Or, ces hommes sans cœur comme gens sans famille
Ont acheté le corps d'une humble et belle fille,
Et pour combler l'orgie avec quelques deniers,
Ils font chanter le Tasse aux pauvres gondoliers. »

Malgré ces beaux vers d'Auguste Barbier, et dussions-nous passer aux yeux du bilieux poëte pour « de pâles étrangers enveloppés de brume, » nous n'avons pas craint de donner quelques écus au vieux Girolamo, raccolé par Antonio, pour qu'il nous jouât entre le ciel et l'eau cette comédie musico-pittoresque, dont nous ne demandions pas mieux que d'être dupe, tout prêt à nous laisser aller à l'enchantement préparé par nous-même. Il faut dire aussi, pour circonstance atténuante, que nous n'avions acheté le corps de personne, et que nous étions étendu dans une chaste solitude, sur le vieux tapis de Perse de notre gondole.

Girolamo était un drôle cuivré par le soleil, le hâle de la mer et les nombreuses libations qu'il se permettait pour entretenir la souplesse de son gosier; ayant le chant salé, il était obligé, disait-il, de boire beaucoup; chaque stance lui faisait l'effet de jambon, de caviar et de boutargue, comme à un chantre rabelaisien.

Quand nous fûmes un peu au large dans ce vaste canal de la Giudecca, qui est presque un bras de mer, à peu près à la hauteur de l'église des Jésuites, dont la lune argentait la blanche façade, Girolamo, après s'être lubréfié les bronches d'une grande rasade, nous chanta d'une voix gutturale, profonde et un peu enrouée, mais qui s'étendait très-loin sur l'eau, avec des portements et des cadences prolongées, à la manière des chanteurs tyroliens, *la Biondina in gondoletta*, *Pronta la gondoletta*, et l'épisode d'*Herminie chez les Bergers*.

La première de ces barcaroles est charmante; Rossini n'a pas dédaigné d'en placer un ou deux couplets dans la leçon de chant du *Barbier de Sé-*

ville; elle peut être considérée à peu près comme le type du genre, air et paroles ; les autres ne sont guère que des variations de ce thème. Il serait difficile, pour ne pas dire impossible, de traduire dans une langue formée toutes les mignardises et les charmants diminutifs du dialecte vénitien. Il s'agit d'une promenade amoureuse sur l'eau.

« Une jolie blonde, dit la chanson, est montée en gondole ; et de plaisir la pauvrette s'est endormie dans le bateau, sur le bras du gondolier, qui l'éveille de temps à autre ; mais le bercement de la barque a bientôt rendormi la belle enfant. La lune est à moitié cachée dans les nuages, la lagune calmit et le vent est en bonace ; seulement, une petite brise évente les cheveux de la belle et soulève le voile qui couvre son sein ; en contemplant fixement les perfections de *son bien*, ce beau visage uni, cette bouche et ce sein charmant, le gondolier se sent dans le cœur une folie, un remue-ménage, une espèce de contentement qu'il ne sait comment dire ; il respecte et supporte d'abord un peu de temps ce beau sommeil, quoique l'amour le tente et lui conseille de le troubler. Et doucement, bien doucement, il se laisse couler à côté de la blonde, au fond de la barque ; mais qui pourrait trouver le repos avec le feu pour voisin ? A la fin, ennuyé de ce sommeil trop prolongé, *il fait de l'insolent*, et n'a certes pas à s'en repentir. « Oh !

« mon Dieu, s'écrie-t-il dans sa fatuité naïve, qu'elle
« a dit et que j'ai fait de belles choses ! Non, jamais
« de ma vie ni de mes jours je n'ai été aussi heu-
« reux. »

Nous avions fait la faute d'emmener notre chanteur avec nous, au lieu de le mettre dans une barque éloignée ou de l'écouter de la rive, car cette musique est plus agréable de loin que de près ; mais, plus poëte que musicien, nous tenions à entendre les vers.

Dans les octaves du Tasse, Girolamo prenait sa respiration juste au milieu du vers, et finissait par une espèce de trille bizarre destinée sans doute à soutenir la rime et à la faire porter. A distance, ce chant rude et fortement accentué prend de l'harmonie, et par sa singularité même vous fait plus de plaisir qu'un air d'opéra chanté par Mario ou Rubini. Il y a des moments de silence, de langueur et d'obscurité, où l'âme semble attendre qu'une mélodie jaillisse du fond de tout ce calme, et la première voix humaine qui s'élève du sein des eaux, le moindre accord de piano qui filtre par les trous d'un balcon, sont accueillis comme des bienfaits.

En débitant son répertoire, Girolamo avait donné de si fréquentes accolades à la bouteille, que nous fûmes obligé de descendre, pour nous ravitailler, à un cabaret sur les Fondamente delle

Zattere. Son pot rempli lui redonna toute sa verve.

Mis en gaieté par l'ingurgitation d'une demi-cruche de vin de Val-Policella, il se prit à imiter le bruit que font les canards lorsque, surpris dans les marais, ils s'envolent en rasant l'eau et poussent ces kouan kouan qu'Aristophane ne craindrait pas de traduire en un chœur d'onomatopées dans quelque folle comédie de grenouilles ou d'oiseaux.

A vrai dire, c'était le plus beau morceau de son répertoire; il faisait le canard à s'y tromper, et Antonio laissait flotter sa rame et riait à se tordre. Girolamo semblait très-fier de ce talent et y tenir plus qu'à tout le reste. Il imita aussi le sifflement des bombes, qu'il avait eu l'occasion d'étudier sur nature pendant le siége. Comme il simulait avec sa bouche le trajectoire des projectiles et leur chute dans l'eau, ses yeux brillaient singulièrement, et il se redressait avec une certaine fierté. Quoiqu'il n'eût pas dit un mot qui eût trait aux événements, car la prudence n'abandonne jamais un Vénitien, il n'était pas difficile de comprendre qu'il y avait pris une part active et passé plus d'une fois dans sa gondole de la poudre et des munitions sous le feu des batteries. Ces bombes qu'il parodiait si bien, il avait dû en voir tomber plus d'une près de lui.

Du reste, le gouvernement n'a pas cherché à

faire silence sur ces faits accomplis. D'assez nombreuses affiches d'ouvrages ayant trait au siége de Venise tapissent les arcades des Procuraties. Il y a même une espèce de diorama qui représente les principaux événements de l'attaque et de la défense. Cette tolérance, nous l'avouons, nous a passablement surpris; mais elle tient, dit-on, à une rouerie politique qui veut faire trouver la domination autrichienne plus douce que le régime absolu des États pontificaux et du royaume de Naples.

Quand on ne connaît pas Venise, et qu'on a lu dans les journaux l'histoire de cette héroïque et longue défense, on s'attend à trouver une ville ravagée, écrasée sous les bombes, avec des tas de décombres et des toits effondrés. A part quelques pierres emportées au palais Labbia et quelques écorchures de projectiles au dôme et à la façade de San-Geremia, au bout du grand canal, on ne se douterait de rien. Pour voir les ravages du siége, il faut aller dans les îles, autour des fortins et des ouvrages avancés qui protégent cette ville presque imprenable à cause de sa situation au milieu de vastes lagunes peu profondes, qui rendent l'approche de la grosse artillerie impossible. Les Autrichiens avaient imaginé des bombes aérostatiques; mais le vent les faisait dévier, ou elles s'élevaient trop haut, ou éclataient en l'air et ne faisaient de mal à personne; ces bombes à ballon perdu étaient même devenues un objet d'amusement pour la population, qui les regardait crever dans le ciel comme des pièces d'artifice.

Venise, devant qui a reculé Attila, est restée vierge pendant quatorze cents ans de toute invasion; jusqu'en 1797, elle a conservé la forme de république. Frappée de cette terreur sénile qui précipite à leur ruine les États caducs, elle se rendit sans combat à un vainqueur qui, meilleur appréciateur qu'elle de ses ressources et de sa position, ne croyait pas qu'elle pût être prise et allait passer son chemin. Et depuis, nul doge monté sur le Bucentaure n'a pu célébrer ses fiançailles avec la mer. L'Adriatique ne porte plus à son doigt d'azur la bague d'or de l'épouse, et l'aigle d'Autriche fouille de son bec crochu le flanc du lion ailé de Saint-Marc.

Mais laissons là ces considérations politiques qui sortent de notre cadre, et retournons au Campo-San-Mosè.

La grande affaire, avant de se coucher, c'est la chasse aux zinzares, atroces moustiques qui tourmentent particulièrement les étrangers, sur lesquels ils se jettent avec la volupté qu'un gourmet prend à savourer un mets exotique et curieux. On vend chez les épiciers et les pharmaciens une poudre fumigatoire qu'on fait brûler sur un réchaud, toutes fenêtres fermées, et qui chasse ou étouffe les terribles insectes. Nous croyons cette poudre plus désagréable aux hommes qu'aux cousins, et de nombreuses cloches sur les mains et le visage nous témoignaient chaque matin de l'inefficacité du remède. Le plus sage est de ne pas mettre de lumière près de son lit et de s'envelopper bien hermétiquement dans la gaze du moustiquaire. Heureusement nous avons une peau méridionale, tannée par l'air, hâlée par les voyages, qui rebute les trompes et les scies de ces buveurs de sang nocturnes; mais il y a des gens à épidermes plus délicats, à qui ils font subir de véritables supplices. La peau rougit, se couvre de pustules; le visage enfle sous ces pustules venimeuses, qui causent d'insupportables démangeaisons que les ongles et l'alcali n'apaisent pas toujours. Nous avons vu chez certaines personnes la fièvre suivre ces nuits infernales; il suffit, pour ne pas fermer l'œil de la nuit, d'enfermer avec soi un de ces monstres bourdonnants; mais nous étions déjà acclimaté.

L'on parle beaucoup du silence de Venise; mais ce n'est pas près d'un traguet qu'il faut se loger pour trouver cette assertion vraie. C'étaient, sous notre fenêtre, des chuchotements, des rires, des éclats de voix, des chants, un remue-ménage perpétuel qui ne s'arrêtaient qu'à deux heures du matin. Les gondoliers, qui dorment le jour en attendant la pratique, sont la nuit éveillés comme des chats, et tiennent leurs conciliabules, qui ne sont guère moins bruyants, sous l'arche de quelque pont ou sur les marches de quelque débarcadère. Nous avions le débarcadère et le pont. Assis sur un degré de marbre ou sur la poupe de leur gondole, ils mangent des fruits de mer, boivent du vin du Frioul, et soupent gaiement à la lueur des étoiles et des petites lampes allumées à l'angle des rues devant les niches des madones. Quelques-uns de leurs amis, vagabonds voluptueux, qui ont pour alcôves le porche des églises et pour matelas les grandes dalles chauffées par le soleil de la journée, viennent se joindre à eux et augmentent le sabbat. Ajoutez-y quelques jolies servantes, profitant du sommeil de leurs maîtresses pour aller retrouver quelque grand drôle à la peau bistrée, au bonnet chioggiote, à la veste de toile de Perse, faisant trimballer sur sa poitrine plus d'amulettes qu'un sauvage n'a de tours de graines d'Amérique et de rassade, et dont les voix de contralto, tour à tour glapissantes et graves, se répandent en flots d'intarissable babil avec cette sonorité particulière aux idiomes du Midi, et vous aurez une idée succincte du silence de Venise.

XVI.

L'arsenal, Fusine.

Il faisait beau, et la fantaisie nous prit, voyant la gaieté du ciel, d'aller déjeuner au port Franc, dans l'île de Saint-Georges-Majeur, et par la même occasion de visiter la belle église de Palladio, dont le clocher rouge fait si bon effet sur la lagune. La façade a été un peu retouchée par Scamozzi ; l'intérieur renferme, outre l'accompagnement obligé d'énormes tableaux de Tintoret, ce robuste ouvrier qui a peint des arpents de chefs-d'œuvre, de colonnes de marbre grec, d'autels dorés, de statues en pierre, en bronze, un admirable chœur en menuiserie sculptée, représentant différentes scènes de la vie de saint Benoît, qui nous a rappelé les merveilleuses sculptures en bois de Berruguete, dans les cathédrales espagnoles. Ce beau morceau a été fouillé avec un art charmant et une patience inouïe par Albert de Brule, un de ces talents qui passent inconnus dans la superfétation de génies, produits des siècles qui nous ont précédés, et dont la mémoire humaine ne peut plus se charger. Une jolie statuette de bronze, placée sur la balustrade du chœur, à droite en venant du porche, et représentant saint Georges, offre cette singularité d'être le portrait le plus ressemblant qu'on ait jamais fait de lord Byron. Cette portraiture par anticipation, et pour ainsi dire prophétique, nous a frappé vivement. On ne saurait d'ailleurs rien voir de plus élégant, de plus dédaigneusement aristocratique, de plus anglais, en un mot, que cette tête de saint grec, dont la lèvre est contractée par le *sneer* du poëte de don Juan.

Nous ne savons si le noble lord, qui a longtemps habité Venise et qui a dû nécessairement visiter l'église de Saint-Georges-Majeur, a remarqué comme nous cette ressemblance vraiment unique, et qui sans doute l'aurait flatté.

Derrière l'église, bâtie à la pointe de l'île qui regarde la Piazzetta et où les Autrichiens ont établi une batterie de canons, s'étendent les bâtiments de l'Entrepôt et les bassins du port Franc. On traverse, après qu'on a franchi une porte gardée par des douaniers, des cours entourées d'arcades assez élégantes et remplies de cultures négligées, et l'on arrive à une espèce de cabaret et d'osteria, rendez-vous des marins et des gondoliers, qui savourent là les douceurs de boire du vin exempt de droits, à peu près comme les ouvriers de Paris vont s'enivrer hors barrière. Le cabaret est toujours encombré de monde, et les consommateurs se répandent au dehors sur des bancs, autour de tables de bois à qui l'ombre de l'église sert de tonnelle. Des faquins poussant des brouettes chargées de ballots circulent au milieu des buveurs, qu'ils lorgnent d'un air d'envie et près desquels ils viendront s'asseoir lorsqu'ils auront gagné les quelques sous nécessaires à ces frugales orgies.

En face du cabaret, un grand magasin vide, voûté en casemate et blanchi à la chaux, dont les fenêtres grillées donnent sur une ruelle déserte, sert de refuge aux gens que fatiguerait la gaieté un peu turbulente du dehors et aux couples d'amants qui recherchent la solitude.

On vous sert là des rougets de l'Adriatique (*trigli*), si appétissants, si vermeils, d'une nuance si fraîche et si vivace, qu'on les mangerait rien que pour le plaisir de la couleur, ne fussent-ils pas, comme ils sont en effet, les meilleurs du monde ; des pêches, du raisin, un pot de vin de Chypre et du café composent un déjeuner exquis dans sa simplicité, et, si le hasard vous fait mettre la main sur un bon cigare de la Havane, que vous fumez au fond de votre gondole en revenant vers la rive dei Schiavoni, nous ne voyons pas trop ce qui peut manquer à votre bonheur, pour peu que vous ayez reçu la veille de bonnes lettres de France.

Il est de bonne heure, et, avant d'aller à Fusine, nous aurons le temps de visiter l'Arsenal, non pas à l'intérieur, curiosité défendue maintenant ; mais nous pourrons, ce qui nous intéresse plus que de voir des faisceaux de fusils et des navires en construction, admirer à l'extérieur les lions du Pirée, trophées conquis par Morosini dans la guerre du Péloponèse.

Les deux colosses en marbre pentélique sont dénués de cette vérité zoologique que Barye leur eût donnée sans doute ; mais ils ont quelque chose de si fier, de si grandiose, de si divin, si ce mot peut s'appliquer à des animaux, qu'ils produisent une impression profonde. Leur blancheur dorée se détache admirablement sur la façade rouge de l'Arsenal, composée d'un portique peuplé de statues de mérite pourtant, que ce terrible voisinage fait ressembler à des poupées, et de deux tourelles de briques rouges crénelées et ourlées de pierres, comme les maisons de la place Royale de Paris. Trophées d'une défaite, mais gardant toujours leur mine hautaine et superbe, ces lions ont l'air de se souvenir, dans la ville de Saint-Marc, de la Minerve attique ; et le grand Goëthe les a célébrés par une épigramme que nous traduisons ici, en demandant pardon de substituer nos vers chétifs aux rhythmes olympiens du Jupiter de Weimar.

> Deux grands lions rapportés de l'Attique,
> Font sentinelle aux murs de l'Arsenal,
> Paisiblement, et près du couple antique,
> Tout est petit, porte, tour et canal.

> Ils semblent faits pour le char de Cybèle,

Tant ils sont fiers, et la mère des dieux
Voudrait au joug ployer leur cou rebelle,
Si pour la terre elle quittait les cieux.

Mais maintenant ils gardent la poterne,
Tristes, sans gloire, et l'on entend ici
Miauler partout le chat ailé moderne,
Que pour patron Venise s'est choisi!

Cet Arsenal avec ses immenses bassins, ses chantiers couverts, dans lesquels une galère pouvait, dit-on, être construite, gréée, équipée et lancée à la mer en un jour, nous a rappelé, pour le morne abandon, celui de Carthagène en Espagne, si actif au temps de l'invincible Armada. C'était de là que partaient les flottes qui allaient conquérir Corfou, Zante, Chypre, Athènes, toutes ces riches et belles îles de l'Archipel; mais alors Venise était Venise, et le lion de Saint-Marc, aujourd'hui morne et diffamé, avait ongles et dents comme les plus farouches monstres héraldiques, et, malgré l'épigramme de Goëthe, faisait sur les blasons une figure superbe et triomphante.

Notre excursion à Fusine exigeait deux rameurs; un compagnon d'Antonio s'adjoignit à lui. On emporta même un bout de voile pour s'aider du vent, qui était favorable.

Nous passâmes entre Saint-Georges et la pointe de la Giudecca, que nous longeâmes extérieurement, rasant ses courtils et ses jardins pleins de vignes et d'arbres fruitiers, et nous entrâmes dans la lagune proprement dite.

Le ciel était parfaitement pur, et la lumière si vive, que l'eau resplendissait comme une nappe d'argent et que l'on ne pouvait distinguer les limites de l'horizon du côté de la mer. Les îles apparaissaient comme de petites taches brunes, et les barques éloignées semblaient voguer en plein ciel. Il fallait réellement la puissance du raisonnement pour se persuader qu'elles ne flottaient pas en l'air. L'œil seul s'y serait trompé à coup sûr. Le viaduc du chemin de fer, gigantesque ouvrage qui rejoint Venise à la terre ferme et que nous découvrions de loin sur la droite, offrait un singulier effet de mirage. Ses nombreuses arcades, répétées par l'eau bleue et calme, avec l'exactitude de la glace la plus pure, formaient des cercles parfaits et ressemblaient à ces bizarres portes chinoises entièrement rondes, qu'on voit sur les paravents; en sorte que la fantaisie architecturale de Pékin paraissait avoir bâti cette chimérique avenue pour la ville des doges, dont la silhouette, dentelée de nombreux clochers et dominée par le Campanile surmonté de son ange d'or, se présentait par le flanc d'une façon imprévue et pittoresque.

Après avoir dépassé un îlot fortifié ayant à sa pointe une charmante statue de madone et un factionnaire autrichien fort laid, nous suivîmes un de ces canaux tracés dans la lagune par une double allée de pieux qui indiquent les passages où l'eau est suffisamment profonde; car la lagune est une espèce de marais salin que le flux et le reflux empêchent de stagner, mais qui n'a guère plus de trois ou quatre pieds d'eau, excepté dans certaines lignes creusées par la nature ou par l'homme, et que désignent les poteaux dont nous avons parlé. Quelques-uns de ces poteaux portent à leur sommet de petites chapelles en miniature, des diptyques grossiers fabriqués par la piété des matelots et qui renferment des images ou des statuettes de la madone. La gracieuse protectrice que la litanie appelle Stella Maris, l'étoile de la mer, est là au milieu de son élément. Ces madones dans l'eau ont quelque chose de touchant. Assurément la divinité est présente partout, et sa protection descend du ciel aussi vite qu'elle s'élève de la mer ; mais cette pieuse crédulité d'un secours plus immédiat, la protectrice étant transportée au milieu du péril, a quelque chose d'enfantin, de charmant et de poétique. Nous aimons beaucoup les madones vénitiennes rongées par la vapeur saline et fouettées par l'aile du goéland qui passe, et nous leur disons volontiers : *Ave, Maria, gratia plena.*

La ligne bleue des montagnes Euganéennes se dessinait vaguement devant nous sur le bleu tendre du ciel, plutôt comme une veine d'un azur plus foncé que comme une réalité terrestre.

Les arbres et les maisons de la rive, que l'on apercevait déjà, semblaient, à cause de la déclivité de la mer, plonger dans l'eau jusqu'aux genoux, et les clochers rouges des îlots, diminutifs du Campanile, qui a l'air du burgrave de cette génération de clochers, paraissaient jaillir immédiatement du flot comme de grandes branches de corail.

Une terre basse, couverte de végétations confuses, était devant nous. Nous sautâmes hors de la gondole. Nous étions arrivés à Fusine.

C'est à Fusine qu'aboutissent les canaux de la Brenta, où Venise venait chercher sa provision d'eau avant que les puits artésiens, forés par M. Degousée avec un rare bonheur, lui fournissent abondamment, pour remplir ses citernes, une eau claire, limpide et quelquefois gazeuse, comme celle dont nous bûmes un verre près du couvent des pères Capucins, à la Giudecca.

Les ravages de la guerre ne sont pas encore réparés à Fusine : quelques maisons éventrées par les boulets, effondrées par les bombes, tachent de leurs pans de murs blancs la végétation luxuriante, comme des ossements oubliés sur un champ de bataille. Une petite chapelle rustique est intacte, soit qu'on l'ait respectée dans la lutte, soit que la demeure de Dieu ait été remise en état avant celle des hommes.

Cette terre grasse, humide, imprégnée de sel

marin, épaissie par les détritus végétaux, chauffée par un soleil vivifiant, fait pulluler dans l'abandon et la solitude tout une flore inculte de ces charmantes plantes qu'on appelle mauvaises herbes, parce qu'elles sont libres. C'est en petit une forêt vierge ; la folle avoine balance au bord des fossés son épi barbelé, la ciguë agite au-dessus d'une touffe d'orties ses ombelles d'un blanc verdâtre, la mauve sauvage étale ses feuilles frisées et ses fleurs d'un rose pâle, le liseron accroche aux branches des ronces sa clochette argentée ; au milieu du gazon qui vous monte aux genoux scintillent comme des étincelles mille fleurettes innommées, paillettes d'or, d'azur ou de pourpre jetées là par le grand coloriste pour rompre la teinte uniforme du vert. Sur le bord des canaux, le nénuphar déploie ses larges cœurs visqueux et soulève ses fleurs jaunes, la sagittaire fait trembler son fer de lance au vent, la salicaire aux feuilles de saule incline ses épis pourprés, l'iris brandit ses poignards glauques, les roseaux rubannés, les joncs fleuris s'enchevêtrent dans un désordre touffu et pittoresque. Des sureaux, des coudriers, des arbustes et des arbres que personne n'élague jettent leur ombre criblée de soleil sur ce plantureux fouillis.

Des lézards, vifs, alertes, frétillant de la queue, traversent comme la flèche l'étroit sentier où la rainette se tapit dans l'ornière pleine d'eau de pluie.

Des chœurs de grenouilles font le plongeon à votre passage, d'un saut simultané, sous les herbes de la Brenta. Une belle couleuvre d'eau, pendant que nous longions le canal, s'y livrait sans frayeur aux plus gracieuses évolutions. Elle nageait rapidement, la tête haute, faisant onduler son corps souple, éclair de saphir traversant l'eau argentée ; elle semblait une reine se jouant dans son domaine et s'inquiétant fort peu de notre présence. A peine jeta-t-elle sur nous un regard distrait de ses yeux de pierrerie, et ce regard signifiait : « Que vient faire ici cet intrus? » C'est la première fois de notre vie qu'un reptile nous ait semblé joli. Peut-être cette charmante couleuvre descendait-elle en ligne courbe du serpent qui séduisit Ève par la grâce de ses spirales, l'éclat de ses couleurs et l'éloquence de ses discours. En repassant, nous la retrouvâmes à la même place, paradant comme une coquette et faisant des mines de Célimène le long du rivage pour mendier un regard, ou, ce qui est plus probable, pour attirer un amoureux timide tapi sous le cresson ou dans les roseaux.

Des écluses et des barrages, motifs d'accidents pittoresques, retiennent les eaux de distance en distance. De légers arcs de brique, qui servent à la fois de contre-forts et de ponts, traversent fréquemment le canal, mais tout cela chancelant, à demi ruiné, envahi par la végétation qui se glisse à la place de la pierre ou de la brique qui tombe, déjà à moitié repris par la nature, si prompte à effacer les ouvrages de l'homme, qu'elle supporte plutôt qu'elle ne l'accepte. Cet abandon est regrettable au point de vue de l'ingénieur, mais à celui du poëte et du peintre il ne l'est pas du tout; si les mousses rongent les revêtements, si les plantes pariétaires disjoignent les murs, si les joncs finissent par encombrer les canaux, cela fait bien dans le paysage.

Ce coin inculte de Fusine nous fit un extrême plaisir et nous est resté gravé dans la tête beaucoup plus nettement que des sites qui le méritent davantage. En fermant les yeux, nous voyons encore, dans la chambre noire du souvenir, quoique un an déjà nous sépare de cette impression, les nervures des feuilles, les ombres des arbres portées sur le chemin, les mouches à miel se roulant dans le calice des althæas, mille petits détails insignifiants, d'une netteté parfaite.

Probablement cet effet agréable de fraîcheur et de solitude tenait à notre séjour de quelques semaines à Venise, où l'on ne voit, comme nous l'avons déjà dit, que du marbre, du ciel et de l'eau. Las peut-être sans nous en apercevoir de glisser en gondole sur l'eau, ou, à pied, sur les dalles polies de la place Saint-Marc, nous éprouvions une joie secrète à fouler le sein nu de la mère de Cybèle.

Saturé d'art, de statues, de tableaux, de palais, ivre du génie de l'homme, nous étions porté, par un mouvement de réaction en faveur de la nature, à trouver charmant ce bout de terre abandonné à la luxuriance d'une végétation folle; nous qui respectons la vie à ce point de ne pas cueillir une fleur, nous avions arraché des masses de feuillage et d'énormes bouquets pour les rapporter au campo San-Mosè.

En revenant, le gondolier nous fit passer par des rues d'eau que nous ne connaissions pas encore. Les villes en décadence sont comme les corps qui meurent : la vie, réfugiée au cœur, abandonne peu à peu les extrémités ; des rues se dépeuplent, des quartiers deviennent solitaires, le sang n'a plus la force d'aller jusqu'au bout des veines. L'entrée de Venise, en venant de Fusine, est d'une mélancolie navrante. Quelques rares bateaux, apportant des denrées de terre ferme, glissent silencieusement sur l'eau endormie le long des maisons désertes. Des palais d'une architecture charmante n'ont plus de fenêtres, et les baies en sont fermées par des planches grossièrement posées en travers ; le crépi des maisons abandonnées s'écaille, la mousse étend ses tapis verts sur les assises inférieures, les coquillages et les plantes marines s'incrustent aux escaliers d'eau, que le crabe monte seul aujourd'hui.

Aux fenêtres des rares maisons habitées pendent des loques, des guenilles, des linges à sécher, indiquant seuls la vie des pauvres ménages réfugiés là.

Çà et là une grille magnifiquement travaillée, un balcon à rinceaux compliqués, un blason fruste, des colonnettes de marbre, un mascaron, une corniche à sculpture dans une muraille lézardée, noircie, ravinée par la pluie, dégradée par l'incurie, révèlent une ancienne splendeur, le palais d'une famille patricienne éteinte ou tombée dans la misère.

A mesure qu'on avance, cette impression fâcheuse se dissipe, la vie renaît peu à peu, et l'on se retrouve avec plaisir dans l'animation du grand canal ou de la place Saint-Marc.

Le temps nous avait semblé court à Fusine; il était déjà l'heure de dîner. Les crabes, qui pullulent dans les canaux, commençaient à élever au-dessus de la ligne tracée par l'eau au pied des maisons leurs corps hideux et leurs pinces crochues, manœuvre qu'ils exécutent tous les jours, à six heures du soir, avec une ponctualité de chronomètre.

Nous allâmes dîner ce jour-là au campo San-Gallo, place située derrière la Piazza, dans un gasthoff allemand, où nous nous reposions des *vini nostrani*, noirs comme du jus de mûre, par une choppe de bière de Munich.

Nous prenions là notre réfection en plein air,

sous une tente rayée de bandes blanches et safranées, côte à côte avec des peintres français, des artistes allemands et des officiers autrichiens, petits jeunes gens blonds, minces, bien sanglés dans d'élégants uniformes, très-polis, très-bien élevés, à physionomie de Werther, et n'ayant nullement les manières soldatesques; la conversation était généralement esthétique, interrompue çà et là par une de ces plaisanteries compliquées et laborieuses, souvenirs d'Iéna, de Bonn ou d'Heidelberg. La casquette penchée de la *maison-moussue* reparaissait sous le shako du militaire.

Au milieu du campo s'élevait une margelle de citerne, où les femmes du voisinage et les porteuses d'eau styriennes venaient puiser à de certaines heures; au fond, il y avait une petite église blasonnée aux armes du patriarche de Venise, et dont la porte, fermée par un rideau rouge, mêlait de vagues parfums d'encens aux fumées de la cuisine du gasthoff, et des rumeurs de prière et d'orgue aux discussions d'art et de philosophie. De temps à autre, quelques vieilles, la tête ensevelie dans une baute noire, comme des chauves-souris encapuchonnées de leurs ailes, s'y engouffraient en soulevant la portière.

De jeunes filles coiffées en cheveux, drapées de châles à bariolage éclatant, passaient, l'éventail à la main, le sourire aux lèvres, repoussant gentiment du pied les volants festonnés de leur jupe, et, au lieu d'entrer dans l'église, prenaient la petite ruelle qui conduit du campo San-Gallo à la Piazza. Elles entreront à l'église plus tard, lorsqu'il ne leur restera plus que Dieu à aimer, Dieu, cette dernière passion des femmes.

Il passait aussi de bons gros ecclésiastiques à figure honnête et réjouie, se rendant au salut ou à quelque office du soir. Ils portaient des bas violets comme des évêques et des ceintures rouges comme des cardinaux, ce qui est, dit-on, un privilége du clergé de Saint-Marc, métropole patriarcale.

En face du gasthoff, une maison de modeste apparence se faisait remarquer par une plaque de marbre chargée d'une inscription latine. C'est dans cette maison qu'est mort Canova. L'inscription est belle et touchante, et nous ne pouvons résister au plaisir de la rapporter ici : *Has ædes Francesconiorum, quas lautioribus hospitiis ob veteris amicitiæ candorem prætulerat, Canova, sculpturæ facile princeps, supremo halitu consecravit.* Ce qui peut se traduire ainsi en faveur des femmes qui ne savent pas le latin et des hommes qui l'ont oublié : « Cette maison des Francesconi, qu'il avait préférée à des hospitalités plus somptueuses, à cause de la candeur d'une ancienne amitié, Canova, facilement prince de la sculpture, l'a consacrée par son dernier soupir. »

Pardon de ce français un peu barbare, mais qui du moins rend avec exactitude la forme lapidaire de l'inscription. Ce n'est pas ici le lieu de parler plus au long de Canova, qui débuta à Venise par l'exposition de son groupe de Dédale et d'Icare à la Sensa (fête de l'Ascension), élève encore obscur du sculpteur Toretti. Nous aurons occasion de revenir sur ses ouvrages à Rome et à Florence.

A cette maison Francesconi, si noblement préférée à des palais, se rattache pour nous un souvenir puéril; dans la vie vraie, le comique côtoie le touchant. Le petit chien du logis, qui allait prendre ses ébats sur le campo ou dans les ruelles voisines, revenait à cette heure, celle du repas probablement, et trouvait souvent la porte fermée. Il aboyait piteusement sur le seuil, mais parfois on ne lui ouvrait pas, soit que les servantes, distraites, ne l'entendissent pas, soit qu'on voulût ainsi le mettre en pénitence. Un jour, touché de sa peine, nous allâmes tirer pour lui le cordon de la sonnette, et nous nous rassîmes à notre table. Une fille parut fort étonnée de ne voir personne, et le chien rentra, la queue basse, rampant à demi sur le ventre, comme un chien en faute qu'il était.

Il n'oublia pas ce service, et, chaque fois qu'il se trouvait dans le même cas, il nous regardait d'un air mélancolique et suppliant, auquel il n'était pas possible de résister. Un accord tacite s'établit entre le quadrupède et le bipède. Il nous gratifiait d'un regard aimable et d'un frétillement de queue, moyennant une redevance d'un coup de sonnette. C'est ainsi que nous nous trouvâmes lié avec l'honnête chien de la maison Francesconi, et que son souvenir s'embrouille dans notre tête avec celui de Canova.

Après avoir dépêché notre modeste repas, composé d'une soupe aux poux de mer, d'un bifteck *de veau*, l'on n'en mange pas d'autres en Italie, d'un pasticcio de polenta et de zucchette farcies, pris notre tasse de café à Florian et lu le *Journal des Débats*, le seul journal français permis dans les États despotiques, ne voyant rien d'intéressant sur les affiches de théâtre qui tapissent les arcades des Procuraties, nous nous mîmes à courir les rues au hasard, ce qui est la meilleure manière d'entrer dans la vie familière des peuples ; car les livres ne parlent guère que des monuments et des *choses remarquables*, laissant de côté tous les détails caractéristiques et ces mille et une différences presque imperceptibles, mais qui vous avertissent à chaque instant qu'on a changé de pays.

Une grande pancarte placardée au fond de la place Saint-Marc et sur l'angle du palais ducal, près du pont de la Paille, où tout Venise passe pour s'aller promener sur la rive des Esclavons, promettait avec des lettres gigantesques et des enluminures féroces un spectacle incroyable et mirifique. L'affiche seule affriandait! C'était un grand mimodrame dans le genre de ceux que l'on joue chez nous au Cirque-Olympique, et que composent ces illustres annalistes Laloue et Labrousse, les historiographes à poudre et à canon de l'épopée impériale : Napoléon en Égypte! Mais le prodigieux du spectacle consistait en une danse pyrrhique dansée par toute l'armée française autour du premier consul. Voyez-vous d'ici l'armée française et l'Institut dansant une pyrrhique autour du Bonaparte d'Auguste Barbier !

O Corse à cheveux plats....

Un dessin d'un goût barbare accompagnait l'affiche. Bonaparte, dans le rigide costume des guides, recevait les ulémas du Caire, humblement prosternés dans leurs cafetans, et des Turcs en pelisses sibériennes lui offraient, selon l'usage antique, les clef du Caire sur des plats à barbe; un état-major, culotté de pantalons soutachés d'agréments en or fin et chaussé de bottes à la Souvarow, se tenait derrière le général en chef. Entre les créneaux des tours, on voyait passer des nègres faisant sentinelles, l'œil hagard. Cette enluminure rappelait vaguement, par la sauvagerie du dessin et la crudité gothique de la couleur, les imageries d'Épinal et les planches des quatre fils Aymon dans les éditions de la bibliothèque bleue.

Nous ne manquâmes pas, bien entendu, de nous rendre à ce spectacle. A huit heures du soir, heure annoncée pour la représentation, nous prîmes notre gondole. La gondole est, on le sait, la voiture de Venise, où l'on marche non à pied, mais à eau. La chose se jouait au Théâtre-Malibran. Étendu sur les coussins de cuir noir frisé de notre gondole, nous étions emporté sur les canaux par deux rames vigoureuses, agréable façon de voyager. Le soleil était couché, nous allions sur une eau noire comme une eau de Léthé. De temps à autre, au passage des ponts, des lanternes à gaz lançaient de brusques éclairs qui moiraient le canal de lumières ; puis, le passage tourné, le noir recommençait et nous nous replongions dans l'ombre, ombre de la nuit, ombre de l'eau, frôlant les palais d'où tant de sombres histoires se sont envolées, d'où les grandes familles inscrites sur le livre d'or de la sérénissime république sont parties pour l'éternel et dernier voyage de la tombe.

Enfin notre gondole aborda. Les barcarols levèrent la rame, et on nous amarra à un anneau scellé dans la berge. Une longue file de gondoles, processionnellement rangées, attendait les spectateurs. Nous sortîmes et traversâmes le pont qui conduit au Théâtre-Malibran. Ces voitures d'eau remisées sous un pont font un singulier effet, car ce n'est pas l'habitude que nous allions à l'Opéra ou au Cirque en bateau.

On pénètre au théâtre par un long corridor voûté, qui ressemble, pour la splendeur, au passage Radziwill. Des quinquets naïfs accrochés à la muraille donnent quelque jour à cet étroit boyau. Nous prîmes une entrée et l'on nous renvoya à un autre bureau ; car prendre sa place est une longue opération, et l'on passe par plusieurs étamines de bureaux avant d'entrer dans sa loge. Le premier bureau donne un droit brut, le second bureau fournit la désignation spéciale. Muni du suprême et sacramentel billet, nous entrâmes dans notre loge. En Italie, la disposition des loges est autre que chez nous. Les banquettes, au lieu d'être en face, sont de côté, à peu près comme dans les omnibus, la gauche réservée aux femmes ou aux gens considérables à qui l'on veut faire honneur ou politesse.

La salle était fort obscure, et nous voyions s'agiter au-dessous de nous, au parterre et à l'orchestre, un tumulte de têtes dont on discernait vaguement la silhouette. Une chambre noire avec son microcosme bizarre en peut donner l'idée. Cette obscurité provenait de l'absence de lustre, le plafond étant vide et le parterre voyant la pièce à la pure lueur des étoiles et *sub Jove crudo*. Nous avons déjà raconté cette disposition à propos du théâtre de Milan, et nous n'y reviendrons pas. La rampe suffit pour éclairer les acteurs, et de fait, pourvu que la scène soit éclairée, c'est assez. Une salle obscure a en soi quelque chose de plus mystérieux et de plus fantastique, et empêche l'attention de s'égarer sur les femmes, sur les toilettes et sur les incidents de la salle. Moins on voit dans la salle, plus on est spectateur de la scène.

Un officier français est tombé au pouvoir des gens de Mourad-Bey et enfermé dans le sérail; mais comme il est Français, qu'il est officier et qu'il a vingt ans, il a bientôt mis à la brochette le cœur de toutes les femmes. Les Zoraïde et les Zulmé le protégent. Cependant la discorde est au camp d'Agramant : les uns veulent vendre la ville, les autres veulent guerroyer. Grande dispute au sérail. Des drôles coiffés de turbans, et qui semblent avoir plongé leurs têtes dans des moules à pâtisserie, paradent et jurent de venger Mahomet. Les muftis, les bras croisés sur la poitrine, viennent prêcher la guerre sainte. La perte du général en chef de l'armée française est arrêtée : c'est un musulman de la plus belle espèce, la ceinture chargée de yatagans et de candjiars, qui prend sur lui la sinistre besogne. Un idiot d'eunuque, goinfre, voluptueux et poltron, traverse l'action.

A l'acte suivant, nous sommes dans le camp

français. Bonaparte paraît avec un formidable état-major. C'est le premier consul déguisé en empereur, par un anachronisme permis à Venise. Il est encadré dans de hautes bottes, les mains derrière le dos, le gilet transformé en tabatière historique. Il donne des ordres, déploie des cartes et pince familièrement l'oreille des vélites. Là-dessus arrive le musulman avec sa longue barbe pour lui remettre un placet; mais voilà qu'il lève sur le général un couteau de trois pieds pour l'assassiner, comme on fit au vainqueur de Ptolémaïs, à Kléber. Heureusement qu'on arrête l'assassin. Bonaparte lui pardonne et se l'attache par une longue harangue en charabia, débitée d'un ton pindarique. Le musulman moustachu et barbu jure de mourir pour le général en chef, et la bataille commence.

Les faubourgs brûlent, la ville brûle, le sérail brûle, jamais on ne vit un tel incendie. Les muftis pleurent les bras toujours croisés, et les soldats quittant les armes pleurent sous leurs moules à pâtisserie. Il n'y a que les femmes vêtues d'écharpes légères qui ne pleurent pas. En Égypte, ce sont les femmes qui sont les hommes. L'officier français sort d'une malle où l'amour l'avait caché, et il prend le sérail, il combat le sultan Mourad-Bey, et il triomphe sur toute la ligne à tranchant et à pointe et dans la grande lutte du drapeau. Enfin, Bonaparte arrive, suivi de l'inévitable état-major, il pardonne à tout le monde, lève les yeux au ciel et prend une prise de tabac, pensant au grand Frédéric qui n'est plus et au 18 brumaire qui n'est pas encore.

Là-dessus, l'armée française ne se sent pas de joie, et danse, ainsi que le dit le programme, une pyrrhique flamboyante autour de son général. Le tambour bat la diane, les fusils se fleurissent de bouquets, et tout le monde exulte de joie. Pour terminer la fête, des tambours goguenards chantent un refrain patriotique que l'enthousiasme de la salle fait bisser, et la toile tombe.

Nous avons oublié de dire que ce sont les soldats hongrois, en veste blanche et en pantalon bleu, qui figurent l'armée française, pour plus de fidélité historique.

Nous regagnâmes notre gondole et nous allâmes faire un tour sur la Piazzetta au clair de lune.

Le théâtre San-Benetto ou San-Gallo promettait une troupe lyrique pour la saison d'automne, mais nous étions parti de Venise avant l'arrivée de la troupe. La Fenice était fermée comme la Scala de Milan.

XVII.

Les Beaux-Arts.

A l'entrée du grand canal, à côté de la blanche église de la Salute et en face des maisons rouges du campo de Saint-Vital, point de vue illustré par le chef-d'œuvre de Canaletto, s'élève l'Académie des Beaux-Arts, où, par les soins du feu comte Léopold Cicognara, ont été réunis un grand nombre de trésors de l'école vénitienne.

L'architecture de la façade est de Giorgio Massari, et le statuaire Giacarelli a sculpté la Minerve assise sur un lion qui décore l'attique. Ce morceau nous plaît médiocrement. La Minerve est une grosse fille plastronnée d'appas robustes, qui ne ressemble nullement à l'idéale figure sortie tout armée du cerveau de Jupiter. Sa monture, traitée dans le style bonasse des lions en perruques à la Louis XIV et tenant une boule sous la patte, qu'on voit sur la terrasse des Tuileries, a l'air un peu caniche parmi cette foule de lions lampassés, onglés, ailés, armés, nimbés, de tournure farouche et de prestance héraldique, qui accompagnent saint Marc sur tous les édifices de Venise. Peut-être cet honnête lion ne veut-il pas effrayer les visiteurs par une mine trop truculente et se fait-il bénin de parti pris.

Quand on pense à l'école vénitienne, trois noms se présentent invinciblement à l'esprit : Titien, Paul Véronèse, Tintoret. Ils semblent être éclos subitement de l'azur des mers sous un chaud rayon de soleil, comme des fleurs spontanées. A côté d'eux viennent se placer Jean Bellin et Giorgione, et c'est tout. Nous parlons ici du public et des amateurs ordinaires qui n'ont point vu l'Italie et fait une étude spéciale des peintures de Venise. Il existe pourtant toute une série d'artistes presque inconnus, mais admirables, qui ont précédé les grands noms que nous avons cités, comme l'aurore devance le jour, moins brillante, mais plus tendre, plus fraîche. Ces gothiques Vénitiens, à toute la finesse naïve, à toute l'onction, à toute la suavité de Giotto, de Perugin ou d'Hemling, joignent une élégance, une beauté et une richesse de couleur que ceux-ci n'atteignirent jamais. Chose singulière, les tableaux des coloristes ont presque tous poussé au noir, l'harmonie des teintes s'est perdue sous des vernis fumeux; les glacis se sont envolés, les préparations de l'ébauche ont passé à travers les couches supérieures, tandis que les œuvres des dessinateurs, avec leur faire timide et minutieux, leur absence d'empâtement, leur ton local tout simple, gardent un éclat et une jeunesse incomparables. Ces panneaux et ces toiles, antérieurs, souvent de plus de cent ans, aux cadres célèbres, semblent, n'était leur style qui les date, achevés d'hier; ils ont encore toute la fleur de la nouveauté : les siècles y ont passé sans laisser de traces. Pas une seule retouche, pas un repeint. Cela vient-il de ce que les couleurs employées étaient plus pures, la chimie n'étant pas assez avancée pour les sophistiquer ou en inventer de nouvelles d'un effet incertain et d'une durée problématique ? ou bien les tons, laissés presque vierges comme dans l'enluminure, ont-ils gardé la même valeur que sur la palette ? C'est ce que nous ne déciderons pas ; mais cette remarque, plus sensible ici, peut s'appliquer à toutes les écoles qui ont précédé ce qu'on appelle la renaissance de l'art. Plus le tableau est ancien, mieux il est conservé : un Van Eyck est plus frais qu'un Van Dyck, un André Mantegna qu'un Raphaël, et un Antoine de Murano qu'un Tintoret. La même différence a lieu aussi pour les fresques : les plus modernes sont les plus délabrées.

Nous étions préparé, en quelque sorte, par les chefs-d'œuvre répandus dans les galeries de France, d'Espagne, d'Angleterre, de Belgique et de Hollande, aux merveilles de Titien, de Paul Véronèse et de Tintoret. Ces grands hommes ne nous ont pas trompé. Ils ont tenu fidèlement toutes les promesses de leur génie, mais nous nous y attendions ; au lieu que nous avons éprouvé une surprise délicieuse en voyant les œuvres, peu connues hors de Venise, de Jean et de Gentil Bellin, de Basaïti, de Marco Roccone, de Mansueti, de Carpaccio et d'autres dont la liste dégénérerait en catalogue. C'était tout un monde nouveau : trouver l'éclat vénitien dans la naïveté gothique, la beauté du Midi dans la forme un peu roide du Nord, des Holbein aussi colorés que des Giorgione, des Lucas Cranach aussi élégants que des Raphaël, c'est une bonne fortune rare, et nous y avons été plus sensible peut-être qu'il ne le fallait ; car, dans le premier feu de l'enthousiasme, nous n'étions pas éloigné de regarder les maîtres illustres, gloire éternelle de l'école vénitienne, comme des corrupteurs du goût et des grands hommes de décadence, à peu près comme ces Allemands néo-chrétiens qui proscrivent Raphaël du paradis des peintres catholiques, comme trop sensuel et trop païen.

Pendant quelques jours, nous n'avons eu que ces noms à la bouche ; car, lorsqu'on a fait en art quelque découverte, on ne peut s'empêcher d'imiter La Fontaine et d'arrêter les gens dans la rue en leur demandant : « Avez-vous lu Baruch? »

Si nous écrivions une histoire de la peinture vénitienne, et non un voyage, nous commencerions par Nicolas Semitecolo, le plus ancien de la collection, qui remonte à 1370, et nous descendrions chronologiquement jusqu'à Francesco Zucharelli, le dernier en date, mort en 1790 ; mais la galerie n'est pas disposée ainsi, et cet arrangement, qui devrait être suivi partout, ne concorderait pas avec les places réelles qu'occupent les tableaux, accrochés d'après les seules convenances de dimension.

Nous procéderons salle par salle, et les yeux pourront suivre nos descriptions sur la muraille comme sur la page.

L'Académie des Beaux-Arts, comme on sait, occupe l'ancienne Scuola de la Charité. Il reste, de la décoration primitive, un très-beau plafond dans la première salle. Ce plafond, partagé en caissons étoilés de chérubins faisant la roue au milieu de leurs ailes, a sa petite légende : un membre de la confrérie s'était chargé de le faire dorer à ses frais, demandant pour récompense que son nom fût inscrit comme donateur. Cette satisfaction lui fut refusée. Le confrère Chérubin Ottale n'en accomplit pas moins sa promesse ; mais il eut soin de signer sa donation par un ingénieux rébus ornemental. Ottale, en vénitien, veut dire huit ailes. Une tête de chérubin, cravatée de huit ailes, représentait donc hiéroglyphiquement le prénom et le nom du vaniteux bourgeois qui a réussi à se faire connaître de la postérité, gloriole bien pardonnable, car le plafond est très-riche, d'un goût exquis, et a dû faire sortir de la bourse du confrère une notable quantité de sequins d'or.

Cette salle est le salon carré, la tribune de l'Académie des Beaux-Arts ; c'est l'écrin où sont disposés, sous le jour le plus favorable, les plus purs diamants, les Kohinoor, les Grand-Mogol, les Régent et les Sancy de cette riche mine vénitienne, dont les veines ont fourni tant de précieux joyaux pittoresques.

Chaque grand maître de Venise a là un échantillon supérieur de son talent, le chef-d'œuvre de ses chefs-d'œuvre, une de ces pages suprêmes où le génie et le talent, l'inspiration et l'habileté, se fondent dans une proportion difficilement retrouvable; conjonction rare, même dans la vie des artistes souverains. Ce jour-là, la main a pu tout ce que la tête a voulu, comme dans cet endroit dont parle Dante : « Où l'on peut ce qu'on veut. »

La *Vocation à l'apostolat des fils de Zébédée*, par Marco Basaiti, se rapproche beaucoup de l'école allemande pour la naïveté des détails, la douceur un peu triste du ton et une certaine mélancolie peu habituelle à l'école italienne. Le maître de Nuremberg ne désavouerait pas ce paysage, à la fois fantastique et réel, ces châteaux gothiques à tourelles en poivrières, avec pont-levis et barbacanes sur le bord du lac de Tibériade, et un pêcheur de Chioggia ou des Murazzi ne trouverait rien à redire à cette Péote et à ces filets, humblement et fidèlement étudiés; le Christ a de l'onction et de la suavité; les figures des deux futurs apôtres, qui quittent la pêche des poissons pour la pêche des hommes, respirent la foi la plus vive.

Il faut s'arrêter aussi devant le saint François recevant les stigmates, de Francesco Beccarucci de

Conegliano. C'est une fort belle chose. La composition se divise en deux zones : la zone supérieure, où l'on voit le saint tendant les mains aux divines empreintes, glorieuse ressemblance avec le Sauveur, que lui a valu sa dévotion ; et la zone inférieure, peuplée de saints et de bienheureux, la plupart faisant partie de l'ordre et paraissant se réjouir du miracle. Il y a là de belles têtes ascétiques, un profond sentiment religieux et une exécution parfaite, quoiqu'un peu sèche. Quand on les regarde attentivement, ces tableaux gothiques d'un aspect froid et gêné, ils s'animent peu à peu et finissent par prendre une puissance de vie extraordinaire ; ils n'offrent cependant ni grande science anatomique ni rédondance de muscles et de chair. Leurs personnages, embarrassés, ont l'air de gens timides qui voudraient bien vous parler, mais qui n'osent, et rêvent au moyen de dire ce qu'ils ont sur le cœur : leurs gestes, souvent, sont gauches ; mais leur physionomie est si bienveillante, si douce et si enfantinement sincère, qu'on les comprend à demi-mot et qu'ils vous restent invinciblement dans le souvenir. C'est que, sous leur allure maladroite, ils possèdent une petite chose qui manque à des chefs-d'œuvre d'habileté : l'âme.

Nous avouons avec simplicité avoir horreur des Bassans grands et petits. Les éternels tableaux d'animaux sortis de leur manufacture et répandus dans toute l'Europe, ennuyeuse peinture de pacotille, reproduite machinalement, légitiment et au delà cette aversion. Cependant, nous devons convenir que la *Résurrection de Lazare*, de Léandre Bassan, vaut mieux que les entrées et les sorties de l'Arche, les bergeries et les parcs rustiques, avec le chaudron, la croupe de brebis et la femme penchée en jupon rouge, qui font le désespoir de tous les visiteurs de galerie.

Mentionnons aussi les *Noces de Cana*, du Padouan, grande et belle ordonnance, exécution large et sage, toile louable de tous points et qui, partout ailleurs, paraîtrait un chef-d'œuvre, et arrivons à un tableau singulier de Pâris Bordone, dont tout le monde a pu admirer le magnifique portrait d'homme vêtu de noir dans la galerie du Louvre, non loin de l'homme à barbe rousse et à gant de buffle, qui, après avoir été attribué à plusieurs grands maîtres, semble devoir revenir définitivement à Calchar.

Ce tableau, qui représente un barcarol rendant l'anneau de saint Marc au doge, a trait à une légende dont Giorgione, comme nous le verrons dans la salle suivante, a peint assez bizarrement un épisode. Voici l'histoire en peu de mots : Une nuit que le barcarol dormait dans sa barque, attendant pratique le long du traghetto de Saint-Georges-Majeur, trois individus mystérieux sautèrent dans sa gondole en lui commandant de les conduire au Lido; l'un des trois personnages, autant qu'on pouvait le distinguer à travers l'ombre, avait une barbe d'apôtre et une tournure de haut dignitaire de l'Église; les deux autres, à un certain chaplis d'armures froissées sous leur manteau, se révélaient hommes d'épée. Le barcarol tourna le fer de sa gondole du côté du Lido et commença à ramer; mais la lagune tranquille au départ se mit à clapoter et à houler étrangement : les vagues brillaient de lueurs sinistres, des apparitions monstrueuses se dessinaient menaçantes autour de la barque, au grand effroi du gondolier; des larves hideuses, des diables moitié hommes moitié poissons, semblaient nager du Lido vers Venise, faisant jaillir des flots des milliers d'étincelles, excitant la tempête, sifflant et ricanant dans l'orage; mais l'aspect de l'épée flamboyante des deux chevaliers et de la main étendue du saint personnage les faisait reculer et s'évanouir en explosions sulfureuses.

Cette bataille dura longtemps; de nouveaux démons succédaient toujours aux premiers; cependant la victoire resta aux personnages du bateau, qui se firent reconduire au débarcadère de la Piazzetta. Le gondolier ne savait trop que penser de ses étranges pratiques, lorsque, au moment de se séparer, le plus vieux de la bande, faisant reluire tout à coup son nimbe d'or, dit au barcarol : « Je suis saint Marc, le patron de Venise. J'ai appris cette nuit que les diables, rassemblés en conciliabule au Lido, dans le cimetière des Juifs, avaient formé la résolution d'exciter une effroyable tempête et de renverser ma ville bien-aimée, sous prétexte qu'il s'y commet beaucoup de dissolutions qui donnent pouvoir aux malins esprits sur ses habitants; mais, comme Venise est bonne catholique et se confessera de ses péchés dans la belle cathédrale qu'elle m'a élevée, j'ai résolu de la défendre de ce péril qu'elle ignorait, avec l'aide de ces deux braves compagnons, saint Georges et saint Théodore, et je t'ai emprunté ta barque; or, comme toute peine mérite salaire et que tu as passé une rude nuit, voici mon anneau; porte-le au doge et raconte-lui ce que tu as vu. Il te donnera des sequins d'or plein ton bonnet. »

Cela dit, le saint reprit sa place sur la pointe du porche de Saint-Marc, saint Théodore grimpa au haut de sa colonne, où grommelait son crocodile de mauvaise humeur, et saint Georges alla se blottir au fond de sa niche à colonnettes, dans la grande fenêtre du palais ducal.

Le barcarol, passablement étonné, et il y avait de quoi, aurait cru qu'il avait rêvé après avoir bu le soir quelques coups de trop de vin de Samos, si le gros et lourd anneau d'or, constellé de pierreries, qu'il tenait à la main, ne l'eût empêché de douter de la réalité des événements de la nuit.

Il alla donc trouver le doge, qui, sa corne sur la tête, présidait le sénat, et, s'agenouillant respectueusement, il raconta l'histoire de la bataille des diables et des patrons de Venise. Cette histoire parut d'abord incroyable; mais la remise de l'anneau, qui était bien véritablement celui de saint Marc, et dont l'absence au trésor de l'église fut constatée, prouvait la véracité du barcarol. Cet anneau, enfermé sous triples clefs dans un trésor soigneusement gardé, et dont les serrures ne présentaient aucune trace d'effraction, ne pouvait en avoir été tiré que par un pouvoir supérieur. On remplit de pièces d'or le bonnet du gondolier, et l'on célébra une messe d'action de grâces pour le péril évité. Ce qui n'empêcha pas les Vénitiens de continuer leur train de vie dissolu, de passer les nuits dans les redoutes à jouer, à souper, à faire l'amour, de se masquer pour les intrigues et de prolonger pendant six mois de l'année la longue orgie de leur carnaval. Les Vénitiens comptent sur la protection de saint Marc pour aller en paradis et ne s'occupent pas autrement de leur salut. La chose regarde saint Marc; ils lui ont élevé une assez belle église pour cela, et le saint est encore leur obligé.

Le moment choisi par Pâris Bordone est celui où le barcarol s'agenouille devant le doge. La composition de la scène est très-pittoresque; on voit en perspective une longue file de têtes de sénateurs brunes ou chenues, du caractère le plus magistral. Des curieux s'étagent sur les marches et forment des groupes habilement contrastés; le beau costume vénitien s'étale là dans toute sa splendeur. Comme dans presque toutes les toiles de cette école, l'architecture tient ici une grande place. De beaux portiques dans le style de Palladio, animés de personnages qui vont et viennent, remplissent les derniers plans.

Ce tableau a le mérite, assez rare dans l'école italienne, presque exclusivement occupée à reproduire des sujets religieux ou mythologiques, de représenter une légende populaire, une scène de mœurs, un sujet romantique enfin, tel que Delacroix ou Louis Boulanger l'auraient pu choisir et l'auraient traité dans la nuance de leur talent; et cela lui donne une physionomie à part et un attrait tout particulier.

Un jeune peintre français, M. Garcin, était en train de faire de cette belle toile une copie que nous espérons bientôt voir à Paris.

Il nous semble qu'un musée composé de copies bien faites des chefs-d'œuvre de toutes les écoles serait une chose très-intéressante et fort profitable pour l'art. Il doit exister déjà beaucoup d'éléments d'une telle galerie. On consacrerait une salle à chaque grand maître dont on copierait l'œuvre tout entier éparpillé dans les musées et les églises d'Europe; on ferait un choix parmi les maîtres de second ordre, si originaux, si spirituels et, à défaut de génie, si pleins de talent. Et l'on réunirait dans ce seul palais ce qui est disséminé sur toute la terre et exige, pour être vu, de longs et coûteux voyages, souvent impossibles. Le palais des Beaux-Arts ou les galeries d'achèvement du Louvre pourraient donner asile à cette collection, qui, outre l'enseignement qu'elle offrirait aux artistes, aurait l'avantage de prolonger de quelques siècles la vie ou du moins la mémoire des chefs-d'œuvre près de disparaître.

XVIII.

Les Beaux-Arts.

La perle du Musée de Madrid est un Raphaël; celle de Venise est un Titien, merveilleuse toile oubliée, puis retrouvée, qui a aussi sa légende. Pendant de longues années Venise a possédé ce chef-d'œuvre sans le savoir. Relégué dans une vieille église peu fréquentée, il avait disparu sous une lente couche de poussière et derrière un réseau de toiles d'araignées. A peine si le sujet pouvait vaguement se discerner. Un jour, le comte

Cicognara, fin connaisseur, trouvant un certain air à ces figures encrassées et flairant le maître sous cette livrée d'abandon et de misère, mouilla de salive une place de la toile et la frotta avec le doigt, action qui n'est pas d'une propreté exquise, mais qu'un amateur de tableaux ne peut s'empêcher de faire lorsqu'il est face à face d'une croûte enfumée, fût-il vingt fois comte et mille fois dandy. La noble toile, conservée intacte sous cette couche de poudre, comme Pompéia sous son manteau de cendre, apparut si jeune et si fraîche, que le comte ne douta pas qu'il n'eût retrouvé une toile de grand maître, un chef-d'œuvre inconnu. Il eut la force de maîtriser son émotion et proposa au curé d'échanger cette grande peinture délabrée contre un beau tableau tout neuf, bien propre, bien luisant, bien encadré, qui ferait honneur à l'église et plaisir aux fidèles. Le curé accepta avec joie, souriant en lui-même de la bizarrerie du comte, qui donnait du neuf pour du vieux et ne demandait pas de retour.

Débarbouillée de la crasse qui la souillait, l'*Assunta* du Titien apparut radieuse comme le soleil vainqueur des nuages. Les lecteurs parisiens peuvent se faire une idée de l'importance de cette découverte en allant voir aux Beaux-Arts la belle copie de Serrur, récemment exécutée et placée.

L'*Assunta* est une des plus grandes machines du

Titien, et celle où il s'est élevé à la plus grande hauteur : la composition est équilibrée et distribuée avec un art infini. La portion supérieure, qui est cintrée, représente le paradis, *la gloire*, pour parler comme les Espagnols dans leur langage ascétique : des collerettes d'anges, noyés et perdus dans un flot de lumière à d'incalculables profondeurs, étoiles scintillantes sur la flamme, pétillements plus vifs du jour éternel, forment l'auréole du Père, qui arrive du fond de l'infini avec un mouvement d'aigle planant, accompagné d'un archange et d'un séraphin dont les mains soutiennent la couronne et le nimbe.

Ce Jéhovah, pareil à un oiseau divin, se présentant par la tête et le corps fuyant en raccourci horizontal sous un flot de draperies volantes ouvertes comme des ailes, étonne par sa sublime hardiesse ; s'il est possible au pinceau humain de donner une figure à la Divinité, certes Titien y a réussi. Une puissance sans bornes, une jeunesse impérissable font rayonner cette face à barbe blanche, qui n'a qu'à se secouer pour en faire tomber la neige des éternités : depuis le Jupiter Olympien de Phidias, jamais le maître du ciel et de la terre n'a été représenté plus dignement.

Le milieu du tableau est occupé par la vierge Marie, que soulève, ou plutôt qu'entoure une guirlande d'anges et d'âmes bienheureuses : car elle n'a pas besoin d'aides pour monter au ciel ; elle s'enlève par le jaillissement de sa foi robuste, par la pureté de son âme, plus légère que l'éther le plus lumineux. Il y a vraiment dans cette figure une force d'ascension inouïe, et, pour obtenir cet effet, Titien n'a pas eu recours à des formes grêles, à des draperies fuselées, à des couleurs transparentes. Sa madone est une femme très-vraie, très-vivante, très-réelle, d'une beauté solide comme la Vénus de Milo ou la Femme couchée de la Tribune de Florence. Une draperie ample, étoffée, voltige autour d'elle à plis nombreux ; ses larges flancs ont pu contenir un Dieu, et, si elle n'était pas sur un nuage, le marquis du Guast pourrait porter la main sur son beau sein, comme dans le tableau de notre Musée. Et pourtant rien n'est plus célestement beau que cette grande et forte figure dans sa tunique rose et son manteau d'azur ; malgré la volupté puissante du corps, le regard étincelle de la plus pure virginité.

Dans le bas du tableau, les apôtres se groupent en diverses attitudes de ravissement et de surprise habilement contrastées. Deux ou trois petits anges, qui les relient à la zone intermédiaire de la composition, semblent leur expliquer le miracle qui se passe. Les têtes d'apôtres, d'âges et de caractères variés, sont peintes avec une force de vie et une réalité surprenantes. Les draperies ont cette largeur et ce jet abondant qui caractérise en Titien le peintre à la fois le plus riche et le plus simple.

En regardant cette vierge et en la comparant en idée à d'autres vierges de maîtres différents, nous songions combien l'art est une chose merveilleuse et toujours nouvelle. Ce que la peinture catholique a brodé de variations sur ce thème de la Madone, sans l'épuiser jamais, étonne et confond l'imagination; mais en réfléchissant, l'on comprend que, sous le type convenu, chaque peintre glisse à la fois son rêve d'amour et la personnification de son talent.

La Madone d'Albert Durer, dans sa grâce douloureuse et un peu contrainte, avec ses traits fatigués, plus intéressants que beaux, son air de matrone plutôt que de vierge, sa candeur allemande et bourgeoise, ses vêtements serrés et ses plis à cassure symétrique, presque toujours accompagnée d'un lapin, d'un hibou ou d'un singe, par un vague ressouvenir du panthéisme germanique, ne devait-elle pas être la femme qu'il eût aimée et préférée, et ne représente-t-elle pas très-bien le génie même de l'artiste? Comme elle est sa madone, elle serait aisément sa muse.

La même ressemblance existe pour Raphaël. Le type de sa Madone, où, mêlés à des souvenirs antiques, se retrouvent toujours les traits de la Fornarine, tantôt pressentis, tantôt copiés, le plus souvent idéalisés, n'est-il pas la symbolisation la plus exacte de son talent élégant, gracieux et tout pénétré d'une volupté chaste ? Le chrétien nourri de Platon et d'art grec, l'ami de Léon X le pape dilettante, l'artiste qui mourut d'amour en peignant la Transfiguration, ne vit-il pas tout entier dans ces Vénus modestes, tenant sur leurs genoux un enfant qui n'est pas l'Amour ? Si l'on voulait, dans un tableau allégorique, symboliser le génie de chaque peintre, figurerait-on autrement celui de l'ange d'Urbin ?

La Vierge de l'*Assunta*, grande, forte, colorée, avec sa grâce robuste et saine, son beau port, sa beauté simple et naturelle, n'est-elle pas la peinture du Titien avec toutes ses qualités ? On pourrait pousser les recherches plus loin ; mais nous en avons dit assez pour indiquer la nuance.

Grâce au linceul poudreux qui l'a recouverte pendant si longtemps, l'*Assunta* brille d'un éclat tout jeune, les siècles n'ont pas coulé pour elle, et nous jouissons de ce suprême plaisir de voir un tableau de Titien tel qu'il sortit de sa palette.

En face de l'*Assunta* du Titien, comme le tableau le plus robuste et le plus capable d'affronter un chef-d'œuvre si splendide, on a mis le *Saint Marc délivrant un esclave*, de Tintoret.

Tintoret est le roi des violents. Il a une fougue de composition, une furie de brosse, une audace de raccourcis incroyables, et le *Saint Marc* peut passer pour une de ses toiles les plus hardies et les plus féroces.

Ce tableau a pour sujet le saint patron de Venise venant à l'aide d'un pauvre esclave qu'un maître barbare faisait tourmenter et géhenner à cause de l'obstinée dévotion que ce pauvre diable avait à ce saint. L'esclave est étendu à terre sur une croix entourée de bourreaux affairés, qui font de vains efforts pour l'attacher au bois infâme. Les clous rebroussent, les maillets se rompent, les haches volent en éclats ; plus miséricordieux que les hommes, les instruments de supplice s'émoussent aux mains des tortionnaires : les curieux se regardent et chuchotent étonnés, le juge se penche du haut du tribunal pour voir pourquoi l'on n'exécute pas ses ordres, tandis que saint Marc, dans un des raccourcis les plus violemment strapassés que la peinture ait jamais risqués, pique une tête du ciel et fait un plongeon sur la terre, sans nuages, sans ailes, sans chérubins, sans aucun des moyens aérostatiques employés ordinairement dans les tableaux de sainteté, et vient délivrer celui qui a eu foi en lui. Cette figure vigoureuse, athlétiquement musclée, de proportion colossale, fendant l'air comme le rocher lancé par une catapulte, produit l'effet le plus singulier. Le dessin a une telle puissance de jet, que le saint massif se soutient à l'œil

et ne tombe pas ; c'est un vrai tour de force.
Ajoutez à cela que la peinture est si montée de
ton, si brusque dans ses oppositions de noir et de
clair, si vigoureuse dans ses localités, si âpre et
turbulente de touche, que les Caravage et les Espagnolet les plus farouches, mis à côté, sembleraient de l'eau de rose, et vous aurez une idée de
ce tableau qui, malgré ses barbaries, conserve
toujours, par ses accessoires, cet aspect architectural, abondant et somptueux, particulier à l'école
vénitienne.

Il y a aussi, dans cette même salle, un *Adam et
Ève*, un *Abel et Caïn* du même peintre, deux magnifiques toiles traitées en étude, et peut-être ce
que le peintre a produit de plus accompli au point
de vue de l'exécution. Sur un fond d'un vert étouffé
et mystérieux, le lointain feuillage de l'Éden, ou
plutôt le mur de l'atelier, se détachent deux corps
superbes, d'un éclat blanc et chaud, d'une carnation vivace, d'une réalité puissante : il est probable
qu'Ève tend à Adam cette pomme fatale qui lui est
restée à la gorge, ce qui légitime suffisamment
deux personnages nus en plein air; mais cela n'y
fait rien. Croyez que jamais plus beau torse, chair
plus blanche et plus souple ne sont sortis de la
brosse d'un coloriste. Le Tintoret, qui avait écrit
sur ce mur : « Le dessin de Michel-Ange et la couleur de Titien, » a, dans ce tableau, rempli au

moins la moitié de son programme. Le tableau d'*Abel et Caïn*, qui fait pendant, respire toute la fureur sauvage qu'on pouvait attendre d'un tel sujet et d'un tel peintre. La mort, conséquence de la faute de nos premiers parents, fait son entrée sur le jeune globe, dans une ombre formidable, où se roulent l'assassin et la victime. Au coin de la toile, détail horrible, saigne une tête de mouton coupée. Est-ce l'hostie offerte par Abel ou un symbole signifiant que les animaux innocents doivent aussi porter la peine de la curiosité d'Ève? c'est ce que nous n'oserions affirmer; Tintoret n'y a probablement pas pensé. Il avait bien d'autres affaires que de songer à ces finesses, lui, le plus grand remueur de machines, le plus intrépide brosseur qui ait jamais existé, et qui eût gagné de vitesse Luca fa Presto.

Le Bonifazio, dont notre musée ne possède qu'un échantillon insuffisant, est un admirable artiste. Son *Mauvais riche*, de l'Académie des Beaux-Arts, très-intelligemment copié par M. Serrur, à qui l'on doit déjà le beau fac-simile de l'*Assunta*, est un tableau profondément vénitien. Il n'y manque ni les belles femmes aux tresses enroulées, aux fils de perles, aux robes de velours et de brocart, ni les seigneurs magnifiques aux poses galantes et courtoises, ni les musiciens, ni les pages, ni les nègres, ni la nappe damassée richement couverte de vaisselle d'or et d'argent, ni les chiens s'ébattant sur les pavés de mosaïque, et cette fois flairant les haillons du Lazare avec la défiance de chiens bien élevés ; ni les terrasses à balustres, où le vin rafraîchit dans des cratères antiques ; ni les blanches colonnades entre lesquelles le ciel fait voir son bleu pommelé. Seulement, le gris argenté de Paul Véronèse prend ici une teinte d'ambre, l'argent se dore et devient vermeil. Bonifazio, qui peignait le portrait, a donné à ses têtes quelque chose de plus intime que ne le faisait l'auteur des quatre grands festins et des plafonds du palais ducal, habitué de regarder les choses au point de vue de la décoration. Les physionomies du Bonifazio, étudiées et individuellement caractéristiques, rappellent avec fidélité les types patriciens de Venise, qui ont si souvent posé devant l'artiste. L'anachronisme du costume fait voir que le Lazare n'est qu'un prétexte et que le véritable sujet du tableau est un repas de seigneurs avec des courtisanes, leurs maîtresses, au fond d'un de ces beaux palais qui baignent leurs pieds de marbre dans l'eau verte du grand canal.

Ne passez pas trop vite devant ces apôtres d'une si belle tournure, d'une couleur si riche et d'une gravité religieuse que n'a pas toujours l'école vénitienne, surtout à partir de la moitié du XVIe siècle, lorsque les idées païennes de la Renaissance se sont introduites dans l'art et ont encore augmenté les tendances sensualistes de ces maîtres fastueux. L'Académie des Beaux-Arts possède un grand nombre d'ouvrages du Bonifazio. Cette seule salle, outre *le Mauvais riche* et les apôtres, dont nous venons de parler, contient une *Adoration des Mages, le Christ et la femme adultère, Saint Jérôme et sainte Catherine, Saint Marc, Jésus sur le trône entouré de saints personnages*, toiles du plus grand mérite et qui supportent vaillamment le voisinage de Titien, de Tintoret et de Paul Véronèse.

Un grand peintre, peu connu en France, c'est Rocco Marcone, artiste d'un style pur et d'un sentiment profond, espèce d'Albert Durer italien, moins fantasque et moins chimérique que l'allemand, mais ayant une espèce de tranquillité archaïque dans sa manière, qui le fait paraître plus ancien que ses contemporains, comme un Ingres parmi des Delacroix, des Decamps, des Couture, des Muller et des Diaz. Son *Christ entre saint Jean et saint Paul* rappelle un sujet analogue du peintre du plafond d'Homère, qui était autrefois dans l'église de la Trinité-du-Mont, à Rome, et qu'on peut voir maintenant à la galerie du Luxembourg. Les têtes ont beaucoup de caractère et de noblesse, les draperies sont plissées dans un grand goût, et le groupe, fermement coloré, se détache sur un petit ciel floconné de nuages moutonneux. Nous avons parlé tout à l'heure, à propos de Rocco Marcone, d'Albert Durer et d'Ingres : une troisième ressemblance, plus exacte encore, nous vient en mémoire, celle du peintre espagnol Juan de Juanes, dans son admirable *Vie de saint Étienne;* c'est la même pureté, la même couleur tranquille et sobre.

Voici, sur un pan de muraille, toute une bande de ces gothiques Vénitiens dont nous avons dit quelques mots en entrant à l'Académie des Beaux-Arts, si suaves, si purs, si ingénus, si doux et si charmants.

Jean Bellin, Cima da Conegliano et Vittore Carpaccio se présentent à nous tous trois avec le même sujet, sujet qui a suffi à tout le moyen âge et a fait produire des milliers de chefs-d'œuvre : la Madone et l'Enfant sur un trône entourés de saints, ordinairement les patrons du donataire, usage qui fait crier les pédants à l'anachronisme, sous le prétexte qu'il n'est pas naturel que saint François d'Assise, saint Sébastien et sainte Catherine ou toute autre sainte se trouvent dans le même cadre que la sainte Vierge, mêlant les costumes du moyen âge aux draperies antiques.

Ces critiques n'ont pas compris que pour une foi vive il n'existe ni temps ni lieu, et qu'il n'y a rien de plus touchant que ce rapprochement de l'idole et du dévot, rapprochement réel, car la Madonc était alors un être vivant, contemporain, actuel; elle prenait part à l'existence de chacun; elle a servi d'idéal à tous les amoureux timides et de mère à tous les affligés. On ne la reléguait pas au fin fond du ciel, comme on fait des dieux dans les âges incrédules, sous prétexte de respect; on vivait familièrement avec elle, on lui confiait ses chagrins, ses espoirs, et l'on n'eût pas été surpris de la voir paraître dans la rue en la compagnie d'un moine, d'un cardinal, d'une religieuse ou de tout autre saint personnage. A plus forte raison on admettait sans peine, dans un tableau, ce mélange qui choque les puristes et qui est profondément catholique.

Pour notre part, nous aimons infiniment ces trônes et ces baldaquins d'une ornementation précieuse et délicate, ces Madones tenant leur fils sur leurs genoux et naïvement nimbées d'or, comme si la couleur n'était pas assez brillante pour elles, ces petits anges jouant de la viole d'amour, du rebec ou de l'angélique.

Oui, malgré tout notre penchant pour l'art païen, nous les aimons, ces naïfs tableaux gothiques, ces pères de l'Église portant de grands missels sous le bras et coiffés de leur barrette de cardinal, ces saints Georges en armure de chevalier, ces saints Sébastien chastement nus, espèce d'Apollons chrétiens qui, au lieu de lancer des flèches, en reçoivent; ces prêtres, ces saints et ces moines dans leurs belles dalmatiques à ramages et leurs frocs blancs et noirs, aux plis minutieux et fins; ces jeunes saintes s'appuyant sur une roue et tenant une palme, dames d'honneur de la Reine céleste ; tout cet amoureux et dévot cortége qui se groupe humblement au bas de l'apothéose de la Vierge mère. Nous trouvons que cet arrangement, en quelque sorte hiératique, satisfait bien plus aux exigences du tableau d'église, tel qu'il doit être compris, que les compositions savantes et conçues au point de vue de la réalité. Il y a, dans cette disposition, un rhythme sacré qui doit saisir l'œil du fidèle. L'aspect de l'image, si nécessaire à notre sens dans les sujets de dévotion, est conservé, et l'art n'y perd rien : car, limitée d'un côté, l'individualité reprend ses droits de l'autre; chaque artiste signe son originalité dans l'exécution, et ces tableaux, faits des mêmes éléments, sont peut-être les plus personnels. Les musiciens emplumés de Carpaccio ne ressemblent pas à ceux de Jean Bellin, quoiqu'ils accordent leurs guitares aux pieds de la Vierge sur les marches d'un baldaquin presque pareil. Les virtuoses ailés de Carpaccio sont plus élégants, d'une grâce plus adolescente, ils ont l'air de pages de bonne maison; ceux de Jean Bellin sont plus naïfs, plus enfantins, plus poupons ; ils exécutent leur musique avec le zèle d'enfants de chœur de campagne sous l'œil de leur curé. Tous sont charmants, mais d'une grâce diverse, empreinte du caractère du peintre.

XIX.

Les Beaux-Arts.

La *Sainte famille*, de Paul Véronèse, est composée dans le goût abondant et fastueux familier au peintre. Certes, les amateurs de la vérité vraie ne retrouveront pas là l'humble intérieur du pauvre charpentier. Cette colonne en brocatelle rose de Vérone, cet opulent rideau ramagé, dont les plis à riche cassure forment le fond du tableau, annoncent une habitation princière; mais la sainte famille est plutôt une apothéose que la représentation exacte du pauvre ménage de Joseph. La présence de ce saint François portant une palme, de ce prêtre à camail et de cette sainte sur la nuque de laquelle s'enroule, comme une corne d'Ammon, une brillante torsade de cheveux d'or à la mode vénitienne, l'estrade quasi royale où trône la Mère divine, présentant son bambin à l'adoration, le prouvent surabondamment.

Dans la seconde salle se déploie, sur une toile immense, le *Repas chez Lévi*, l'un des quatre grands festins de Paul Véronèse. Notre Musée en possède deux : les *Noces de Cana* et le *Souper chez Made-*

leine, de même dimension que le repas de Venise. C'est la même ordonnance, ample, riche et facile; le même éclat argenté, le même air de festin et de joie. Ce sont toujours ces hommes basanés dans leurs opulentes dalmatiques de damas ou de brocart, ces femmes blondes ruisselantes de perles, ces esclaves nègres portant des plats et des aiguières, ces enfants jouant sur les marches des rampes à balustres avec de grands lévriers blancs, ces colonnes et ces statues de marbre, ce beau ciel léger d'un bleu de turquoise, qui fait illusion lorsqu'en se reculant on le regarde encadré par la porte de la salle voisine, comme une vue de diorama. Paul Véronèse, sans en excepter Titien, Rubens et Rembrandt, est peut-être le plus grand coloriste qui ait jamais existé. Il n'est ni jaune comme Titien, ni rouge comme Rubens, ni bitumineux comme Rembrandt. Il peint dans le clair avec une étonnante justesse de localité; nul n'a connu mieux que lui le rapport des tons et leur valeur relative; il en sait là-dessus plus que M. Chevreul et obtient, par juxtaposition, des nuances d'une fraîcheur exquise qui, séparées, sembleraient grises et terreuses. Personne ne possède au même degré ce velouté, cette fleur de lumière.

La composition de l'*Annonciation*, du même peintre, est singulière. La vierge Marie, agenouillée dans le coin d'une longue toile transversale, dont le vide est occupé par une élégante architecture, attend d'un air modeste l'arrivée de l'ange relégué à l'autre bout du tableau et qui, les ailes ouvertes, semble glisser vers elle pour lui faire la salutation angélique. Cette disposition, contraire à la loi, qui place au centre de la toile le groupe sur lequel on veut attirer les yeux, est un brillant caprice qui n'aurait pas été si heureux, exécuté par un autre que Paul Véronèse.

Les Vénitiens remportant la victoire sur les Turcs, grâce à l'intervention de sainte Justine, sont un de ces sujets qui plaisaient à l'amour-propre national et que l'on trouve souvent répétés. Nous avons déjà dû décrire une composition semblable dans le palais ducal; ce mélange d'armures et de costumes, de casques et de turbans, de chrétiens et d'infidèles, était un heureux thème pour l'artiste, et il en a usé habilement. Nous ne pouvons décrire particulièrement tous les Paul Véronèse que renferme l'Académie des Beaux-Arts. Il faudrait un volume spécial; car tous ces grands génies ont été d'une fécondité prodigieuse.

Les Beaux-Arts renferment le dernier tableau de Titien, trésor inestimable! Les années, si pesantes pour tous, glissèrent sans appuyer sur ce patriarche de la peinture, qui traversa tout un siècle et que la peste surprit à quatre-vingt-dix-neuf ans travaillant encore.

Ce tableau, grave et mélancolique d'aspect, dont le sujet funèbre semble un pressentiment, représente un Christ déposé de la croix; le ciel est sombre, un jour livide éclaire le cadavre pieusement soutenu par Joseph d'Arimathie et sainte Marie-Madeleine. Tous deux sont tristes, sombres, et paraissent, à leur morne attitude, désespérer de la résurrection de leur maître. On voit qu'ils se demandent avec une anxiété secrète si ce corps, oint de baumes, qu'ils vont confier au sépulcre, en pourra jamais sortir; en effet, jamais Titien n'a fait de cadavre si mort. Sous cette peau verte et dans ces veines bleuâtres il n'y a plus une goutte de sang, la pourpre de la vie s'en est retirée pour toujours. Le *Christ aux Oliviers*, de Saint-Paul, la *Pieta* de Saint-Denis-du-Saint-Sacrement, d'Eugène Delacroix, peuvent seuls donner une idée de cette peinture sinistre et douloureuse où, pour la première fois, le grand Vénitien a été abandonné par son antique et inaltérable sérénité. L'ombre de la mort prochaine semble lutter avec la lumière du peintre qui eut toujours le soleil sur sa palette, et enveloppe le tableau d'un froid crépuscule. La main de l'artiste se glaça avant d'avoir achevé sa tâche, comme le témoigne l'inscription en lettres noires tracée dans le coin de la toile : *Quod Tizianus inchoatum reliquit Palma reverenter absolvit Deoque dicavit opus.* « L'œuvre que Titien laissa inachevée, Palma l'acheva respectueusement et l'offrit à Dieu. » Cette noble, touchante et religieuse inscription fait de ce tableau un monument. Certes, Palma, grand peintre lui-même, ne dut approcher qu'avec tremblement de l'œuvre du maître, et son pinceau, quelque habile qu'il fût, hésita et vacilla sans doute plus d'une fois en se posant sur les touches du Titien.

Si l'on trouve aux Beaux-Arts l'*oméga* de la vie pittoresque du Titien, l'*alpha* s'y rencontre aussi sous la forme d'un grand tableau dont le sujet est la *Présentation de Marie au Temple*. Cette toile a été peinte par Titien presque enfant. La tradition dit à quatorze ans, ce qui nous semble un peu bien précoce, vu la beauté de l'œuvre. En réduisant la chose à de justes proportions, la *Présentation de Marie* remonte assurément à l'extrême jeunesse du peintre. On peut donc juger de l'immense intervalle parcouru. Toutes les qualités de l'artiste sont en germe dans cette œuvre juvénile. Elles se sont développées plus richement par la suite, mais elles y existent déjà d'une façon visible. Le faste de l'architecture, la tournure grandiose des vieillards, le jet abondant et fier des draperies, les grandes localités de ton, la simplicité mâle du faire, tout révèle le maître dans l'enfant. Le coloris lumineux et clair, que le soleil haut monté de l'âge viril dorera d'un reflet plus chaud, a déjà cette solidité mâle, cette consistance robuste, caractères distinctifs de l'auteur de l'*Amour sacré* et l'*Amour profane*, du *Palais Borghèse*, de la *Femme couchée* de la Tribune de Florence et de la *Maîtresse d'Alphonse d'Avalos, marquis de Guast*, du Musée du Louvre.

Titien est, à notre avis, le seul artiste entièrement *sain* qui ait paru depuis l'antiquité. Il a la sérénité puissante et forte de Phidias. Chez lui rien de fiévreux, rien de tourmenté, rien d'inquiet. La maladie moderne ne l'a pas touché. Il est beau, robuste et tranquille comme un artiste païen du meilleur temps. Sa superbe nature s'épanouit à l'aise dans un tiède azur, sous un chaud soleil, et son coloris fait penser à ces beaux marbres antiques dorés par la blonde lumière de la Grèce ; nul tâtonnement, nul effort, nulle violence. Il atteint l'idéal du premier coup sans y songer. Une joie calme et vivace éclaire son œuvre immense. Seul il semble ne pas se douter de la mort, excepté peut-être dans son dernier tableau. Sans ardeur sensuelle, sans enivrement voluptueux, il étale aux regards, dans la pourpre et dans l'or, la beauté, la jeunesse, toutes les amoureuses poésies du corps féminin avec l'impassibilité de Dieu montrant Ève toute nue à Adam. Il sanctifie la nudité par cette expression de repos suprême, de beauté à jamais fixée, d'absolu réalisé qui fait la chasteté des œuvres antiques les plus libres. Lui seul a fait une femme qui pourrait, sans paraître mièvre et chétive, s'allonger à côté de la femme couchée du Parthénon.

En parlant du pêcheur rapportant au doge l'anneau de saint Marc, nous avons raconté la légende qui s'y rattache. Giorgione a traité un autre épisode de cette histoire merveilleuse : c'est le combat de saint Georges et de saint Théodore contre les démons. Quelque admiration que nous ayons pour le Giorgione, chaud, vivace et coloré, du *Concert champêtre*, nous avouons aimer très-médiocrement le tableau des Beaux-Arts de Venise. Ces athlétiques démons rougeâtres, gambadant au milieu de l'eau verte, ce fantastique arrêté et musculeux, ce mélange des formes de l'homme et de celles du poisson, soudées sans mystère, ne répondent en aucune façon à l'idée chimérique qu'on se fait d'un pareil combat. Le ciel clair de l'art vénitien n'a pas assez de brume pour que les monstrueuses imaginations des rêves légendaires puissent y grouiller à l'aise. Le jour gêne ces créatures biscornues et ces larves informes qui ont besoin, pour se cacher, de l'ombre du poêle de Faust, de l'escalier en spirale de Rembrandt ou de la caverne des tentations, de Téniers ; un peintre vénitien du xvie siècle est fantasque, mais non fantastique.

La *Descente de Croix* de Rocco Marcone a toutes les qualités sérieuses, toute l'onction des gothiques et leur tranquille symétrie, avec une richesse de ton et une fleur de coloris que n'éteignent pas de dangereux voisinages. Le Christ mort, et rappelant par sa chair exsangue la pâleur mate de l'hostie, glisse doucement sur le sein de la Vierge, soutenue par une Madeleine d'une beauté tendre et délicate, dont les immenses cheveux blonds descendent comme des cascades d'or sur une magnifique robe de damas ramagé d'une pourpre opulente et sombre comme le rubis. Est-ce dans le sang du Sauveur adoré que cette robe est trempée, ô Madeleine! ou dans les gouttes tombant de ton cœur?

Le Padouan a une *Vierge* en gloire à la manière espagnole. Le Saint-Esprit descend dans un torrent de lumière. Un chaud brouillard doré remplit cette toile qui rappelle les apothéoses ou plutôt les ascensions de Murillo, pour ne pas employer un mot profane en parlant du plus catholique de tous les peintres.

Nous ne sommes pas très-émerveillé, malgré le grand talent qu'il y a déployé, de la vaste toile apocalyptique de Palma le Jeune, le *Triomphe de la Mort*. Saint Jean, assis sur un rocher de Pathmos, regarde, la plume levée et prêt à la fixer sur son rouleau, la formidable vision qui défile devant lui: la Justice et la Guerre chevauchent de sombres coursiers, et la Mort, montée sur son grand cheval pâle, fauche dans la moisson humaine des épis qui retombent en gerbes de cadavres sur les bords du chemin.

Excepté Tintoret qui, par sa couleur fauve et sa violence de brosse, peut arriver à la terreur et à la tragédie, ces sujets lugubres conviennent en général très-peu aux peintres vénitiens, natures heureuses à qui reviennent l'azur du ciel et de la mer, la blancheur des marbres et des chairs, l'or des cheveux et des brocarts, les ramages éclatants des fleurs et des étoffes. Ils ne peuvent garder leur sérieux longtemps, et, derrière le masque effrayant dont ils tâchent de couvrir leurs joues vermeilles, on entend leur peinture rire d'un rire étouffé.

Un très-curieux tableau de Gentil Bellin, c'est la procession sur la place Saint-Marc des reliques gardées dans la confrérie de Saint-Jean au moment où Jacopo Salis fait son vœu à la croix. On ne saurait imaginer une collection plus complète des costumes de l'époque; le faire patient et minutieux de l'artiste ne laisse perdre aucun détail. Rien n'est sacrifié, tout est rendu avec la conscience gothique. Chaque tête doit être un portrait, et un portrait ressemblant comme un daguerréotype, plus la couleur. L'aspect de la place Saint-Marc telle qu'elle était alors a l'exactitude d'un plan architectural. Les anciennes mosaïques byzantines, refaites plus tard, ornent encore les portails de la vieille basilique, et, singularité remarquable, les clochetons sont entièrement dorés, ce qui n'a jamais eu lieu dans la réalité. Mais un peintre comme Gentil Bellin n'aurait pas pris cette fantaisie sous son bonnet. Les clochetons durent être dorés, en effet ; mais le doge Loredano eut besoin pour une guerre des sequins destinés à la dorure, et le projet ne s'accomplit pas ; il n'en reste de trace que dans le tableau de Gentil Bellin, qui avait doré son Saint-Marc par provision.

Un certain miracle d'une croix tombée dans l'eau du haut d'un pont de Venise, le pont de Saint-Léon ou de Saint-Laurent, nous ne savons pas trop lequel, a beaucoup occupé les peintres de cette période ; les Beaux-Arts ne renferment pas moins de trois tableaux importants sur ce sujet bizarre : un de Lazzaro Sebastiani, un de Gentil Bellin, un autre de Giovanne Mansueti. Ces toiles sont du plus haut intérêt ; elles sortent des types habituels de la peinture italienne, qui tourne dans un cercle étroit de sujets de dévotion ou de mythologie, et se mêle rarement aux familiarités de la vie réelle. Ces moines de toute robe, ces patriciens, ces gens du peuple se jetant à l'eau, nageant et plongeant, tirant leur coupe pour retrouver le saint crucifix tombé au fond du canal, présentent la physionomie la plus bizarre. Sur les berges se tient la foule en prière, attendant le résultat des recherches. Il y a surtout une file de dames agenouillées, les mains jointes, toutes couvertes de joyaux et de perles, en robes à taille courte, comme sous l'Empire, qui présente une suite de profils se détachant les uns sur les autres avec une bonhomie gothique ; d'une finesse, d'une beauté, d'une délicatesse et d'une variété extraordinaires : c'est étrange et charmant.

On voit dans ces toiles les anciennes maisons de Venise avec leurs murs rouges, leurs fenêtres aux trèfles lombards, leurs terrasses surmontées de piquets, leurs cheminées évasées, les vieux ponts suspendus par des chaînes, et les gondoles d'autrefois, qui n'ont pas la forme qu'elles affectent aujourd'hui : il n'y a pas de *felce*, mais un drap tendu sur des cerceaux, comme aux galiotes de Saint-Cloud ; aucune ne porte cette espèce de manche de violon en fer poli qui sert de contre-poids au rameur placé à la poupe ; elles sont aussi beaucoup moins effilées.

Rien n'est plus élégant, plus juvénilement gracieux que la suite de peintures où Vittore Carpaccio a représenté la vie de sainte Ursule. Ce Carpaccio a le charme idéal, la sveltesse adolescente de Raphaël dans le *Mariage de la Vierge*, un de ses premiers et peut-être le plus charmant de ses tableaux ; on ne saurait imaginer des airs de tête plus naïvement adorables, des tournures d'une plus angélique coquetterie. Il y a surtout un jeune homme à longs cheveux vu de dos, laissant glisser à demi sur son épaule sa cape au collet de velours, qui est d'une beauté si fière, si jeune et si séduisante, qu'on croirait voir le Cupidon de Praxitèle vêtu d'un costume moyen âge, ou plutôt un ange qui aurait eu la fantaisie de se travestir en *magnifique* de Venise.

Nous sommes étonné que le nom de Carpaccio ne soit pas plus généralement connu; il a toute la pureté adolescente, toute la séduction gracieuse du peintre d'Urbin dans sa première manière, et de plus cet admirable coloris vénitien qu'aucune école n'a pu atteindre.

La Pinacoteca Contarini, legs de ce patricien amateur des arts, qui a donné au Musée sa galerie avec des armes, des statues, des vases, des meubles sculptés et autres objets précieux, contient des morceaux de choix de l'école vénitienne et d'autres écoles. Nous citerons les *Pèlerins d'Emmaüs*, de Marco Marziale, toile traitée avec une sécheresse minutieuse presque allemande, où l'on remarque un nègre bizarre drapé d'un manteau rayé de couleurs vives comme une capa de muestra valencienne; la *Madone*, l'*Enfant Jésus*, *Saint Jean*, *Sainte Catherine*, d'Andrea Cordegliaghi, dont les têtes blondes se détachent sur un fond vert de paysage entrevu par la fenêtre; une *Vierge*, avec le groupe enfantin de Jésus et de saint Jean, de Catena; un sujet identique de Giovanne Battista Cima, un peu sec et tranchant trop durement sur une perspective de montagnes d'outremer; un *Mariage de sainte Catherine*, auquel assistent comme témoins saint Pierre et saint Jean, de Boccacino Cremonense; la sainte fiancée a les cheveux de cet or roux si cher aux anciens maîtres, et sa belle robe historiée et ramagée reluit au milieu d'un paysage de montagnes et de mer d'une douceur azurée; la *Madonna col Bambino*, de Francisco Bissolo, très-doux, très-joli, très-frais, d'une morbidesse charmante, etc., etc.

La *Fortune triptyque*, de Jean Bellin, se distingue par de singulières inventions allégoriques. Dans le panneau du milieu, une femme nue se tient debout sur un autel, accompagnée d'anges ou de Cupidons jouant du tambour. Sur les volets, un jeune homme nu, couronne en tête, manteau sur l'épaule, offre des présents à un guerrier qui fuit; une femme tenant une boule, et les cheveux nattés en forme de casque, vogue sur une nef, tandis que de petits Amours jouent parmi les vagues comme des Tritons.

Les eaux-fortes de Callot nous plaisent plus que ses peintures d'une authenticité plus ou moins douteuse. Il y a à la Pinacothèque Contarini un *Champ de foire* du graveur de Nancy, fourmillant de bohémiens, de charlatans, de gueux, de lansquenets, volant, faisant des tours, mendiant, buvant, jouant aux cartes ou aux dés, un raccourci de ce monde picaresque qu'il connaît si bien ; mais le pinceau ne sert pas si heureusement l'artiste que la pointe.

Terminons par le joyau, la perle, l'étoile de ce musée : une *Madone avec l'enfant Jésus*, de Jean Bellin. Voilà un sujet bien usé, bien rebattu, traité mille fois, et qui refleurit d'une jeunesse éternelle sous le pinceau du vieux maître! Qu'y a-t-il? Une femme qui tient un enfant sur ses genoux, mais quelle femme! Cette tête vous poursuit comme un rêve, et qui l'a vue une fois la voit toujours ; c'est une beauté impossible, et cependant d'une vérité étrange, d'une virginité immaculée et d'une volupté pénétrante ; un dédain suprême dans une douceur infinie. Il nous semblait, devant cette toile, contempler le portrait de notre rêve inavoué, surpris dans notre âme par l'artiste. Chaque jour, nous allions passer une heure de muette adoration aux pieds de cette céleste idole, et nous n'aurions jamais pu partir de Venise, si un jeune peintre français, nous prenant en pitié, ne nous avait fait une copie de cette tête si chère.

XX.

Les rues. — La fête de l'empereur.

On parle rarement des rues de Venise. Il y en a cependant et beaucoup, mais les canaux et les gondoles absorbent les descriptions par leur étrangeté. L'absence de chevaux et de voitures donne aux rues vénitiennes une physionomie particulière. Leur étroitesse les rapproche de celle des villes orientales. Comme le terrain des îlots est limité, les maisons, en général très-hautes, et les minces coupures qui les séparent ont l'air de traits de scie dans d'énormes blocs de pierre. Certaines calles de Grenade, certains alleys de Londres, peuvent en donner une idée assez juste.

La Frezzaria est une des rues les plus animées de la ville; elle a bien six ou huit pieds de large : ce qui représente la rue de la Paix, à Paris, proportion gardée. C'est principalement dans cette rue que se tiennent les orfévres qui fabriquent ces imperceptibles petites chaînettes d'or, ténues comme des cheveux, qu'on appelle *jaseron*, et qui sont une des curiosités caractéristiques de Venise. A l'exception de ces chaînes et de quelques grossiers bijoux en argent à l'usage des gens de la campagne, et qu'un artiste peut trouver pittoresques, ces boutiques ne contiennent rien de remarquable. Celles des fruitiers offrent les plus splendides étalages; rien n'est plus frais, mieux groupé, plus appétissant que ces entassements de pêches vermeilles rangées comme des boulets dans des parcs d'artillerie, que ces masses de raisins dorés, ambrés, transparents, coloriés des plus riches couleurs, ardents comme des pierres précieuses, et dont les grains, enfilés en colliers et en bracelets, pareraient admirablement le col et les bras de quelque jeune Ménade antique.

Les tomates viennent mêler leur rouge violent à ces teintes blondissantes, et la pastèque, fendant son corset vert, laisse voir sa blessure rose. Tous ces beaux fruits, vivement éclairés par le gaz, ressortent merveilleusement sur leurs couches de feuilles de vigne. On ne peut pas régaler les yeux plus agréablement, et souvent, sans la moindre faim, il nous est arrivé d'acheter de ces pêches et de ces raisins par pur amour du coloris. Nous nous souvenons aussi de certains étalages de poissonnerie couverts de petits poissons si blancs, si argentins, si nacrés, que nous aurions voulu les avaler crus, à la manière des ichthyophages de la mer du Sud, de peur de gâter leurs nuances, et qui nous faisaient comprendre cette barbarie des festins antiques, qui consistait à voir mourir des murènes dans des vases de cristal, pour jouir des teintes opalines dont l'agonie les diaprait.

Le soir, le spectacle de ces rues est extrêmement animé et brillant. Les étalages sont illuminés à giorno, et le peu de largeur de la voie fait que la clarté ne se dissipe pas. Les boutiques de friture et de pâtisserie, les osteries, les cabarets, les cafés très-nombreux, flamboient et fourmillent. C'est un va-et-vient perpétuel.

Chaque boutique, sans exception, a sa chapelle en miniature, ornée d'une madone devant laquelle brûlent des lampes ou des bougies et sont placés des pots de fleurs artificielles ou vraies. Tantôt c'est une statuette en plâtre colorié, tantôt une peinture enfumée ; quelquefois une image grecque au fond d'or byzantin, ou bien une simple gravure moderne. Cette madone remplace pour la dévote Italie les dieux lares antiques. Ce culte de la Vierge, culte touchant et poétique, a bien peu de schismatiques à Venise, s'il en a, et les voltairiens seraient sous ce rapport peu satisfaits « du progrès des lumières » dans l'ancienne ville des doges. Presque à tous les angles de rue, presque à toutes les descentes de pont se présente dans une niche, derrière un grillage ou une verrière, une madone sur un autel, enjolivée de couronnes en moelle de roseau, de colliers de verroterie, de fleurs en papier, de robes en dentelle d'argent et de tous ces pieux oripeaux dont la naïve foi méridionale surcharge avec une coquetterie enfantine les objets de son adoration. Des cierges et des lampes éclairent perpétuellement ces reposoirs encombrés d'ex-voto, de cœurs d'argent, de jambes de cire, de seins de femme, de tableaux de naufrages sillonnés par la foudre, de maisons brûlées et autres catastrophes où intervient à propos la Vierge miraculeuse. Autour de ces chapelles il y a toujours quelque vieille femme en prière, quelque jeune fille agenouillée, quelque marin qui fait un vœu ou l'accomplit, et aussi parfois des gens que leur mise annonce appartenir à une classe qui, chez nous, n'a pas cette simplicité dans la foi, et laisse la religion du Christ au peuple et aux domestiques. Nous avons trouvé, contrairement à l'idée préconçue, l'Italie plus dévote que l'Espagne.

Une de ces chapelles près du pont de la Paille, sur le quai des Esclavons, a toujours de nombreux fidèles, soit parce qu'elle se trouve sur une voie fréquentée, soit parce qu'elle possède quelque privilége et quelque immunité que nous ignorons. Il y a aussi çà et là des troncs pour les âmes du purgatoire. Les menues pièces de monnaie qu'on y jette servent à faire dire des messes pour les pauvres morts oubliés.

Après la Frezzaria, la rue qui mène du campo San-Mosè à la place de Santa-Maria-Zobenigo est une de celles qui offrent à l'étranger le plus de sujets d'observation ; beaucoup de ruelles s'y dégorgent comme dans une artère, car elle met les bords du grand Canal en communication avec la place Saint-Marc ; les boutiques y restent plus longtemps ouvertes qu'ailleurs, et, comme elle est à peu près droite, les *forestieri* la parcourent sans craindre de se perdre, ce qui est très-facile à Venise, où le tracé des rues, compliqué de canaux et d'impasses, est si embrouillé qu'on a été obligé de marquer par une ligne de pierre, qu'accompagnent de distance en distance des flèches indiquant la direction, le chemin de la Piazza au débarcadère du railway, situé à l'autre bout de la ville, près de l'église des Scalzi.

Que de fois nous nous sommes donné la nuit l'amusement de nous égarer dans ce dédale inextricable pour tout autre qu'un Vénitien ! Après avoir suivi vingt rues, parcouru trente ruelles, passé dix canaux, monté et descendu autant de ponts, nous être enfoncé au hasard dans les sotto-portici, il nous est arrivé souvent de nous retrouver à notre point de départ. Ces courses, pour lesquelles nous choisissions les nuits de lune, nous faisaient surprendre Venise dans ses secrètes attitudes, sous une foule de points de vue inattendus et pittoresques.

Tantôt c'était un grand palais à moitié en ruines, ébauché dans l'ombre par un rayon argenté, et faisant briller subitement comme des écailles ou des miroirs les vitres qui restaient à ses fenêtres effondrées ; tantôt un pont traçant son arc noir sur une perspective d'eau bleuâtre légèrement embrumée ; plus loin une traînée de feu rouge tombant d'une maison éclairée sur l'huile sombre d'un canal endormi ; d'autres fois un campo désert où se découpait bizarrement un faîte d'église peuplé de statues qui, dans l'obscurité, prenaient des airs de spectres, ou bien une taverne où gesticulaient, comme des démoniaques, des gondoliers et des faquins projetés contre la vitre en ombres chinoises, ou encore une porte d'eau entr'ouverte, par laquelle sautaient dans une gondole des figures mystérieuses.

Une fois, nous arrivâmes ainsi derrière le grand Canal, dans une ruelle vraiment sinistre. Ses hautes maisons, primitivement crépies de ce rouge qui colore ordinairement les vieilles bâtisses vénitiennes, avaient un aspect féroce et truculent. La pluie, l'humidité, l'abandon et l'absence de lumière au fond de cette étroite coupure, avaient peu à peu fait déteindre les façades et couler le badigeon ; une vague teinte rougeâtre teignait encore les murailles et ressemblait à du sang mal lavé après un crime. L'ennui, le froid, la terreur suintaient de ces parois sanguinolentes ; une fade odeur de salpêtre et d'eau de puits, un relent de moisissure rappelant la prison, le cloître et le caveau, vous y prenaient au nez. Du reste, aux fenêtres aveugles, nul rayon, nulle apparence de vie. Les portes basses, étoilées de clous rouillés et garnies de marteaux de fer rongés par le temps, semblaient ne s'ouvrir jamais ; les orties et les herbes pariétaires poussaient sur les seuils et ne paraissaient pas avoir été foulées de longtemps par un pied humain. Un maigre chien noir, qui jaillit subitement de l'ombre comme un diable d'un joujou à surprise, se mit en nous voyant à pousser des aboiements furieux et plaintifs, comme déshabitué de l'aspect de l'homme. Il nous suivit quelque temps, traçant autour de nous des lacets à la façon du barbet dans la promenade de Faust et de Wagner. Mais le regardant fixement, nous lui dîmes comme Gœthe : « Animal immonde, tu as beau brailler et ouvrir ta gueule, tu n'avaleras jamais notre monade. » Ce discours parut l'étonner, et, se voyant découvert, il disparut en poussant un hurlement douloureux. Était-ce un chien, était-ce une larve ? C'est un point que nous aimons mieux laisser dans un vague prudent.

Nous regrettons beaucoup de n'avoir pas le talent d'Hoffmann pour faire de cette rue sinistre le théâtre d'un de ces contes effrayants et bizarres, comme l'*Homme au sable*, la *Maison déserte*, la *Nuit de Saint-Sylvestre*, où des alchimistes se disputent le corps d'un mannequin et se battent à coups de microscopes dans un tourbillon de visions monstrueuses. Les têtes chauves, ridées, grimaçantes et décomposées par une perpétuelle métamorphose, de maître Tabracchio, de Spallanzani, de Leuvenhoëk, de Swammerdam, du conseiller Tusman, de l'archiviste Lindhorst, s'encadreraient à merveille dans ces noires fenêtres.

Si Gozzi, l'auteur des *Contratempi*, qui se croyait en butte à la rancune des enchanteurs et des farfadets, dont il avait découvert les manigances et trahi les secrets dans ses pièces féeriques, a jamais traversé cette ruelle solitaire, il a dû lui arriver là quelques-unes de ces mésaventures inconcevables qui semblaient réservées pour le poëte de *Turandot*, de l'*Amour des trois oranges* et du *Monstre bleu*. Mais Gozzi, qui avait le sentiment du monde invisible, a toujours dû éviter la rue des Avocats à l'heure du crépuscule.

En rentrant d'une de ces tournées fantastiques, pendant laquelle la ville nous avait paru plus déserte que de coutume, nous nous couchâmes mélancoliquement, après avoir soutenu contre un zinzare monstrueux, bourdonnant comme une guêpe, agitant ses aigrettes de tambour-major, déroulant sa trompe comme le dieu Ganesa, faisant grincer sa scie avec la plus audacieuse férocité, un combat terrible où nous eûmes le dessous, et d'où nous sortîmes criblés de blessures empoisonnées.

Nous commencions à nous enfoncer dans ce noir océan du sommeil, si semblable à la mort dont les anciens l'avaient fait le frère, quand, à travers l'épaisseur de notre engourdissement, nous entendîmes bruire des rumeurs sourdes, gronder des tonnerres lointains, grommeler des voix effrayantes. Était-ce une tempête, une bataille, un cataclysme de la nature, une lutte de démons et d'âmes? Telle était la question que se posait notre esprit à demi éveillé.

Bientôt une clameur étourdissante déchira le crêpe de notre sommeil, comme le zigzag d'un éclair qui fend une nuée noire. Les cymbales froissaient leurs disques de cuivre et résonnaient comme des armures entre-choquées; les tam-tams et les gongs vibraient caverneusement sous des percussions forcenées; la grosse caisse mugissait comme une mêlée de cent taureaux; les ophicléides et les trombones déchaînaient des ouragans métalliques; les cornets à piston piaulaient désespérément; la petite flûte faisait, pour escalader ce bruit et le dominer, des efforts désespérés; tous les instruments luttaient de vacarme et de tintamarre. On aurait dit un festival d'Hector Berlioz flottant à la dérive, la nuit, sur l'eau. Lorsque la trombe musicale passa sous notre balcon, nous crûmes entendre sonner à la fois les clairons de Jéricho et les trompettes du jugement dernier. Une tempête de cloches à toutes volées formait l'accompagnement.

Ce tumulte se dirigeait vers le grand Canal, à la lueur rouge de beaucoup de torches. Nous trouvâmes la sérénade un peu violente, et nous plaignîmes de tout notre cœur la belle à qui cet énorme tapage nocturne, ce charivari colossal était destiné. « L'amant n'est guère discret, pensions-nous, et il ne craint pas de compromettre sa beauté. Quelque guitare, quelque violon, quelque téorbe aurait suffi, ce nous semble. » Puis, le bruit s'éloignant, nous commencions à nous rendormir, lorsqu'une lueur blanche, aveuglante, pénétra sous nos paupières fermées, comme un de ces éclairs blafards pour qui les nuits les plus opaques n'ont pas de ténèbres, et une détonation épouvantable, qui fit danser les vitres et trembler la maison de fond en comble, éclata au milieu du silence. Nous en fîmes un saut de carpe de trois pieds sur notre lit : était-ce le tonnerre qui tombait au milieu de la chambre? le siége de Venise recommençait-il sans dire gare, et une bombe crevant tous les planchers arrivait-elle sur nous au milieu de notre sommeil ?

Ces assourdissantes détonations se répétèrent de quart d'heure en quart d'heure, jusqu'au matin, au grand dam de nos vitres et de nos nerfs. Elles semblaient partir d'un point très-voisin, et chaque fois un éblouissement livide nous les annonçait ; entre les décharges, un silence profond, un silence de mort, aucun de ces bruits nocturnes qui sont comme la respiration des villes endormies. Au milieu de ce vacarme, Venise, muette, semblait s'être abîmée et noyée dans les lagunes. Toutes les fenêtres étaient éteintes; pas un falot de gondole n'étoilait la mate obscurité.

Le matin, le mot de l'énigme nous fut révélé. C'était la fête de l'empereur d'Autriche. Tout ce bacchanal avait lieu en l'honneur du César allemand. Les batteries de la Giudecca et de Saint-Georges nous envoyaient en plein leurs volées, et bien des vitres avaient été brisées dans le voisinage. Avec le jour le tapage recommença de plus belle. Les frégates tiraient et alternaient avec les batteries; les cloches tintaient dans les mille clochers de la ville; des feux de file et des feux de peloton crépitaient sur le tout à intervalles réguliers. Cette poudre brûlée, montant de toutes parts en gros nuages, était l'encens destiné à réjouir le nez du maître, si du haut de son trône de Vienne il tournait la tête du côté de l'Adriatique. Il nous sembla que, dans ces hommages à l'empereur, il y avait une certaine ostentation d'artillerie, un certain luxe de fusillades à double entente. Ce compliment de fête à coups de canon était à deux fins, et il ne fallait pas grande malice pour le comprendre.

Nous courûmes à la Piazza. On chantait un *Te Deum* dans la cathédrale. La garnison, en grande tenue, formait le carré sur la place, s'agenouillant et se relevant au signe des officiers, suivant les phases de l'office divin. Un brillant état-major, tout chamarré de dorures et de décorations, occupait le centre, et scintillait orgueilleusement au soleil ; puis, à de certains moments, les fusils s'élevaient avec ensemble, et un feu de file admirablement nourri faisait envoler dans l'azur de blancs tourbillons de colombes effarées. Les pauvres pigeons de Saint-Marc, épouvantés de ce tumulte, et croyant qu'au mépris de leurs immunités il s'agissait pour eux d'une immense crapaudine, ne savaient où se fourrer ; ils se heurtaient dans l'air, fous de terreur, se cognaient aux corniches, et fuyaient à tire-d'aile à travers les dômes et les cheminées ; puis, le silence se rétablissant, ils revenaient becqueter familièrement à leurs places ordinaires, aux pieds mêmes des soldats, tant est grande la force de l'habitude.

Tout cela se passait dans la solitude la plus complète. La Piazza, toujours si fourmillante, était déserte. A peine quelques étrangers glissaient par petits groupes isolés sous les arcades des Procuraties. Les rares spectateurs qui n'étaient pas étrangers trahissaient par leur chevelure blonde, leur figure carrée, leur origine tudesque. Aucun visage de femme ne paraissait aux fenêtres, et cependant le spectacle des beaux uniformes portés par de jolis officiers est apprécié dans tous les pays du monde par la portion la plus gracieuse du genre humain. Venise, dépeuplée subitement, ressemblait à ces villes orientales des contes arabes ravagées par la colère d'un magicien.

Ce vacarme dans ce silence, cette agitation dans ce vide, cet immense déploiement de forces dans cet isolement avaient quelque chose d'étrange, de pénible, d'alarmant, de surnaturel. Ce peuple qui faisait le mort tandis que ses oppresseurs exultaient de joie, cette ville qui se supprimait pour ne pas assister à ce triomphe, nous firent une impression profonde et singulière. Le non-être élevé à l'état de manifestation, le mutisme changé en menace, l'absence ayant signification de révolte, sont une de ces ressources du désespoir où le despotisme pousse l'esclavage. Assurément une huée universelle, un cri général de malédiction contre l'empereur d'Autriche n'eût pas été plus énergique.

Ne pouvant protester autrement, Venise avait fait le vide autour de la fête et placé la solennité sous une machine pneumatique.

Les décharges d'artillerie continuèrent toute la journée, et les régiments firent des évolutions sur la Piazza et la Piazzetta, nous ayant pour spectateur presque unique. Lassé de ce divertissement monotone, nous allâmes faire notre promenade favorite à la riva dei Schiavoni, sur laquelle flânaient quelques Grecs et quelques Arméniens. Là, nous eûmes encore le tympan déchiré par le canon de la frégate de guerre ancrée dans le port. Un pauvre petit chien attaché à une corde après le mât d'un argosil de Zante ou de Corfou, à chaque détonation, s'élançait ivre de peur et se sauvait en décrivant un cercle aussi loin que le cordage le lui permettait, protestant de son mieux contre ce bruit stupide et glapissant, comme s'il avait été blessé par le son. Nous étions de l'avis du chien, et, comme nous n'étions pas attaché par une ficelle, nous nous sauvâmes à Quintavalle, où nous dînâmes sous la tonnelle chez Ser-Zuane, à une distance supportable de cet odieux fracas militaire.

Le soir, il n'y avait personne au café Florian! Ceux qui ont habité Venise peuvent seuls se faire une idée de la signification immense de ce petit fait. Les marchandes de bouquets, les vendeurs de caramel, les ténors, les montreurs d'ombres chinoises et même les ruffians avaient disparu. Personne sur les chaises, personne sur les bancs, personne sous les galeries; personne même à l'église, comme s'il était inutile de prier un Dieu qui laisse un peuple dans l'oppression. Nous ne savons même pas si ce soir-là on alluma les petits cierges aux madones des carrefours.

La musique de la retraite joua *in deserto* une magnifique ouverture, une musique allemande pourtant! et une ouverture de Weber, s'il nous en souvient bien!

Ne sachant que faire de la fin de cette lugubre soirée, nous entrâmes au théâtre Apollo; la salle avait l'air de l'intérieur d'un columbarium. Les loges vides et noires semblaient les niches dont on avait retiré les cercueils; quelques escouades de Hongrois garnissaient à demi les banquettes nues. Une douzaine de fonctionnaires allemands, flanqués de leurs femmes et de leurs petits, tâchaient de se multiplier et de simuler le public absent; mais, les soldats défalqués, l'énorme salle ne contenait pas cinquante spectateurs. Une pauvre troupe jouait tristement et à contre-cœur une insipide traduction de pièce française devant une rampe fumeuse. Une tristesse froide, un ennui mortel vous tombait de la voûte sur les épaules, comme un manteau humide et glacé. Cette salle sombre, à la barbe des Autrichiens, portait le deuil de la liberté de Venise.

Le lendemain, la brise de la mer avait emporté l'odeur de la poudre. Les colombes, rassurées, neigeaient par vols sur la place Saint-Marc, et tous les Vénitiens se bourraient de glaces avec affectation au café Florian.

XXI.

L'hôpital des fous.

L'île de San-Servolo se trouve au delà de Saint-Georges, sur la grande lagune, en allant au Lido. Cette île a peu d'étendue, comme presque toutes

celles qui entourent Venise, perles détachées de cet
écrin des mers. Elle est presque entièrement couverte de bâtisses, et son ancien couvent, où se sont
succédé plusieurs ordres de moines, est devenu un
hôpital de fous sous la direction des frères de Saint-
Jean-de-Dieu, qui se consacrent particulièrement à
soigner les malades.

Quand nous partîmes du traghetto de la place
Saint-Marc, le vent était contraire ; l'eau ordinairement si calme de la lagune se donnait des airs
d'océan, et ses petites rides tâchaient de se gonfler
en lames ; l'écume jaillissait sous le bec denticulé
de la gondole, et les vagues clapotaient assez
bruyamment contre le bordage de l'embarcation,
poussée cependant par deux vigoureux rameurs ;
car notre petit Antonio n'aurait pas suffi pour lutter seul contre le temps. Nous dansions assez pour
qu'un estomac peu aguerri sentît les nausées du
mal de mer ; heureusement, un grand nombre de
traversées nous ont rendu moins sensible à cet
endroit, et nous admirions tranquillement l'adresse
avec laquelle nos gondoliers se tenaient debout à
la proue et à la poupe, en équilibre sur leur plancher chancelant.

Nous aurions sans doute pu remettre notre visite à une autre fois, mais nous n'avions encore vu
Venise que sous son aspect rose et bleu, avec sa
mer plane scintillant en petits carreaux verts,

comme dans les tableaux de Canaletto, et nous ne voulions pas perdre cette occasion de la voir par un effet d'orage. Certes, l'azur est le fond naturel sur lequel doivent s'arrondir les coupoles laiteuses de Santa-Maria-della-Salute et les casques d'argent de Saint-Marc ; cependant de grandes masses de nuages grisâtres déchirées par quelques coupures de lumière, une mer d'un ton glauque et festonnée d'écume encadrant des édifices glacés de teintes froides, produisent une grande aquarelle anglaise dans le goût de Bonnington, de Callow ou de Williams Wyld, qui n'est nullement à dédaigner.

Tel était le spectacle que nous voyions en nous retournant ; en face nous avions San-Servolo, avec son clocher rougeâtre et ses bâtiments à toits de tuiles à demi cachés par le moutonnement des vagues ; plus loin la ligne noire et basse du Lido, séparant la lagune de la haute mer.

Auprès de nous filaient rapidement, comme de noires hirondelles rasant les flots, des gondoles qui rentraient à la ville, fuyant devant le temps et chassées par le vent qui nous était contraire.

Enfin nous arrivâmes au traghetto de San-Servolo, et la mer faisait tellement vaciller notre frêle barque que nous eûmes quelque peine à prendre terre.

L'intérieur du couvent-hospice n'a rien de bien curieux : ce sont de longs corridors blanchis à la chaux, des salles d'une propreté froide et d'une régularité monotone, comme dans tous les édifices de ce genre. Il n'a pas fallu grand travail pour convertir les cellules des moines en cabanons de fous. Dans la chapelle, un retable doré, quelques toiles enfumées et noirâtres que rien n'empêche d'être des Tintoret, et c'est tout. Aussi n'était-ce pas un prétexte à descriptions d'art et d'architecture que nous venions chercher dans ce Bedlam vénitien.

La folie nous a toujours étrangement préoccupé. Qu'un organe matériel souffre, s'altère et se détruise, cela se conçoit aisément; mais que l'idée, une abstraction impalpable, soit atteinte dans son essence, cela ne se comprend guère. Les lésions du cerveau n'expliquent pas la folie. Par quel point la pensée touche-t-elle à cette pulpe enflammée ou ramollie contenue par la boîte osseuse? Dans les cas ordinaires, le corps meurt et l'âme s'envole; mais ici l'âme meurt et le corps subsiste. Rien n'est plus sinistre et plus mystérieux. Le vaisseau va sans boussole, la flamme a quitté la lampe, et la vie n'a plus de *moi*. L'âme obscurcie du fou reprend-elle sa lucidité après la mort, ou bien y a-t-il des âmes folles pendant toute l'éternité? L'âme ne serait-elle ni immatérielle ni immortelle, puisqu'elle peut être malade et mourir? Doutes terribles, abîmes profonds sur lesquels on se penche en tremblant, mais qui vous attirent comme tous les abîmes.

Aussi est-ce avec une curiosité anxieuse mêlée d'une secrète terreur que nous regardons ces cadavres, chez qui ce qui leur reste d'âme sert seulement à empêcher la putréfaction, se promener le long des murailles, l'œil morne, les joues affaissées, la lèvre tombante, traînant des pieds auxquels la volonté n'envoie plus son fluide, faisant des gestes sans cause, comme des animaux ou comme des machines détraquées, insensibles au soleil brûlant, à la pluie glacée, n'ayant plus la notion d'eux-mêmes ou se croyant d'autres, n'apercevant plus les objets sous leurs apparences réelles, et entourés d'un monde d'hallucinations bizarres. Que de fois nous avons visité Charenton, Bicêtre et les différentes maisons d'aliénés, inquiet de ce grand problème insoluble, et causé, comme Hamlet, avec le crâne vide d'Yorick, cherchant la fêlure par où l'âme avait fui comme l'eau d'un vase. Mais là, chose plus horrible, le crâne était vivant! Que de fois nous nous sommes arrêté rêveur devant la superbe gravure psychologique de Kaulbach, ce saisissant et douloureux poëme de la démence!

Dans les corridors rampaient confusément, sous des capotes grisâtres et comme des larves informes qui se traînent sur les murs après la pluie, les fous paisibles qu'on pouvait laisser vaguer sans danger pour eux ni pour les autres. Ils nous regardaient d'un œil hébété, ricanaient et essayaient une sorte de salut machinal.

La folie, qui creuse de si énormes lacunes, ne suspend pas toujours toutes les facultés. Des fous ont fait des vers et des peintures où le souvenir de certaines lois de l'art avait survécu au naufrage de la raison. La quantité est souvent fort bien observée dans des poésies d'une démence complète. Domenico Theotocopuli, le peintre grec qu'on admire dans les églises et les musées d'Espagne, a fait des chefs-d'œuvre fous. Nous avons vu en Angleterre des combats de lions et d'étalons en fureur, exécutés par un aliéné sur une planche qu'il brûlait avec une pointe de fer rougie au feu, et qui avaient l'air d'une esquisse de Géricault frottée au bitume.

Un des aliénés de San-Servolo, quoiqu'il ne fût pas artiste de profession, avait la manie de peindre, et les bons frères de Saint-Jean-de-Dieu, qui ont pour principe de ne pas contrarier leurs malades lorsque cela est possible, avaient livré à ses fantaisies une grande muraille qu'il s'était plu à barbouiller des plus étranges chimères.

Cette fresque insensée représentait une espèce de façade de briques, divisée en arcades, dont les vides formaient des loges où se démenait une ménagerie de l'extravagance la plus effrénée.

Les toiles les plus sauvages des baraques foraines que les pitres frappent de leur baguette devant la foule ébahie, les animaux héraldiques le plus chimériquement en dehors du possible, les monstres chinois ou japonais le plus bizarrement difformes, sont des êtres d'une plausibilité plate et bourgeoise en comparaison des créations de cet esprit délirant. La fantaisie des songes drôlatiques de Rabelais appliquée au règne animal, l'Apocalypse transportée dans la ménagerie, peuvent seuls en donner une idée. Ajoutez à cela une exécution d'une ignorance féroce et d'une barbarie truculente; il y avait là des aigles à quatre têtes qui auraient déchiré d'un coup de bec l'aigle à deux cous de l'Autriche; des lions couronnés, lampassés de gueules et endentés comme des requins, si farouches d'aspect, qu'ils eussent fait reculer d'effroi le lion de Saint-Marc et le lion de Northumberland; des pythons si compliqués dans leurs replis et dardant des langues si fourchues, que toutes les flèches de l'Apollon du plafond d'Eugène Delacroix n'eussent pas suffi à les percer; des bêtes sans forme et sans nom, dont l'équivalent ne se trouve guère que dans le monde microscopique ou les cavernes des dépôts diluviens.

L'artiste de cette fresque en démence croyait fermement à l'existence de ces chimères difformes et prétendait les avoir peintes d'après nature.

San-Servolo renfermait un autre fou singulier.

C'était un homme du peuple qui avait perdu la raison à la suite d'excès de rage jalouse. Sa femme était courtisée par un gondolier, et il les avait, dit-on, surpris ensemble. Toutes les fois que ce souvenir lui revenait, il poussait des cris affreux, se roulait par terre ou se dévorait les bras à belles dents, croyant dévorer son rival, sans être averti par la douleur qu'il s'ensanglantait la bouche de son sang et mâchait sa propre chair.

Une seule chose avait pu le distraire de cette manie enragée : le percement d'un puits artésien que M. Dégousée pratiquait dans l'île qui manque d'eau et où l'on en apporte de Fusine, du canal de la Brenta. Il s'intéressait aux progrès de l'opération et se joignait aux travailleurs avec beaucoup d'adresse et d'énergie. Quand il était content de lui, il se récompensait de ses services par des croix d'honneur, des plaques en papier d'or ou d'argent, des cordons de couleurs différentes, qu'il portait de l'air le plus digne et le plus majestueux, comme un diplomate sa brochette de croix dans un salon d'ambassadeur. S'il avait été paresseux, distrait ou maladroit, il se dégradait lui-même, s'ôtait ses insignes et s'adressait des reproches, prenant tour à tour un ton humble ou irrité, selon l'interlocuteur qu'il figurait. Les moines nous dirent que ses jugements étaient très-justes, et qu'il était vis-à-vis de lui d'une sévérité rigoureuse. Une seule fois il s'était fait grâce, ne pouvant résister à l'éloquence des supplications qu'il s'adressait.

D'autres fous jouaient tranquillement aux boules dans une espèce de jardin aride, entouré de murs formant la corne de l'île, du côté du Lido; deux ou trois se promenaient à pas précipités, poursuivis par quelque hallucination effrayante. Un autre, maigre, sec, la tête nue au vent, restait immobile comme un héron au bord d'un marais, se croyant sans doute l'oiseau dont il imitait l'attitude.

Mais ce qui nous impressionna le plus vivement, ce fut un jeune moine qui, adossé contre un mur, surveillait de loin leur promenade. Jamais cette figure ne sortira de notre mémoire, où elle est restée comme l'idéal de l'ascétisme. Tout à l'heure nous nous étonnions de ces corps qui vivent sans âme; nous avions devant les yeux une âme qui vivait sans corps. Ici l'esprit brillait seul, la mortification avait supprimé la matière; l'être humain était anéanti.

Son crâne, entouré d'une couronne de cheveux et rasé à sa partie supérieure, semblait verdi de teintes cadavériques. On eût dit que la moisissure du sépulcre l'avait déjà recouvert de son duvet bleuâtre; ses yeux ivres de foi brillaient au fond d'une large meurtrissure bistrée, et ses joues avalées se rejoignaient à son menton par deux lignes aussi droites que celles d'un triangle; quand il baissait la tête, entre sa nuque et le capuchon de son froc saillait un cordon de vertèbres sur lequel le maigre esprit des cloîtres eût pu dire son chapelet. Ses mains fluettes, couleur de cire jaune, n'étaient qu'un lacis de veines, de nerfs et d'osselets. Le jeûne les avait disséquées toutes vives sur la froide table de la cellule. La manche flottait sur le bras décharné, comme un drapeau sur un bâton. Son froc tombait de ses épaules à ses talons, tout droit, d'un seul pli, aussi roide qu'une draperie de Cimabué ou d'Orcagna, ne faisant deviner les formes par aucune inflexion, comme tomberait le linceul d'un mort ou d'un spectre. Notre regard effrayé cherchait à trouver un homme sous ce suaire brun; il n'y avait qu'une ombre. Les cadavres agenouillés de Zurbaran, avec leurs bouches violettes, leur teint plombé et leurs yeux noyés sous l'ombre de la cagoule, les pâles fantômes de Lesueur dans leurs linges blafards, eussent paru des Silènes et des Falstaff à côté de ce moine de San-Servolo; jamais l'étique émaciation de l'art du moyen âge, jamais le féroce ascétisme de la peinture espagnole, n'ont osé aller aussi loin. Le *Saint Bonaventure* de Murillo, revenant achever ses mémoires après sa mort, peut seul donner une idée de cette effrayante figure; encore est-il moins hâve, moins creusé, moins vert et plus vivant, quoique enterré depuis quinze jours.

Nous n'avons jamais aimé les moines rabelaisiens, gros, courts, ventrus, mangeant bien, buvant mieux; et frère Jean des Entommeures ne nous plaît que dans Gargantua et dans Pantagruel. Aussi celui-là nous ravit-il; et nous ne savons trop quelle aimable plaisanterie de goguette et de fillettes les voltairiens eussent pu hasarder sur son compte.

Ce pauvre moine était le confesseur des fous. Quel emploi terrible et sinistre! écouter les aveux incohérents de ces âmes troublées, élucider les cas de conscience du délire, recevoir les confidences de l'hallucination, voir grimacer à travers la grille de bois des masques convulsés, au rire idiot, au larmoiement imbécile, confesser la ménagerie! Nous ne nous étonnâmes plus alors de son air étrange, de sa maigreur de squelette et de sa pâleur morte.

Comment s'y prenait-il pour introduire l'idée de Dieu dans ces rabâcheries de la démence, dans ces garrulations de l'idiotisme? que pouvait-il dire à ces malheureux qui n'ont plus d'âme, plus de liberté, qui ne peuvent pas pécher et chez qui le crime même est innocent?

Fait-il flamboyer devant ces pauvres imaginations détraquées les brasiers rouges de l'enfer, pour en contenir par la terreur les fantaisies dépravées? ou bien ouvre-t-il à leurs espérances quelque paradis enfantin aux lointains d'outremer, aux pelouses émaillées de fleurettes, où paissent des biches blanches, où les paons traînent leurs queues étoilées, où des ruisseaux de crème coulent de rocailles de meringues ; un ciel de pâtisserie et de confitures?

Pendant notre visite le temps s'était calmé, en sorte que nous résolûmes de profiter de ce qui restait de jour pour aller au Lido. Il y a au Lido quelques guinguettes où le menu peuple va dîner et danser les jours de fête. Ce n'est pas la terre ferme ; cependant il y pousse quelques arbres, de maigres touffes d'herbe y font des essais mal réussis de gazon; mais la bonne intention est réputée pour le fait, et le pied qui a glissé toute la semaine sur les dalles de Venise n'est pas fâché de s'y enfoncer jusqu'à la cheville dans les sables mouvants que la mer amoncelle. On peut s'imaginer ainsi qu'on marche sur un véritable sol.

Comme nous étions dans la semaine, le Lido était désert et d'un aspect peu gai. Mais le tumulte d'une joie populaire nous eût importuné en ce moment, et la solitude de cette grève aride convenait à la nature sérieuse de notre pensée. Nous marchions le long de cette plage où le grand Byron faisait galoper ses chevaux, et où les Vénitiens viennent se baigner par bandes. Les belles compatriotes de Titien et de Paul Véronèse s'abritent, pour se déshabiller, derrière de frêles toiles soutenues par des bâtons ; car la cabine roulante de

Dieppe et de Biaritz n'a heureusement pas pénétré jusque-là.

Comme le temps était affreux, nous ne fîmes aucune rencontre anacréontique, et remontant en gondole, nous revînmes à la place Saint-Marc, où, après avoir entendu la retraite en musique, nous rentrâmes à notre campo San-Mosè, pour nous endormir d'un sommeil agité, où le moine de San-Servolo, les figures des fous et les monstres fantastiques de la fresque se combinaient dans un cauchemar extravagant et sombre comme un roman de Lewis ou de Mathurin.

XXII.

Saint-Blaise, les Capucins.

Il n'est personne qui au moins une fois en sa vie n'ait été obsédé par un motif musical, un fragment de poésie, un lambeau de conversation, entendu par hasard et qui vous poursuit partout avec une invisible opiniâtreté de spectre. Une voix monotone chuchote à votre oreille le thème maudit, un orchestre muet le joue au fond de votre cervelle, votre oreiller vous le répète, vos rêves vous le murmurent, une puissance invincible vous force à le marmotter imbécilement du matin au soir, comme un dévot sa litanie somnolente.

Depuis huit jours, une chanson d'Alfred de Musset, imitée sans doute de quelque vieille poésie populaire vénitienne, nous voltigeait follement sur les lèvres en pépiant comme un oiseau, sans que nous pussions le faire envoler. Malgré nous, nous fredonnions à mi-voix dans les situations les plus disparates :

> A Saint-Blaise, à la Zuecca
> Vous étiez, vous étiez bien aise
> A Saint-Blaise.
> A Saint-Blaise, à la Zuecca,
> Nous étions bien là.

> Mais de vous en souvenir
> Prendrez-vous la peine ?
> Mais de vous en souvenir
> Et d'y revenir

> A Saint-Blaise, à la Zuecca
> Dans les prés fleuris cueillir la verveine ;
> A Saint-Blaise, à la Zuecca,
> Vivre et mourir là.

La Zuecca (abréviation de la Giudecca) était devant nous, séparée seulement par la largeur du canal, et rien n'était plus facile que d'aller à ce Saint-Blaise dont la chanson fait une espèce d'île de Cythère, d'Eldorado langoureux, de paradis terrestre de l'amour, où il serait doux de vivre et de mourir. Quelques coups de rames nous y auraient conduit ; mais nous résistions à la tentation, sachant qu'il ne faut pas aborder aux rives enchantées, si l'on ne veut voir le mirage se fondre en vapeur, et nous continuions à être insupportable avec notre refrain :

A Saint-Blaise, à la Zuecca,

qui commençait à devenir ce qu'on appelle une scie en argot d'atelier; scie à dents aiguës, quoique sans malice de notre part. Aussi notre compagnon de voyage, notre cher Louis, qui avait toléré plus de huit jours cette cantilène, importune comme un susurrement de zinzare, avec cette placidité charmante et cet imperceptible sourire d'ironie qui donne à sa tête barbue de Kabyle une expression si fine et si sympathique, n'y pouvant plus tenir, dit-il un matin, d'autorité, au jeune Antonio en mettant le pied dans la gondole : « A Saint-Blaise, à la Zuecca. » Pour nous en dégoûter, il nous faisait conduire au milieu de notre rêve et de notre refrain, excellent remède homœopathique.

Nous n'avons trouvé à Saint-Blaise aucun pré fleuri, et nous n'avons pas pu, à notre grand regret, y cueillir la verveine. Autour de l'église, s'étendent des cultures; des jardins maraîchers où les légumes remplacent les fleurs. Notre désappointement ne nous put empêcher d'y admirer de très-beaux raisins et de superbes citrouilles. Il est probable qu'au temps où la chanson a été faite la pointe de l'île était occupée par des terrains vagues, dont l'herbe fraîche s'émaillait de fleurettes au printemps, et où les couples amoureux allaient se promener la main dans la main, en regardant la lune. Un ancien *Guide* vénitien qualifie la Zuecca d'endroit plein de jardins, de vergers, et de lieu de délices.

Au lieu d'une fleur mignonne, aux tendres couleurs, aux parfums pénétrants, s'épanouissant sous le vert gazon, rencontrer des cucurbitacées ventrues jaunissant sous de larges feuilles, cela calme l'enthousiasme poétique, et, à dater de ce moment, nous ne chantâmes plus :

A Saint-Blaise, à la Zuecca.

Pour utiliser notre course, nous allâmes, en longeant l'île, jusqu'à l'église du Rédempteur, située près d'un couvent de capucins.

Cette église a une de ces belles façades grecques de style élégant et de proportions harmonieuses, comme savait les tracer Palladio. Ces sortes d'architectures plaisent fort aux gens de goût. C'est sobre, pur et classique. Dût-on nous taxer de barbarie, nous avouons qu'elles nous charment médiocrement. Nous ne connaissons guère, pour les églises catholiques, que le style byzantin, roman ou gothique. L'art grec était tellement approprié au polythéisme, qu'il se plie très-difficilement à exprimer une autre pensée. Aussi les églises bâties d'après ses données n'ont-elles aucunement le cachet religieux, dans le sens que nous attachons à ce mot ; la lumineuse sérénité antique, avec son rhythme parfait et sa logique de formes, ne peut rendre les sens vagues, infinis, profonds, mystérieux du christianisme. L'inaltérable gaieté du paganisme ne comprend pas l'incurable mélancolie chrétienne, et l'architecture grecque ne produit, en fait de temples, que des palais, des bourses, des salles de bal et des galeries plus ou moins ornées, où Jupiter se trouverait à l'aise, mais où le Christ a de la peine à se loger.

Une fois le genre admis, l'église du Rédempteur fait assez belle figure au bord du canal, où elle se mire avec son grand escalier monumental de dix-sept marches de marbre, son fronton triangulaire, ses colonnes corinthiennes, sa porte et ses statues de bronze, ses deux pyramidions et sa coupole blanche, qui fait un si bel effet dans les couchers de soleil, quand on se promène au large en gondole entre les jardins publics et Saint-Georges.

Cette église fut bâtie pour accomplir le vœu fait par le sénat pour conjurer la peste de 1576, qui causa une effroyable mortalité dans la ville, et emporta, entre autres personnages illustres, le Titien, ce patriarche de la peinture, chargé d'ans et de gloire.

L'intérieur est très-simple et même un peu nu. Soit que l'argent ait manqué, soit toute autre cause, les statues qui paraissent garnir les niches pratiquées le long de la nef ne sont que des trompe-l'œil habilement exécutés en grisaille par le P. Piazza, capucin. Les niches sont réelles; mais les statues peintes sur des planches de bois découpées trahissent leur secret par le manque d'épaisseur lorsqu'on les voit de profil, car de face elles font une illusion complète. Ce même Piazza a peint dans le réfectoire du couvent une scène qu'il eut le caprice de signer de la lettre P., répétée six fois, qu'on interprète de la sorte, Pietro Paolo Piazza Per Poco Prezzo (Pierre-Paul Piazza pour petit prix): il avait sans doute été maigrement récompensé de son labeur, et s'en vengeait.

Pour les tableaux, il faudrait recommencer la litanie ordinaire, Tintoret, Bassan, Paul Véronèse, et nous n'avons pas la prétention de vous les décrire les uns après les autres. Il y a dans Venise une telle abondance de bonnes peintures que l'on finit presque par s'en rebuter et croire qu'en ce temps-là il n'était pas plus difficile de brosser un superbe tableau d'église qu'aujourd'hui de griffonner un feuilleton au courant de la plume. Mais cependant nous recommandons au voyageur un Jean Bellin de première beauté, qui orne la sacristie.

Le sujet est la sainte Vierge et l'enfant Jésus entre saint Jérôme et saint François : la divine Mère regarde avec un air d'adoration profonde le bambin endormi dans son giron. De petits anges souriants voltigent sur un fond d'outremer en jouant de la guitare. On sait avec quelle délicatesse, quelle fleur de sentiment, quelle virginité d'âme, Jean Bellin traite ces scènes familières à son pinceau; mais ici, outre le charme naïf de la composition, la fidélité gothique du dessin, la finesse un peu sèche du modelé, il y a un éclat de coloris, une blonde chaleur de ton qui fait pressentir le Giorgion. Aussi quelques connaisseurs attribuent ce tableau à Palma le Vieux. Nous le croyons de Jean Bellin; l'éclat inusité de la couleur vient seulement de la plus parfaite conservation de la peinture. Venise est si naturellement coloriste, que le gris y est impossible, même pour les dessinateurs, et que les gothiques les plus sévères y dorent leur ascétisme de l'ambre giorgionesque.

Deux ou trois capucins en prière auraient donné à cette église, si elle eût été éclairée d'une lumière plus avare, l'air d'un de ces tableaux de Granet admirés il y a quelque vingt ans; les bons pères étaient parfaitement posés, et il ne leur manquait que la touche de rouge vif dans les oreilles. L'un d'eux balayait humblement le chœur, et nous lui demandâmes à visiter le monastère; il accéda avec

beaucoup de politesse à notre requête et nous fit
entrer par une petite porte latérale de l'église dans
le cloître.

Il y avait longtemps que nous nourrissions ce
désir de voir un intérieur de couvent habité.

En Espagne, nous n'avions pu nous passer cette
envie religieuse et pittoresque. Les moines venaient
d'être sécularisés, et les couvents, comme en
France après la Révolution, étaient devenus des
propriétés nationales. Nous nous étions promené
mélancoliquement dans la Chartreuse de Miraflo-
rès, près de Burgos, où nous n'avions trouvé qu'un
pauvre vieux, accoutré de vêtements noirâtres tenant le milieu entre le costume de paysan et celui
du prêtre, qui fumait sa cigarette auprès d'un bra-
sero, et qui nous guida le long des couloirs déserts et des cloîtres abandonnés, sur lesquels s'ouvraient les cellules vides. A Tolède, le couvent de
Saint-Jean des Rois, admirable édifice effondré, ne
contenait que quelques lézards peureux et quelques
couleuvres furtives, que le bruit de nos pas faisait
disparaître sous les orties et sous les décombres.
Le réfectoire était encore presque entier, et, au-
dessus de la porte, une effroyable peinture montrait un cadavre en putréfaction, dont le ventre
vert laissait échapper, parmi la sanie, les hôtes
immondes du sépulcre ; ce morceau avait pour but
de mater la sensualité du repas, servi cependant

avec une austérité érémitique. La Chartreuse de Grenade ne contenait plus que des tortues qui sautaient pesamment à l'eau du bord des viviers à l'approche du visiteur, et le magnifique couvent de San-Domingo, sur le versant de l'Ante-Querula, écoutait, dans la solitude la plus profonde, le babil de ses fontaines et le bruissement de ses bois de lauriers.

La capucinière de la Zuecca ne ressemblait guère à ces admirables édifices, avec leurs longs cloîtres de marbre blanc, leurs arcades élégamment découpées, merveilles du moyen âge ou de la Renaissance, leurs cours plantées de jasmins, de myrtes et de lauriers-roses, leurs fontaines jaillissantes, leurs cellules laissant apercevoir par leur fenêtre le velours bleu glacé d'argent de la Sierra-Nevada. Ce n'était pas un de ces splendides asiles où l'austérité n'est qu'un charme de plus pour l'âme et dont le philosophe s'accommoderait aussi bien que le chrétien. Le cloître n'était relevé d'aucun ornement architectural : des arcades basses, des piliers courts, un préau de prison plutôt qu'un promenoir pour la rêverie. Un vilain toit de tuiles d'un rouge criard couvrait le tout. Pas même cette nudité sévère et triste, ces tons gris et froids, cette sobriété de jour favorables à la pensée ; une lumière dure, papillotante, éclairait crûment ces pauvres détails et en faisait ressortir la prosaïque et triviale misère. Dans le jardin qu'on entrevoyait de là, des lignes de choux et de légumes d'un vert âpre. Pas un arbuste, pas une fleur : tout était sacrifié à la stricte utilité.

Nous pénétrâmes ensuite dans l'intérieur du couvent, traversé de couloirs se coupant à angles droits ; au bout de ces corridors, il y avait de petites chapelles pratiquées dans le mur et coloriées de fresques grossières en l'honneur de la Madone ou de quelque saint de l'ordre.

Les fenêtres à vitrages maillés de plomb leur donnaient du jour, mais sans produire de ces effets d'ombre et de lumière dont les peintres savent tirer si bon parti. On eût dit que dans cette construction tout était calculé pour produire le plus de laideur possible dans le moindre espace. Çà et là étaient pendues des gravures collées sur toile, représentant, dans une infinité de petits médaillons, tous les saints, tous les cardinaux, tous les prélats, tous les personnages illustres fournis par l'ordre, espèce d'arbre généalogique de cette famille impersonnelle et sans cesse renouvelée.

Des portes basses tachaient à intervalles réguliers les longues lignes blanches des murailles. Sur chacune d'elles on lisait une pensée religieuse, une prière, une de ces brèves maximes latines qui renferment un monde d'idées. A l'inscription se joignait une image de la Vierge, ou le portrait d'un saint ou d'une sainte, objet d'une dévotion particulière pour l'habitant de la cellule.

Un vaste toit de tuiles, supporté par une charpente visible, recouvrait, sans les toucher, les alvéoles de ces abeilles monastiques, comme un couvercle posé sur des rangées de boîtes.

Un son de cloche se fit entendre, indiquant soit le repas, soit la prière, ou tout autre exercice ascétique; les portes des cellules s'ouvrirent, et les couloirs, tout à l'heure déserts, se remplirent d'un essaim de moines qui se mirent en marche deux à deux, la tête baissée, leur large barbe s'étalant sur leur poitrine, leurs mains croisées dans leurs manches, vers la partie du couvent où le tintement les appelait. Quand ils levaient le pied, la sandale, en quittant leur talon, faisait une espèce de clappement très-monastique et très-lugubre, qui rhythmait tristement leur démarche de spectre.

Il en passa bien devant nous une quarantaine, et nous ne vîmes que des têtes lourdes, hébétées, abruties, sans caractère, malgré la barbe et le crâne rasé. Ah! quelle différence avec le moine de San-Servolo, si consumé d'ardeur, si calciné de foi, si ravagé de macérations, et dont l'œil fiévreux brillait déjà de la lumière de l'autre vie, extase confessant le délire! Daniel au milieu des lions!

Certes, nous étions entré dans ce couvent avec des dispositions sinon pieuses, du moins respectueuses. Si nous n'avons pas la foi, nous l'admirons chez les autres, et si nous ne pouvons croire, au moins nous pouvons comprendre. Nous nous étions préparé à sentir toutes les austères poésies du cloître, et nous fûmes assez cruellement désappointé.

Le couvent nous fit l'effet d'une maladrerie, d'un hôpital de fous ou d'une caserne. Une fauve odeur de ménagerie humaine nous prenait au nez et nous écœurait. Si l'on a pu dire de quelques saints personnages qu'ils avaient la folie de la croix, *stultitiam crucis*, il nous semblait que ces moines en avaient l'idiotisme; et, malgré nous, notre esprit se rebellait, et nous rougissions pour Dieu d'une pareille dégradation de la créature faite à son image. Nous étions honteux qu'une centaine d'hommes se réunît dans un semblable bouge, pour être sales et puer d'après certaines règles en l'honneur de celui qui a créé quatre-vingt mille espèces de fleurs. Cet encens nauséabond nous révoltait, et nous éprouvions, pour ces pauvres pères capucins, une horreur involontaire et secrète.

Nous avions beau nous regarder nous-même, nous appeler ancien abonné du *Constitutionnel*, possesseur des bustes de J. J. Rousseau et de Voltaire en biscuit, porteur d'une tabatière Touquet, libéral de la Restauration, tout ce que l'on peut imaginer de plus humiliant; nous faisions à part nous des raisonnements imbéciles, dans le genre de celui-ci : « Ne vaudrait-il pas mieux que ces robustes gaillards, faits pour la charrue, jetassent le froc aux orties, rentrassent dans la vie humaine et fissent leur salut en travaillant, au lieu de ne pas porter de chemise et de traîner leurs sandales le long du cloître, dans l'oisiveté et l'abrutissement? »

Quand nous sortîmes du couvent, deux des pères qui avaient affaire à Venise nous prièrent de les prendre dans notre gondole pour leur faire traverser le canal de la Giudecca. Par humilité, ils ne voulurent pas accepter la place d'honneur sous la felce que nous leur offrions, et ils se tinrent debout près de la proue; ils avaient assez bonne façon ainsi : leurs frocs de bure brune formaient deux ou trois grands plis que n'aurait pas dédaignés fra Bartolomé pour la robe de saint François d'Assise. Leurs pieds nus dans leurs sandales étaient très-beaux; l'orteil séparé, les doigts longs comme aux pieds de statues antiques.

Nous leur donnâmes quelques zwantzigs pour dire des messes à notre intention. Les idées voltairiennes qui nous avaient travaillé tout le temps de notre visite méritaient bien cette soumission chrétienne de notre part, et si c'était le diable qui les avait suscitées, il dut être attrapé et se mordre la queue comme un singe en colère.

Les bons prêtres prirent l'argent, le glissèrent

dans le pli de leur manche, et, nous voyant si bon catholique, nous donnèrent quelques petites images en taille-douce que nous avons précieusement conservées : saint Moïse', prophète, saint François, quelques autres saints barbus et une certaine Veronica Giuliani, abbesse capucine (*abadessa cappuccina*) dont la tête se renverse et dont les yeux nagent dans l'extase comme ceux de sainte Thérèse l'Espagnole, qui plaignait le diable de ne pouvoir aimer, et n'a pas été mise à l'index comme nous pour une idée de même nature.

Nous déposâmes les bons pères au traghet de San-Mosé, et ils eurent bientôt disparu dans les ruelles étroites.

La journée n'avait pas été favorable aux illusions : à Saint-Blaise, à la Zuecca, la citrouille remplaçait la verveine, et où nous comptions trouver un cloître féroce avec des moines livides à la manière de Zurbaran, nous avions rencontré une capucinière ignoble, avec des frocards pareils à ceux des lithographies coloriées de Schlesinger. Cette déception nous fut particulièrement cruelle ; car depuis longtemps nous caressions le rêve d'aller finir nos jours sous le froc de moine dans quelque beau couvent d'Italie ou de Portugal, au Mont-Cassin ou à Maffra, et maintenant nous n'en avons plus envie du tout.

XXIII.

Les Églises.

A l'exception de Saint-Marc, merveille qui n'a d'analogue que la mosquée de Constantinople et la mosquée de Cordoue, les églises de Venise ne sont pas très-remarquables d'architecture, ou du moins n'ont rien qui puisse étonner le voyageur qui a visité les cathédrales de France, d'Espagne et de Belgique. Sauf quelques-unes de peu d'intérêt qui remontent plus haut, elles appartiennent toutes à la Renaissance et au genre rococo, qui a suivi très-vite en Italie le retour aux traditions classiques. Les premières sont dans le style palladien; les dernières, dans un goût particulier que nous appellerons le goût jésuite. Presque toutes les vieilles églises de la ville ont été malheureusement refaites sous l'une ou l'autre de ces influences. Certes, Palladio, comme le prouvent tant de nobles édifices, est un architecte d'un mérite supérieur; mais il n'a aucunement le sens catholique, et il est plus propre à rebâtir le temple de la Diane d'Éphèse et du Jupiter Panhellénien qu'à élever la basilique du Nazaréen ou d'un martyr quelconque de la légende dorée. Il a picoré comme une abeille le miel de l'Hymette et laissé de côté dans son vol les fleurs

de la Passion. Quant au goût jésuite, avec ses
dômes gibbeux, ses colonnes œdématiques, ses
balustres pansus, ses volutes contournées comme le
parafe de Joseph Prudhomme, ses chérubins bouf-
fis, ses anges castrats, ses cartouches à serviettes
qui semblent attendre qu'on leur fasse la barbe,
ses chicorées grosses comme des choux, ses afflé-
teries malsaines et son ornementation fougueuse,
qu'on prendrait pour des excroissances de la pierre
malade, nous professons pour lui une horreur in-
surmontable. Il fait plus que nous déplaire, il nous
dégoûte. Rien selon nous n'est plus opposé à l'idée
chrétienne que cet immonde fatras de bimbelote-
ries dévotes, que ce luxe sans beauté, sans grâce,
surchargé et lourd comme un luxe de traitant, qui
fait ressembler la chapelle de la très-sainte Vierge
à un boudoir de fille d'Opéra. L'église des Scalzi
est de ce genre, un modèle de richesse extrava-
gante; les murailles, incrustées de marbre de couleur, représentent une immense tenture de lampas
ramagé de blanc et de vert; les plafonds à fresque,
de Tiepoletto et de Lazzarini, d'un ton gai, léger,
clair, où dominent le rose et l'azur, conviendraient
merveilleusement à une salle de bal ou de théâtre.
Cela devait être charmant, plein de petits abbés
poudrés et de belles dames, au temps de Casanova
et du cardinal de Bernis, pendant une messe en
musique de Porpora, avec les violons et les chœurs

de la Fenice. En effet, rien de plus naturel dans un pareil lieu que de célébrer l'Éternel sur un air de gavotte. Mais combien nous préférons les basses arcades romanes, les courts piliers de porphyre aux chapiteaux antiques, les images barbares qui se détachent sur le miroitement d'or des mosaïques byzantines, ou bien encore les longues nervures, les colonnes fuselées et les trèfles découpés à l'emporte-pièce des cathédrales gothiques !

Ces défauts d'architecture, auxquels il faut se résigner en Italie, car presque toutes les églises sont bâties plus ou moins dans ce goût, sont compensés par le nombre et la beauté des objets d'art que ces édifices renferment. Si l'on n'admire pas l'écrin, il faut admirer les joyaux. Ce ne sont que Titien, que Paul Véronèse, que Tintoret, que Palma jeune et vieux, que Jean Bellin, que Padouan, que Bonifazio et autres maîtres merveilleux. Chaque chapelle a son musée, dont un roi se ferait honneur. Cette église même des Scalzi, une fois le goût admis, offre de remarquables détails : son large escalier en brocatelle de Vérone, ses belles colonnes torses en marbre rouge de France, ses prophètes gigantesques, ses balustrades en pierre de touche, ses portes de mosaïque ont un certain style et ne manquent pas de grandeur. Elle renferme un très-beau tableau de Jean Bellin : *la Vierge et l'Enfant;* un magnifique bas-relief en bronze de

Sansovino, représentant des traits de la vie de saint
Sébastien, et un groupe d'un art moins sévère,
mais charmant, de Toretti, le maître de Canova,
une sainte Famille, saint Joseph, la Vierge et l'Enfant Jésus. La Vierge a une figure fine, grassouillette, un port de tête coquet et des extrémités d'une
délicatesse tout aristocratique. Elle a l'air d'une
duchesse de la cour de Louis XV, et l'on ne se
figure pas autrement Mme de Pompadour. Des anges de ballet, élèves de Marcel, accompagnent ce
joli groupe mondain. Ce n'est pas religieux, à
coup sûr; mais cette grâce maniérée et spirituelle
a bien du charme, et ce sculpteur de la décadence
est encore un grand artiste.

L'église de Saint-Sébastien, bâtie par S. Serlio,
est en quelque sorte la pinacothèque et le panthéon
de Paul Véronèse. Il y a travaillé pendant des années, il y repose éternellement dans l'auréole de
ses chefs-d'œuvre. Sa pierre tumulaire est là surmontée de son buste, écussonnée de ses armes,
trois trèfles sur un champ que nous n'avons pu
distinguer; admirons ce saint Sébastien de Titien :
quelle belle tête de vieillard, quel port superbe et
magistral, et comme l'enfant qui tient la mitre du
saint évêque est d'un mouvement joli et naïf! mais
passons vite pour arriver au maître du lieu, au
grand Paolo Caliari. Les trois Maries au pied de la
croix se font remarquer par cette magnifique or-

donnance, cette ampleur étoffée, familière au peintre que nul n'a égalé dans l'art de meubler les vides de ces grandes machines. Les brocarts, les damas se cassent en plis opulents, ondoient en ramages splendides, et le Christ, du haut de l'arbre de douleurs, ne peut retenir un vague demi-sourire; la joie d'être si bien peint le console de sa souffrance. La Madeleine est adorablement belle, ses grands yeux sont noyés de lumière et de pleurs; une larme encore suspendue tremble à côté de sa bouche purpurine, comme une goutte de pluie sur une rose. Le fond du paysage est malheureusement un peu trop brossé en décoration de théâtre, et ses plans mal assis jouent et chancellent à l'œil; la *Présentation de Jésus-Christ au Temple* est aussi une toile très-remarquable, malgré l'exagération membrue des personnages placés sur le devant de la composition; mais la tête du saint Siméon est d'une onction divine et d'une exécution merveilleuse, et l'Enfant Jésus se présente avec une audace de raccourci étonnante.

Dans le coin du tableau, un chien, le museau mélancoliquement levé en l'air, semble aboyer à la lune. Rien ne justifie la présence de cet animal isolé; mais l'on sait la prédilection de Paul Véronèse pour les chiens, surtout pour les lévriers; il en a placé dans tous ses tableaux, et l'église Saint-Sébastien contient précisément la seule toile où il n'en ait pas mis, ce que l'on fait remarquer comme une curiosité unique dans l'œuvre du maître. Nous n'avons pas pu vérifier par nous-même l'exactitude de cette assertion ; mais en y pensant il nous semble en effet qu'un tableau de Paul Véronèse se présente toujours à la mémoire accompagné d'un lévrier blanc, de même qu'une toile de Garofalo apparaît fleurie et signée de son invariable œillet. Quelque amateur libre de son temps devrait bien s'assurer de ce détail caractéristique.

Le plus pur de ces diamants pittoresques, c'est le *Martyre de saint Marc et de saint Marcellin encouragés par saint Sébastien*. L'art ne peut guère aller plus loin, et ce tableau doit prendre place parmi les sept merveilles du génie humain.

Quelle couleur et quel dessin dans ce groupe d'une femme et d'un enfant, que l'œil rencontre d'abord en pénétrant dans la toile ! Quelle ineffable onction, quelle résignation céleste répandues sur les visages des deux saints déjà lumineux de l'auréole future, et comme elle est charmante cette tête de femme qui apparaît de trois quarts au-dessus de l'épaule de saint Sébastien, jeune, blonde, animée par l'émotion, l'œil plein de tristesse et de sollicitude ! Cette tête, qui est tout ce qu'on voit du personnage, est d'un mouvement si juste, d'un dessin si parfait, que le reste du corps se devine sans peine derrière le groupe interposé qui le cache; on en suit jusqu'au bout les lignes invisibles, tant l'anatomie est exacte.

Le saint Sébastien est, dit-on, le portrait de Paul Véronèse, comme cette jeune fille est celui de sa femme. Ils étaient alors tous deux à la fleur de l'âge, et elle n'avait pas encore acquis cette beauté de matrone ample et lourde qui la caractérise dans les portraits qui restent d'elle, entre autres dans celui de la galerie du palais Pitti, à Florence. Étoffes, détails, accessoires, tout est achevé avec ce soin extrême, ce fini consciencieux des premières œuvres, lorsque l'artiste ne travaille que pour contenter son génie et son cœur. C'est presque au bas de cette toile qu'est enterré le peintre. Jamais lampe plus éclatante n'illumina l'ombre d'un tombeau, et le chef-d'œuvre rayonne au-dessus du cercueil comme le flamboiement d'une apothéose.

Le *Couronnement de Marie au ciel* se passe au milieu des irradiations, des effluves et des scintillations d'une lumière qui n'a jamais existé que sur la palette de Paul Véronèse. Dans cette atmosphère d'or et d'argent en fusion qui traverse les cheveux du Christ, nage aériennement une Marie d'une beauté si célestement humaine, qu'elle vous fait battre le cœur tout en vous faisant courber la tête. Le *Couronnement d'Esther par Assuérus* est d'une grandeur et d'une opulence de ton sans pareilles. Ici Paul Véronèse a pu déployer à l'aise sa manière fastueuse ; les perles, les satins, les velours, les brocarts d'or scintillent, frissonnent, miroitent et se coupent en cassures lumineuses. Quelle mâle et fière allure a le guerrier du premier plan, sous l'insouciant anachronisme de son armure! Et comme le grand chien sacramentel est campé crânement, comme il sent sa race, et comme il comprend l'honneur d'être peint par Paul Véronèse! Pends-toi, Godefroy Jadin!

Dans le haut de l'église, à un endroit presque invisible d'en bas, il y a, de la main du maître, de grandes grisailles très-légèrement faites et d'une belle tournure; l'humidité et le temps, le manque de soins commencent à les altérer; une bombe autrichienne, arrivée jusque-là en perçant la voûte, les a sillonnées d'une longue cicatrice.

La sacristie renferme encore des peintures de lui, mais qui remontent à sa première jeunesse et où son génie encore timide cherche sa voie. Pour expliquer cette prodigieuse abondance de Paul Véronèse dans cette église, la légende a plusieurs versions : d'abord une dévotion particulière de l'artiste à Saint-Sébastien ; ensuite, ce qui est plus romanesque, le meurtre d'un rival qui l'aurait obligé à chercher un refuge dans ce lieu d'asile embelli par ses loisirs reconnaissants. Selon d'autres, ce serait pour éviter la vengeance d'un sénateur dont il aurait exposé la caricature sur la place de Saint-Marc, que le peintre se serait tenu caché deux ans à Saint-Sébastien. Nous donnons ces histoires de sacristain pour ce qu'elles valent, sans prendre la peine de les critiquer.

Avant de sortir de cette radieuse église, dont nous sommes loin d'avoir indiqué toutes les richesses, si vous abaissez sur le pavé grisâtre votre œil ébloui des phosphorescences des plafonds, vous découvrirez à vos pieds une humble pierre qui ferme le caveau d'une dynastie de gondoliers. Le premier nom inscrit est Zorzi de Cataro, du traghet de Barnaba, sous la date de 1503. Le dernier porte le chiffre de 1785. La république n'a pas survécu de beaucoup aux Zorzi.

Santa-Maria dei Frari n'est pas dans l'affreux goût classique ou jésuite dont nous parlions tout à l'heure ; ses ogives, ses lancettes, sa tour romane, ses grandes murailles de briques rouges lui donnent un aspect plus religieux. Il y a au-dessus de la porte une statue de Vittoria, représentant le Sauveur. L'église dei Frari, construite par Nicolas Pisano, remonte à 1250.

C'est là que se trouve le tombeau de Canova : ce monument que l'artiste avait dessiné pour Titien, modifié en quelques parties, a servi à lui-même. Nous l'admirons très-médiocrement ; c'est prétentieux, théâtral et froid. A la base d'une pyramide de marbre vert appliquée à la muraille d'une chapelle, bâille la porte noire d'un caveau, vers laquelle se dirige une procession de statues étagées sur les marches du monument : en tête marche une figure funèbre portant une urne sépulcrale ; derrière viennent des génies et des allégories tenant des flambeaux et des guirlandes de fleurs. Pour contrebalancer cette partie de la composition, une grande figure nue, qui, sans doute, symbolise la fragilité de la vie, s'appuie sur une torche qu'elle éteint, et le lion ailé de Saint-Marc abaisse tristement son mufle sur ses pattes, dans une pose analogue au fameux lion de Thorwaldsen. Au-dessus de la porte, deux génies soutiennent le médaillon de Canova.

Ce tombeau paraît d'autant plus pauvre et plus mesquin d'idée et d'exécution, que l'église dei Frari est pleine de monuments anciens du plus beau style, du plus bel effet. Là reposent Alvise Pascaligo, Marzo Zeno, Jacopo Barbaro, Jacopo Marcello, Benedetto Pesaro, dans des sarcophages ornés de statues d'une tournure et d'une fierté merveilleuses.

On y admire un triptyque de Vivarini qui remonte à 1482, et une Vierge de Titien drapée d'un voile blanc d'un charmant effet.

La statue équestre du général Colleoni, qui a une grande prestance sur sa monture de bronze, arrête d'abord les yeux lorsqu'on arrive par le canal à la petite place au fond de laquelle s'élève l'église de

Saint-Jean-et-Paul. Quoique sa construction remonte au xiiie ou au xive siècle, elle n'a été consacrée qu'en 1430. Le tympan de la façade est joli, l'arcade circulaire qui le surplombe est merveilleusement sculptée de fleurs et de fruits. On va à Saint-Jean-et-Paul principalement pour voir la *Mort de saint Pierre*, de Titien ; tableau si précieux qu'il est défendu de le vendre, sous peine de mort. Nous aimons cette férocité artistique, et c'est le seul cas où la peine capitale nous paraisse devoir être conservée. Cependant d'autres tableaux de Titien nous semblent aussi dignes que celui-là, malgré toute sa beauté, d'une pareille jalousie de la part de Venise, et nous nous en faisions, au delà des copies et des gravures, une idée différente et supérieure à la réalité. La scène se passe dans un bois ; saint Pierre est renversé, le bourreau le tient par le bras et lève déjà l'épée ; un prêtre s'enfuit épouvanté, et dans le ciel deux anges apparaissent, prêts à recueillir l'âme du martyr. Le bourreau est parfaitement campé ; il menace et injurie bien. Une expression bestialement furieuse contracte ses traits. Ses yeux luisent sous son front bas comme ceux d'un tigre. Sa narine se dilate et flaire le sang. Mais il y a peut-être trop d'effroi et pas assez de résignation dans la tête du saint. Il ne voit que le glaive dont la froide lame va lui passer entre les vertèbres, et il oublie que là-haut, dans l'azur, planent des messagers célestes avec des palmes et des couronnes. C'est trop un vulgaire condamné à qui l'on va couper le cou et que cela chagrine. Le moine, lui, est bien effrayé, bien crispé de terreur, mais il se sauve mal. Son corps, strapassé par les raccourcis, se dégingande. Ses jambes sont rejetées en arrière par la course. Ses bras vont d'un côté et sa tête de l'autre.

Si la composition donne prise à la critique, on ne peut admirer qu'à genoux ce magnifique paysage, si grand, si sévère, si plein de style, ce coloris simple, mâle et robuste, ce faire large et grandiose, cette impassible souveraineté de touche, cette hautaine maestria qui révèle le dieu de la peinture. Titien, nous l'avons déjà dit, est la seule organisation d'artiste que le monde moderne puisse opposer au monde antique pour la force calme, la splendeur tranquille et l'éternelle sérénité.

Nous pourrions encore vous parler des monuments funèbres qui tapissent les murs, de l'autel Saint-Dominique, où l'histoire de ce saint est modelée dans une suite de bas-reliefs de bronze, par Joseph Mazza, de Bologne, du *Christ en croix*, de Tintoret, des magnifiques sculptures de la chapelle de Sainte-Marie-des-Roses, et du *Couronnement de la Vierge*, par Palma le Vieux ; mais, dans une église où il y a un Titien, on ne voit que Titien. Ce soleil éteint toutes les étoiles.

XXIV.

Églises, scuole et palais.

Saint-François-des-Vignes, avec son clocher blanc et rouge, mérite aussi d'être visité. Il y a près de l'église un cloître bizarre, fermé de grilles de bois noir, qui entoure une espèce de préau encombré de mauves sauvages, d'orties, de ciguës, d'asphodèles, de bardanes et autres plantes de ruines et de cimetières, au milieu desquelles s'élève une grotte en rocailles et en madrépores, assez semblable à ces petits rochers de coquillages que l'on vend au Havre et à Dieppe. Cette grotte abrite une effigie de saint François en bois ou en plâtre colorié, un joujou de dévotion, une chinoiserie jésuitique. Sous les arcades humides et verdies du cloître, au milieu de tombes usées par le frottement et d'inscriptions déjà illisibles, nous avons remarqué sur une dalle de pierre une gondole sculptée d'un relief un peu fruste, mais très-visible encore. Elle recouvrait un caveau de gondoliers, comme la tombe des Zorzi de Cataro à l'église de Saint-Sébastien ; chaque traghet avait ainsi son lieu de sépulture.

A Saint-François-des-Vignes, nous avons vu un tableau de Negroponte, d'une beauté et d'une conservation remarquables. C'est le seul que nous ayons rencontré de ce peintre, dont nous n'avons jamais entendu prononcer le nom, qui pourtant mériterait d'être connu.

Nous allons en donner une description un peu détaillée : La Vierge, assise sur un trône, revêtue d'une robe de brocart d'or et d'un manteau ramagé du fini le plus précieux, dont une petite fille soutient le pan d'un air de dévotion ingénue, regarde amoureusement l'enfant Jésus posé en travers sur ses genoux. La tête de cette Vierge, d'une délicatesse exquise, ferait honneur à Jean Bellin, à Carpaccio, à Perugin, à Durer, aux maîtres gothiques les plus suaves et les plus purs. Elle est blonde, et l'or de ses cheveux traités un à un se confond dans la splendeur d'un nimbe trilobé, incrusté de pierres précieuses à la façon byzantine ; en haut, du fond de l'outremer d'un naïf paradis, le Père éternel regarde le groupe sacré dans une pose majestueuse et satisfaite ; deux beaux anges tiennent des guirlandes de fleurs, et derrière le trône, couvert d'orfévreries et d'émaux comme celui d'une impératrice du Bas-Empire, s'épanouit une floraison de roses et de lis arrangés en cabinet et qui rappellent les fraîches appellations de la litanie.

Tout cela est traité avec cette religieuse minutie, cette patience infinie qui ne semblent pas tenir compte du temps et qui accusent les longs loisirs du cloître. En effet, Negroponte était moine, comme le dit l'inscription tracée sur letableau : *Pater Antonius Negroponte pinxit*. Mais ce soin extrême n'ôte rien à la grandeur de l'aspect, à l'imposant de l'effet, et la richesse du coloris lutte victorieusement contre l'éclat des ors et des ornements gaufrés. C'est à la fois une image et un joyau, comme doivent l'être à notre sens les tableaux exposés à l'adoration des fidèles. L'art, dans ces circonstances, gagne à revêtir le luxe hiératique et mystérieux de l'idole. La madone du P. Antoine de Negroponte à Saint-Franççis-des-Vignes remplit admirablement ces conditions et soutient avec honneur le voisinage du Christ ressuscité de Paul Véronèse, du Martyre de Saint-Laurent de Santa-Croce, et de la Madone de Jean Bellin, un de ses meilleurs ouvrages, malheureusement placé dans une chapelle obscure.

Il ne faut pas négliger d'aller à Saint-Pantaléon, ne fût-ce que pour le gigantesque plafond de Fumiani, représentant différents épisodes de la vie du saint, son martyre et son apothéose. Depuis la roideur monastique et la naïveté d'enluminure de missel du P. Antoine de Negroponte, il s'est écoulé bien des années, et l'art a fait bien du chemin. D'où vient cependant que ce plafond, qui égale en facilité hardie le salon d'Hercule, de Lemoine, et les fresques de l'Escurial, de Luca Giordano, vous laisse froid malgré son art de raccourci, ses trompe-l'œil, toutes ses ressources et ses rouecies d'exécution ? C'est que là le moyen est tout, que la main y devance la tête, et qu'il n'y a pas d'âme dans cette immense composition suspendue au-dessus de votre tête comme une Gloire d'opéra, par des ficelles visibles. Le gothique le plus sec, le plus contraint, le plus maladroit, a un charme qui manque à tous ces grands maniéristes si savants, si prestes, si habiles, et d'une pratique si expéditive.

Dans l'église de Santa-Maria-della-Salute, illustrée par la magnifique vue extérieure qu'en a tirée Canaletto et que tout le monde a pu voir à la galerie du Louvre, on admire un superbe plafond du Titien, le meurtre d'Abel par Caïn, exécuté avec une robustesse et une furie magistrales : c'est calme et violent comme toutes les œuvres bien réussies de ce peintre sans rival. L'architecture est de Balthasar Longhena; les coupoles blanches sont d'une courbe très-gracieuse et s'arrondissent dans l'azur comme des seins pleins de lait ; cent trente statues aux draperies volantes, aux poses élégamment maniérées, en peuplent la corniche ; une Ève fort jolie, en costume du temps, nous souriait tous les matins de cette corniche, lorsque nous demeurions à l'hôtel de l'Europe, sous un rayon de soleil rose qui teignait son marbre d'une rougeur pudique. La religion n'est pas farouche en Italie, et elle accepte volontiers la nudité sanctifiée par l'art. Nous avons déjà raconté, si notre mémoire ne nous trompe, la surprise que nous fit éprouver la rencontre d'une Ève semblable, encore moins vêtue si c'est possible, sur la plate-forme du dôme de Milan.

Nous pourrions continuer indéfiniment ce pèlerinage d'église en église, car toutes renferment des trésors qui nous entraîneraient à d'interminables descriptions ; mais ce n'est pas un *Guide* que nous avons la prétention d'écrire ; nous voulons seulement peindre, en quelques chapitres familiers, la vie à Venise d'un voyageur sans parti pris, curieux de tout, très-flâneur, capable d'abandonner un vieux monument pour une jeune femme qui passe, prenant le hasard pour cicerone, et ne parlant, sauf à être incomplet, que de ce qu'il a vu. Ce sont des croquis faits d'après nature, des plaques de daguerréotype, de petits morceaux de mosaïque recueillis sur place, que nous juxtaposons sans trop nous soucier d'une correction et d'une régularité qu'il n'est peut-être pas possible d'obtenir dans une chose aussi diffuse que le vagabondage à pied ou en gondole d'un feuilletoniste en vacance dans une ville inconnue pour lui, et où tant d'objets tirent la curiosité de tous côtés.

Aussi, sans chercher une transition laborieuse, nous allons vous conduire tout droit à la Scuola de San-Rocco, élégant édifice composé de deux ordres de colonnes corinthiennes superposées, et qui sont nouées, au tiers de leur hauteur, d'un entrelacs du plus joli effet.

Saint Roch, comme on sait, jouit du privilége de guérir la peste : aussi est-il en grande vénération à Venise, particulièrement exposée aux contagions par ses rapports avec Constantinople et les Échelles du Levant. Sa statue montre sur sa cuisse découverte un affreux bubon charbonné, car les saints sont homœopathes, et ne guérissent que les maladies dont ils sont affectés. La peste est traitée par un saint pestiféré, l'ophthalmie par une martyre à qui l'on a arraché les yeux, et ainsi de suite. C'est le cas de dire : *Similia similibus*. Médecine à part, on pense sans doute que ces bienheureux personnages compatissent plus tendrement aux maux qu'ils ont soufferts.

A la Scuola de Saint-Roch, on trouve une salle basse entièrement peinte par le Tintoret, ce terrible abatteur de besogne, et, en montant un magnifique escalier monumental du Scarpagnino, l'on a à sa droite et à sa gauche, comme pour justifier le nom et le patronage du saint pestiféré, différents épisodes de la grande épidémie vénitienne, qui pourraient servir aux illustrations du choléra parisien. Ces peintures cadavéreuses sont, celles de droite, d'Antonio Zanchi, celles de gauche, de Pietro Negri.

Dans le premier de ces tableaux, on voit l'arrivée de la peste à Venise. Le fléau, personnifié sous la figure d'un squelette, traverse l'air épais et malsain, porté par une femme aux mamelles flétries, hâve, décharnée et verte comme la putréfaction, qui vole à tire-d'aile, dans la pose de la Mort d'Orcagna. Sur le devant, une femme de trois quarts perdu court en fuyant ; elle est blonde et potelée comme toute Vénitienne de race, et ce serait vraiment dommage que le spectre hideux l'atteignît, car elle est charmante dans sa frayeur et parfaitement dessinée.

De l'autre côté, un gondolier très-solidement campé, d'une proportion gigantesque et d'une musculature exagérée, démarre, avec un mouvement superbe, une barque destinée au transport des cadavres. Une femme morte, aux ombres noires, aux chairs livides, mais dont les bras charnus et la gorge puissante montrent qu'elle a été foudroyée pleine de vie par le fléau, se présente, la tête la première, en raccourci, d'une façon violente et dramatique ; près d'elle un homme (détail naïvement horrible) se bouche le nez, ne pouvant supporter la puanteur de ce beau corps à peine refroidi et déjà décomposé.

Ce lugubre poëme se termine par la *Fin de la peste*. L'air se rassérène. Une femme développe au premier plan de fort belles épaules, d'une blancheur vivace ; plus de ces teintes bleuâtres, de ces chairs livides qui appellent le chlore et la chaux vive. La santé publique est revenue. On peut respirer sans crainte d'avaler du poison, presser une main amie sans emporter un germe de mort. La république, par la puissante intercession de saint Roch, a obtenu du ciel la cessation du fléau. Tout ce groupe supérieur est d'une grâce adorable. Le saint, penché aux pieds de Jésus-Christ et de la Vierge, supplie avec une ineffable ardeur, et l'on comprend que la bonté céleste n'a rien à refuser à une prière si fervente. La république, symbolisée par une belle femme, dans le goût de Paul Véronèse, a une pose très-noble et d'une grande tournure; il est fâcheux que ses mains ne répondent pas à la beauté de sa tête.

C'est à la Scuola de Saint-Roch que se trouve le chef-d'œuvre de Tintoret, cet artiste si fécond et si inégal, qui va du sublime au détestable avec une facilité prodigieuse. Ce tableau immense représente dans un grand développement tout le drame sanglant du Calvaire. Il occupe à lui seul le fond d'une grande salle.

Le ciel, peint sans doute avec cette cendre bleue d'Égypte qui a joué de si mauvais tours aux artistes de ce temps-là, a des tons faux et louches désagréables à l'œil, qu'il ne devait pas offrir avant la carbonisation de cette couleur trompeuse, qui a si bizarrement noirci les fonds des *Pèlerins d'Emmaüs*, de Paul Véronèse ; mais cette imperfection est bien vite oubliée, tant les groupes des premiers plans s'emparent victorieusement du spectateur au bout de quelques minutes de contemplation. Les saintes femmes forment auprès de la croix le trio le plus profondément désespéré que puisse rêver la douleur humaine ; l'une d'elles, entièrement couverte de son manteau, gît à terre et sanglote dans une prostration désolée de l'effet le plus pathétique.

Un nègre, pour dresser la croix d'un des larrons, se tient debout sur la pointe du pied, avec un mouvement contourné et strapassé qui manque de naturel ; mais il est peint, comme tout le reste du tableau, d'une brosse si véhémente et si furieuse, qu'on ne peut s'empêcher de l'admirer. Jamais Rubens, jamais Rembrandt, jamais Géricault, jamais Delacroix, dans leurs plus fiévreuses et leurs plus turbulentes esquisses, ne sont arrivés à cet emportement, à cette rage, à cette férocité. Cette fois, Tintoret a justifié pleinement son nom de Robusti ; la vigueur ne saurait aller plus loin ; cela est violent, exagéré, mélodramatique, mais revêtu d'une qualité suprême : la force.

Cette toile, rayonnante d'un art souverain, doit faire pardonner à l'artiste bien des arpents de ces croûtes enfumées et noirâtres qu'on rencontre à chaque pas dans les palais, les églises et les galeries, et qui sont plutôt d'un teinturier que d'un peintre. Le *Calvaire* porte la date de 1565.

Avant de quitter la Scuola de San-Rocco, il faut regarder un très-beau *Christ* du Titien, d'une expression douloureuse et profonde, et de charmantes portes d'autel, fouillées en 1765 par Philiberti, avec une délicatesse exquise et une étonnante perfection de détail. Ces sculptures, précieuses malgré leur date moderne, représentent différents traits de la vie de saint Roch, le patron du lieu. Les menuiseries de la salle supérieure sont aussi très-remarquables. Mais, si l'on voulait tout admirer, on n'en finirait pas.

En suivant cette méthode vagabonde, regagnons le grand canal et donnons quelques détails sur le palais Vandramin Calergi, occupé maintenant par la duchesse de Berry. Il est d'une riche et noble architecture, de Pierre Lombard probablement ; de petits génies soutiennent, dans l'entablement et au-dessus des fenêtres, des écussons historiés d'ornements d'un goût exquis, et donnent beaucoup d'élégance à cette façade ; un jardin de médiocre étendue fait verdoyer quelques arbres à côté de ce palais, que rien ne distinguerait des autres si les grands poteaux d'amarre blancs et bleus n'indiquaient, par les fleurs de lis dont ils sont semés, une demeure princière et quasi royale.

Quand on a obtenu la permission de visiter le

palais, des valets en livrée verte vous accueillent très-poliment au bas de l'escalier, dont l'eau baigne les marches, attachent votre gondole aux poteaux et vous introduisent dans un vestibule où l'on attend que les formalités d'admission soient remplies.

Ce vestibule est aussi long que le palais ; il aboutit à une sorte de cour semblable aux cours de nos hôtels ; on a besoin de songer qu'on est à Venise, pour ne pas s'attendre à y voir une voiture dételée et des chevaux de selle revenant du bois.

Deux gondoles remisées et quelques pots de terre garnis de sapinettes et autres pauvres plantes mourant de soif meublent seuls la nudité de cette vaste salle d'attente qu'on retrouve dans tous les palais vénitiens, antichambre qui est à la fois un débarcadère.

Au milieu de ce vestibule, à gauche, se présente un grand escalier entre deux murs, où pendent deux câbles de soie rouge, et où règne la même décoration de malheureuses plantes vivaces. Un étroit tapis garnit les marches et conduit à une salle immense, pareille au vestibule, sans mobilier et sans ornement. De là on entre dans la salle à manger, dont les murs sont couverts de portraits de famille.

Cette pièce forme un carré long. Elle est très-bien éclairée par deux grandes fenêtres-balcon.

Une table ovale occupe le milieu, et un paravent cache la porte d'entrée. Sur la muraille de droite on remarque le portrait de la duchesse de Bourgogne, en robe de velours bleu, et ceux du comte d'Artois et de Mme la princesse de Lamballe et quelques petits cadres. Sur la muraille de gauche, en face, le portrait de Louis XV, également en pied, et de chaque côté, ceux de ses filles, Mesdames de France.

Dans cette salle à manger, une porte masquée ouvre sur une chapelle obscure, et si petite que six personnes auraient peine à y tenir. On y compte quatre prie-Dieu. A droite, une grande porte donne accès dans un salon tout moderne, encombré de tableaux et d'une infinité de petits meubles : tables anglaises, coffrets parisiens, rien n'y manque de ce charmant luxe inutile qui rappelle la patrie par ses chères futilités; deux portraits de Son Altesse Royale sont placés en regard : celui de Lawrence, en robe de satin blanc, avec une rose au côté, montre le plus ravissant petit pied qu'il soit possible d'admirer dans un soulier de satin. Tout le fond de cette pièce est couvert de ces tableaux que tout le monde a vus aux expositions de l'époque, et qui représentaient, pour la plupart, des héros de la Vendée.

En retraversant la salle à manger, on entre, par une porte à gauche, dans un salon qui paraît petit relativement aux pièces précédentes, et peut-être écrasé par le somptueux mobilier qu'il renferme. Là sont placés trente tableaux d'élite; c'est une espèce de Tribune, de Salon carré, où ne manque peut-être pas un des seuls grands noms de la peinture. Au milieu de ces chefs-d'œuvre rayonne une Vierge d'André del Sarto, d'une beauté à donner des frissons au bourgeois le moins connaisseur, au philistin le plus cuirassé de prosaïsme.

Ce salon, éclairé par un jour doux et ménagé, nous a paru la pièce préférée, le cœur même de l'édifice, et nous l'avons quitté à regret pour aller visiter le fameux salon où se trouvent ces deux colonnes de porphyre, dont la valeur est si grande qu'elle surpasse celle du palais tout entier. Elles sont placées devant une porte, et font aussi peu d'effet que les lapis-lazuli du salon Serra à Gênes, qu'on croirait volontiers peints et vernis, et qui ressemblent, à faire peur, à du moiré métallique bleu. Elles paraissent fausses, quoique de la vérité la plus incontestable.

Ce qui ajoute encore à cette malencontreuse pensée, c'est qu'on a placé vis-à-vis de ces colonnes, dans une de ces hautes cheminées dont l'architecture va rejoindre la voûte, un poêle qui peut être confortable, mais n'a rien d'élégant, et dont la faïence voisine mal avec le porphyre. Il y a encore un dernier salon qui n'a rien de remarquable. Aux quatre angles, quatre piédouches supportent quatre bustes, ceux du duc de Berry, de Charles X et autres personnages de la famille royale. De là, on communique dans les appartements du comte Lucchesi-Palli, et l'inspection est faite.

Ce serait tomber dans les lieux communs philosophiques que de transcrire ici les pensées que fait naître nécessairement sur la fragilité des grandeurs humaines cette visite au palais Vendramin-Calergi, modeste asile d'une si haute infortune. Mais ce n'est pas la première fois que Venise a le privilége d'abriter les royautés déchues; Candide y soupa à l'auberge avec quatre monarques sans ouvrage, qui n'avaient pas le moyen de payer leur écot.

Nous saluâmes aussi, en allant à l'hôtel des postes chercher nos lettres de France, l'humble demeure d'une autre grandeur déchue, de Manin, ce héros sans emphase, égal aux plus grands de l'antiquité. Sur le modeste balcon de son appartement, à l'angle de la rue Paternian, se fanaient dans l'abandon quelques pots de jacinthe défleurie, et les fenêtres ternes avaient cet aspect mélancolique que prennent les maisons dont l'âme est partie pour l'exil ou la mort, cet exil éternel.

XXV.

Le Ghetto, Murano et Vicenza.

Un jour, nous errions à l'aventure dans les recoins perdus de Venise, car nous aimons connaître des villes autre chose que la physionomie officielle, dessinée, décrite, racontée partout, et nous sommes curieux, le légitime tribut d'admiration payé, de soulever ce masque monumental que chaque cité se pose sur le visage pour dissimuler ses laideurs et ses misères. De ruelle en ruelle, à force de passer des ponts et de nous tromper de chemin, nous étions arrivé au delà de Canarregio, dans une Venise qui ne ressemble guère à la Venise coquette des aquarelles. Des maisons à demi écroulées, aux fenêtres fermées par des planches, des places désertes, des espaces vides où séchaient des linges sur des cordes et jouaient quelques enfants déguenillés, des plages arides sur lesquelles des calfats radoubaient des barques dans d'épais nuages de fumée, des églises abandonnées et fracassées par les bombes autrichiennes, dont quelques-unes étaient venues éclater sur cette limite extrême, des canaux à l'eau verte et lourde, où surnageaient des paillasses vidées et des détritus de légumes, formaient un ensemble de misère, de solitude et d'abandon d'une impression pénible. Les villes factices et conquises sur la mer, comme Venise, ont besoin de richesse et de splendeur ; il faut tout le luxe des arts, toutes les magnificences de l'architecture, pour consoler de la nature absente. Si un palais de Scamozzi ou de Sammicheli a belle mine au bord du grand canal avec ses balcons, ses colonnes et ses escaliers de marbre, rien n'est plus triste qu'une masure qui s'effondre entre le ciel et l'eau, et qui voit sur ses pieds moisis courir les cloportes et grimper les crabes.

Nous marchions depuis quelque temps à travers un dédale de ruelles qui souvent nous ramenaient à notre point de départ. Nous remarquions avec surprise l'absence de tout emblème religieux au coin des rues ; plus de chapelles, plus de madones ornées d'*ex-voto*, plus de croix sculptées sur les places, plus d'effigies de saints, aucun de ces signes de dévotion extérieure si multipliés dans les autres quartiers de la ville. Tout avait l'air étrange, farouche et mystérieux. Des figures bizarres et furtives glissaient silencieusement le long des murailles avec un air craintif. Ces figures n'avaient pas le type vénitien. Des nez recourbés, des yeux de charbon dans une pâleur verdâtre, des joues effilées, des mentons pointus, tout accusait une race différente. Les haillons qui les couvraient, étriqués, piteux, lustrés de crasse, avaient une sordidité particulière et dénotaient encore plus la cupidité que la pauvreté, une misère avare et plutôt voulue que subie, faite pour inspirer le mépris et non la pitié.

Les ruelles se rétrécissaient de plus en plus; les maisons se haussaient comme des Babels de taudis superposés, pour chercher un peu d'air respirable et de lumière au-dessus de l'ombre et de la fange où rampaient des êtres difformes. Plusieurs de ces maisons comptaient neuf étages, neuf zones de loques, d'ordures et d'industries immondes. Toutes les maladies oubliées des léproseries d'Orient semblaient ronger ces murailles galeuses; l'humidité les tachetait de plaques noires comme celles de la gangrène; les efflorescences du salpêtre y simulaient dans le plâtre des rugosités, des verrues et des bubons de peste; le crépi, s'effritant comme une peau dartreuse, se détachait en pellicules furfuracées. Aucune ligne ne gardait la perpendiculaire; tout chevauchait hors de l'aplomb; un étage rentrait et l'autre faisait ventre; les fenêtres chassieuses, borgnes ou louches, n'avaient pas un carreau entier. Des emplâtres de papier y pansaient, tant bien que mal, les blessures des vitres; des bâtons, pareils à des bras décharnés, secouaient au-dessus du passant d'indescriptibles guenilles; des matelas hideusement souillés tâchaient de sécher au soleil sur le rebord des croisées béantes et noires.

Par places, un reste d'enduit de briques et de plâtre pilés donnait à quelques-unes de ces façades, moins décrépites que les autres, une rougeur malsaine comme celle qui plaque les pommettes d'une poitrinaire ou d'une courtisane de bas étage enluminée de fard. Ce n'étaient pas les moins laides et les moins repoussantes ; on eût dit la santé sur la mort, le vice sur la misère. Lequel est le moins horrible, d'un cadavre dans toute sa lividité, ou d'un cadavre dont on a frotté la face de cire jaune avec du vermillon ?

Des ponts en ruine, pliant leur dos voûté comme des vieillards écrasés d'ans, et près de laisser choir leur arche dans l'eau, reliaient entre elles ces masses de masures informes, séparées par des canaux stagnants, fangeux, noirs comme de l'encre, verts comme de la sanie, obstrués d'immondices et de détritus de toutes sortes, que la marée n'a pas la force d'emmener, impuissante qu'elle est à remuer cette eau endormie, opaque et lourde, semblable celle d'un marais stygien ou d'un fleuve d'enfer.

Enfin, nous débouchâmes sur un campo assez vaste, passablement dallé, et au milieu duquel bâillait la gueule de pierre d'une citerne. A l'un des angles s'élevait un édifice d'un aspect architectural plus humain, dont la porte était surmontée d'une inscription sculptée en lettres orientales, que nous reconnûmes pour des caractères juifs. Le mystère s'expliquait. Ce quartier fétide et purulent, cette Cour des Miracles aquatique était tout bonnement le Ghetto, la juiverie de Venise, qui a conservé la sordidité caractéristique du moyen âge.

Probablement, si l'on pénétrait dans ces maisons pourries, lézardées, rayées de suintements immondes, on y trouverait, ainsi que dans les anciennes juiveries, des Rebecca et des Rachel d'une beauté orientalement radieuse, roides d'or et de pierreries comme des idoles hindoues, assises sur les plus précieux tapis de Smyrne, au milieu de vaisselles d'or et de richesses inappréciables entassées par l'avarice paternelle; car la pauvreté du juif n'est qu'extérieure. Si le chrétien a le faux luxe, l'israélite a la fausse misère. Comme certains insectes, pour échapper à ses persécuteurs, il se roule dans l'ordure et se fait couleur de fange. Cette habitude prise au moyen âge, où elle était nécessaire, il ne l'a pas encore perdue, quoique rien ne la justifie à présent, et il la continue avec l'opiniâtreté indélébile de sa race.

Cet édifice historié d'une inscription hébraïque était la synagogue. Nous y entrâmes. Un assez bel escalier nous conduisit dans une grande salle oblongue boisée de menuiseries bien travaillées, tapissée d'un splendide damas rouge des Indes. Le Thalmud, de même que le Coran, défend à ses sectaires la reproduction de la figure humaine, et traite l'art de pratique idolâtre. La synagogue est forcément nue comme une mosquée ou comme un temple protestant, et ne peut atteindre aux magnificences des cathédrales catholiques, quelle que soit la richesse de ses fidèles. Ce culte, tout abstrait, est pauvre à l'œil : une chaire pour le rabbin qui commente la Bible, une tribune pour les musiciens qui chantent les psaumes, un tabernacle où sont renfermées les tables de la loi, et c'est tout.

Nous remarquâmes, dans cette synagogue, un grand nombre de lustres en cuivre jaune avec des boules et des bras tortillés d'un goût hollandais, comme on en voit souvent dans les tableaux de Gérard-Dow ou de Mieris, notamment dans le tableau de la *Paralytique*, que la gravure a rendu populaire. Ces lustres viennent probablement d'Amsterdam, cette Venise septentrionale, qui renferme aussi beaucoup de juifs. Cette abondance de luminaires ne doit pas surprendre ; car les chandeliers à sept branches, les lampes et les flambeaux reviennent à tout propos dans la Bible.

Le cimetière des juifs est au Lido ; le sable le recouvre, la végétation l'envahit, et les enfants ne se font nul scrupule de piétiner et de danser sur les tombes renversées ou fendues. Quand on leur reproche leur irrévérence, ils répondent tout naïvement : « Ce sont des juifs. » Un juif, un chien, c'est la même chose à leurs yeux. Ces tombes, pour eux, recouvrent, non pas des cadavres, mais des charognes. Ce champ funèbre n'est pas un cimetière, c'est une voirie. En Espagne, à Puerto de Santa-Maria, nous entendîmes un propos analogue; un nègre, servant de place, venait d'être tué par un taureau dans une course; on l'emportait et nous étions tout ému : « Calmez-vous, nous dit un voisin, ce n'est rien; c'est un nègre. » Juif ou nègre, ce sont des hommes, pourtant! Combien de temps faudra-t-il encore pour l'apprendre aux enfants et aux barbares?

Rien n'est plus triste, plus morne et plus navrant que ce terrain sablonneux tout bosselé de pierres tumulaires. Ces inscriptions à demi effacées, en caractères qu'on ne peut lire, ajoutent encore au mystère, à l'oubli, à l'abandon; on ne peut donner au mort couché là-dessous la satisfaction d'entendre épeler son nom et son épitaphe. Le cimetière nous a rappelé un cimetière arabe près d'Oran, sur une colline pulvérulente et pierreuse, d'une aridité effroyable, balayée du vent de mer, brûlée du soleil et à travers lequel on passait sans faire plus d'attention aux tombes effondrées qu'aux cailloux du chemin. Au moins les morts arabes ne sont-ils pas troublés par le bruit des chansons et des saltarelles; car le Lido est à la fois guinguette et cimetière : on y enterre et on y danse.

Les chrétiens, eux, vont dormir plus en paix

dans la petite île de San-Michiele, sur le chemin de Murano; on les couche sous le sable amer qui doit être doux aux os d'un Vénitien, et les gondoles saluent leur croix en passant.

Murano est bien déchu de son antique splendeur; ce n'est plus, comme autrefois, la magicienne des fausses perles, des glaces et des verroteries. La chimie a éventé ses secrets; elle n'a plus le privilége de ces beaux miroirs à biseaux, de ces grands verres au pied de filigrane, de ces buires rubannées de spirales laiteuses, de ces boules de cristal qui semblent une larme de la mer figée sur les délicates végétations océaniques; de ces rassades qui bruissaient sur le pagne des noires Africaines. La Bohême fait aussi beau, Choisy-le-Roi fait mieux. L'art, à Murano, est resté stationnaire dans le progrès universel.

Nous visitâmes une de ses verreries, où l'on fabriquait de petites perles de couleur. De longs fils creux, de nuances différentes, les uns transparents, les autres opaques, sont hachés par petits fragments, puis roulés dans des boîtes, jusqu'à ce que le frottement les ait arrondis; on les polit, puis on enfile ces perles avec du crin et on les réunit en écheveaux.

On souffla pour nous une bouteille tramée d'un ruban de filigrane blanc et rose. Rien n'est plus simple et plus expéditif que le procédé. L'ouvrier verrier était un grand et beau garçon, à cheveux noirs et frisés, dont la mine vermeille ne s'accordait guère avec les préjugés que l'on avait autrefois sur cette profession réputée mortelle, et que les gentilshommes pauvres pouvaient à cause de cela exercer sans déroger. Il prit un peu de verre en fusion au bout de son tube, y amalgama le filet de couleur qu'il voulait tourner en même temps, et d'une seule haleine souffla sa pièce, qui s'enflait frêle et légère comme une bulle de savon. Il nous fit de même un verre qu'il nous abandonna pour quelques zwantzigs.

Murano renferme une autre curiosité qu'on nous fit voir avec un certain orgueil, un cheval, animal plus chimérique à Venise que la licorne, le griffon, les coquecigrues, les boucs volants et les cauchemars. Richard III y crierait en vain : « Mon royaume pour un cheval. » Cela nous fit un certain plaisir de voir cet honnête quadrupède, dont nous commencions à oublier l'existence.

La rencontre de ce cheval nous donna une espèce de nostalgie de terre ferme, et nous revînmes à Venise tout rêveur. Il nous sembla qu'il y avait bien longtemps déjà que nous n'avions vu de plaines, de montagnes, de champs cultivés, de routes bordées d'arbres, de rues sillonnées de voitures, et nous songeâmes que rien n'était plus agréable que le tapage de fouets et de grelots d'une voiture de poste. Mais une visite cyclique au Musée-Correr, où l'on garde, parmi cent autres raretés, la planche du merveilleux plan de Venise gravé sur bois par Albert Durer; au palais Manfrini, qui renferme une riche collection de maîtres vénitiens, et chez différents marchands de bric-à-brac, ossuaires où se sont déposées par couches les anciennes magnificences de la république, eut bientôt chassé ces idées continentales et champêtres.

Un petit incident retarda encore de quelques jours ces velléités de départ. Un matin que nous marchandions, dans une boutique d'orfévre de la Frezzaria, une de ces petites chaînes d'or fines comme des cheveux, et que nous voulions rapporter comme souvenir de voyage à l'une de nos amies parisiennes, nous vîmes entrer une belle fille, négligemment drapée d'un grand châle rayé de couleurs éclatantes, qui était, à vrai dire, la seule pièce de son vêtement; car elle n'avait dessous que sa chemise et un jupon blanc, tenue qui, du reste, n'a rien d'extraordinaire à Venise. Si sa toilette était succincte, ses beaux cheveux noirs lustrés, peignés avec soin, et dont les nattes opulentes se repliaient plusieurs fois sur sa nuque dorée, lui faisaient une charmante coiffure de bal à laquelle ne manquait même pas la fleur placée à propos sur le coin de l'oreille; elle s'approcha de la montre et choisit une bague d'argent qu'elle convoitait sans doute depuis plusieurs jours. Le marchand lui en fit un prix qui lui parut exorbitant et l'était en effet, vu le peu de valeur du bijou, ce qui la fit entrer dans la plus divertissante colère du monde. Toute rose de dépit, elle se mit à invectiver le marchand dans ce doux et zézayant patois vénitien que nous commencions à comprendre, et qui ne peut perdre sa grâce, même dans les querelles. Elle appelait l'honnête orfévre juif, scélérat, faussaire et grand chien de la Madone, une grosse injure italienne.

Le marchand riait et maintenait son prix, sans s'émouvoir de ce joli débordement d'invectives qu'il provoquait pour nous amuser, et que nous arrêtâmes en faisant mettre la bague sur notre compte, à la condition que Vicenza, c'était le nom de la jeune fille, nous laisserait faire un dessin d'après elle.

Les belles filles à Venise, quoique cela soit bizarre dans une ville si peuplée de peintres, consentent plutôt à être votre maîtresse que votre modèle : elles comprennent mieux l'amour que l'art, et se croient assez jolies pour qu'on laisse tomber crayons et palettes en les regardant. Selon elles, les laides seules devraient poser. Singulière théorie et qui s'explique pourtant avec leurs imaginations naïves et fougueuses. Elles ne supposent pas qu'un homme jeune puisse copier froidement leur beauté, et jeter sur elle ce regard analytique et scrutateur qui métamorphose en marbre la chair vivante. Ces idées donneraient peut-être la raison du type unique de femme employé par chaque maître italien.

La Vicenza, qui, en toute autre occurrence, se serait montrée, à coup sûr, moins farouche, fit beaucoup de difficultés, et se décida enfin à venir poser, accompagnée d'une de ses amies, ancienne figurante de danse à la Fenice.

A vrai dire, elle croyait peu à notre dessin et se flattait d'un rendez-vous plus galant; son incrédulité ne cessa que lorsqu'elle nous vit ouvrir notre boîte à pastel, placer notre papier et disposer nos crayons.

Vicenza offrait une variété brune de la beauté vénitienne qu'on ne rencontre pas dans les tableaux des anciens maîtres, préoccupés outre mesure du type blond, le seul qu'ils aient représenté. Elle avait une peau d'une finesse incroyable, d'une pâleur ambrée, les yeux noirs, nocturnes et veloutés, la lèvre rouge et vivace, quelque chose de doux et de sauvage à la fois.

Tout en posant, elle mordait et mâchait des roses qu'elle arrachait de son bouquet, ôtait et remettait sa bague, faisait danser sa pantoufle au bout de son pied et se levait à chaque minute, pour venir regarder par-dessus notre épaule où en était l'ouvrage. Nous avions beaucoup de peine à la faire retourner à sa place et se remettre en pose.

Enfin le portrait se termina tant bien que mal; elle en fut satisfaite et le prit pour le donner à son amoureux. Mais nous en avons gardé une copie qui suffit à prouver, en dépit de Paul Véronèse, de Giorgione, de Titien et de leurs femmes à cheveux d'or, qu'il y a au moins une belle brune à Venise.

XXVI.

Détails de mœurs.

La saison s'avançait. Notre séjour à Venise s'était prolongé au delà des limites que nous lui avions fixées dans le plan général de notre voyage. Nous retardions notre départ de semaine en semaine, de jour en jour, et nous trouvions toujours quelque bonne raison pour rester. En vain de légères brumes commençaient à voltiger le matin sur la lagune; en vain une averse subite nous forçait à nous réfugier sous les arcades des Procuraties ou le porche d'une église; en vain, lorsque nous nous promenions au clair de lune sur le grand canal, l'air frais de la nuit nous obligeait-il quelquefois à remonter la glace de la gondole et à rabattre le drap noir de la felce : nous faisions la sourde oreille aux avertissements de l'automne.

Nous nous souvenions toujours d'un palais, d'une église ou d'un tableau que nous n'avions pas vu. Il fallait, en effet, avant de quitter Venise, visiter cette blanche église de Santa-Maria-Formosa, illustrée par la fameuse *sainte Barbe*, si superbement campée, si héroïquement belle, de Palme le Vieux ; ce palais de Bianca-Capello, auquel se rattachent les souvenirs d'une légende amoureuse toute vénitienne et pleine d'un charme romanesque qu'a peine à détruire l'enseigne d'une modiste française, Mme Adèle Torchère, qui vend des capotes et des bibis dans la chambre où rêvait, accoudée au balcon, la belle et nonchalante créature ; et cette bizarre et superbe église de San-Zaccaria, où se trouvent un merveilleux tableau d'autel, tout reluisant d'or, d'Antoine Vivarini, donné par Hélène Foscari et Marina Donato, et le tombeau de ce grand sculpteur Alexandre Vittoria,

Qui vivens vivos duxit de marmore vultus.

Magnifique concetto d'épitaphe justifié, cette fois, par un peuple de statues.

Tantôt c'était autre chose, une île oubliée, Mazorbo ou Torcello, où il y a une curieuse basilique byzantine et des antiquités romaines ; tantôt une façade pittoresque sur un canal peu fréquenté, dont il fallait prendre un croquis ; mille motifs de ce genre, tous raisonnables, tous excellents, mais qui n'étaient point les véritables, quoique nous fissions semblant de les croire vrais. Nous cédions, malgré nous, à cette mélancolie qui prend au cœur le voyageur le plus déterminé, au moment de s'éloigner, peut-être pour jamais, d'un pays longtemps désiré, d'un endroit où il a passé de beaux jours et de plus belles nuits.

Il est certaines villes dont on se sépare comme d'une maîtresse aimée, la poitrine gonflée et des larmes dans les yeux, espèces de patries électives où l'on est plus facilement heureux qu'ailleurs, où l'on rêve de retourner et d'aller mourir, et qui vous apparaissent au milieu des tristesses et des complications de la vie comme une oasis, un Eldorado, une cité divine où les ennuis n'ont pas d'accès, et où reviennent les souvenirs d'une aile obstinée. Grenade a été pour nous l'une de ces Jérusalems célestes qui brillent sous un soleil d'or dans les lointains azurés du mirage. Nous y pensions depuis notre enfance; nous l'avons quittée avec pleurs, et nous la regrettons bien souvent. Venise sera pour nous une autre Grenade, plus regrettée peut-être.

Vous est-il arrivé de n'avoir plus que quelques jours à rester avec un être chéri? On le regarde longtemps, fixement, douloureusement, pour bien se graver ses traits dans la mémoire; on se sature de ses aspects, on l'étudie sous tous ses jours, on remarque ses petits signes particuliers, le grain de beauté près de la bouche, la fossette de la joue ou de la main; on note les inflexions et les mélodies de sa voix, on tâche de garder le plus possible de cette image adorée que l'absence va vous ravir, et que vous ne pourrez plus revoir que dans votre cœur; on ne se quitte pas, on veut profiter jusqu'au bout de la dernière minute; le sommeil même vous paraît un vol fait à ces heures précieuses, et les causeries interminables se prolongent la main dans la main, sans qu'on s'aperçoive que les lampes pâlissent et que la lueur bleue du matin filtre à travers les rideaux.

Nous éprouvions cette impression à l'endroit de Venise. A mesure que l'instant du départ s'approchait, elle nous devenait plus chère. Son prix se révélait au moment de la perdre. Nous nous reprochions d'avoir mal profité de notre séjour, et nous regrettions amèrement quelques heures de paresse, quelques lâches concessions aux énervantes influences du sirocco. Il nous semblait que nous aurions pu voir davantage, prendre plus de notes, faire plus de croquis, nous fier moins à notre mémoire : et cependant Dieu sait si nous avions fait en conscience notre métier de voyageur; on ne rencontrait que nous dans les églises, dans les galeries, à l'Académie des beaux-arts, sur la place Saint-Marc, au palais du doge, à la Bibliothèque. Nos gondoliers éreintés demandaient grâce; à peine prenions-nous le temps d'avaler une glace au café Florian, une soupe de poux de mer et un pasticcio de polenta au Gastoff San-Gallo ou à la taverne du Chapeau-Noir. En six semaines, nous avions usé trois lorgnons, abîmé une jumelle, perdu une longue-vue. Jamais personne ne se livra à une pareille débauche d'œil. Nous regardions quatorze heures par jour sans nous arrêter. Si nous avions osé, nous aurions continué notre inspection aux torches.

Les derniers jours, cela devint une véritable fièvre. Nous fîmes une tournée générale de récapitulation au pas de course, avec ce coup d'œil net et prompt de l'homme qui connaît la chose qu'il regarde et va droit aux objets qu'il recherche. Comme ces peintres qui repassent à l'encre les dessins à la mine de plomb qu'ils craignent de voir s'effacer, nous assurâmes d'un trait plus appuyé les mille linéaments crayonnés dans notre mémoire. Nous revîmes ce beau palais ducal fait exprès pour une décoration de drame ou d'opéra, avec ses grandes murailles roses, ses dentelures blanches, ses deux étages de colonnettes, ses trèfles arabes ; ce prodigieux Saint-Marc, Sainte-Sophie de l'Occident, colossal reliquaire des civilisations disparues, caverne d'or diaprée de mosaïque, immense entassement de jaspe, de porphyre, d'albâtre, de fragments antiques, cathédrale de pirates enrichie des dépouilles de l'univers ; ce Campanile qui porte si haut dans l'azur l'ange d'or protecteur de Venise et garde à ses pieds la logette de Sansovino, sculptée comme un joyau; cette tour de l'Horloge, toute d'or et d'outremer, où, sur un large cadran, se promènent les heures noires et blanches ; cette Bibliothèque d'une élégance tout athénienne, couronnée de sveltes statues mythologiques, riant souvenir de la Grèce voisine ; et ce grand canal bordé d'une double rangée de palais gothiques, moresques, Renaissance, rococo, dont les façades toutes diverses émerveillent par l'inépuisable fantaisie et la perpétuelle invention de leurs détails qu'une existence d'homme ne suffirait pas à étudier, splendide galerie où se déploie le génie de Sansovino, de Scamozzi, de Pierre Lombard, de Palladio, de Longhena, de Bergamasco, de Rossi, de Tremignan et d'autres architectes merveilleux, sans compter les inconnus, les humbles ouvriers du moyen âge, qui ne sont pas les moins admirables.

Nous nous faisions promener en gondole, de la pointe de la Dogana à la pointe de Quintavalle, pour fixer à jamais dans notre esprit ce spectacle féerique, que la peinture comme la parole est impuissante à rendre, et nous dévorions, avec une attention désespérée, ce mirage de Fata-Morgana, près de s'évanouir à tout jamais pour nous.

Maintenant, au moment de terminer ces récits

peut-être déjà trop longs, et dont le lecteur impatienté aura fait tourner rapidement les feuillets, il nous semble que nous n'avons rien dit, que nous avons bien faiblement exprimé notre enthousiasme et mal copié nos superbes modèles. Chaque monument, chaque église, chaque galerie aurait demandé un volume, là où nous pouvions disposer à peine d'un chapitre, et pourtant nous n'avons parlé que de ce qui est visible; nous nous sommes gardé de secouer la poussière des vieilles chroniques, de raviver les souvenirs éteints, de repeupler de leurs anciens habitants les palais déserts : car c'était alors l'ouvrage de toute une vie, et il a fallu nous contenter de tirer sur notre papier de simples épreuves photographiques qui n'ont d'autre mérite que leur sincérité.

Souvent cette tentation nous a pris, de détacher de leurs toiles les patriciens et les magnifiques de Titien, de Bonifazzio, de Pâris Bordone, et de faire descendre de leurs cadres sculptés les belles femmes de Giorgione, de Paul Véronèse, avec leurs robes de brocart, leurs cheveux d'or roussi, pour en animer cette décoration restée intacte et à laquelle il ne manque que les acteurs. Les noms magiques de Dandolo, de Foscari, de Loredan, de Marino Faliero, de la reine Cornaro, ont plus d'une fois excité notre imagination. Mais nous y avons sagement résisté. A quoi bon refaire en prose d'admirables poëmes?

Notre tâche était plus humble. En lisant les récits des voyageurs, il nous est arrivé de souhaiter des détails plus précis, plus familiers, plus tracés sur le vif, des remarques plus circonstanciées sur ces mille petites différences qui avertissent qu'on a changé de pays. Des considérations générales en style pompeux, des aperçus historiques plus ou moins justes nous apprennent ce que nous savons déjà et nous renseignent fort mal sur la forme des chapeaux, la coupe des robes, la qualité et le nom des mets dans telle ou telle ville. Nous avons fait notre butin de tout cela, et décrit des maisons, des cabarets, des rues, des tragnets, des affiches de théâtre, des marionnettes, des ombres chinoises, des cafés, des musiciens ambulants, des enfants, des vieillards et des jeunes filles, tout ce que l'on dédaigne ordinairement.

Cela n'est-il pas aussi intéressant, de savoir comment se coiffe une grisette vénitienne et quels plis fait son châle sur les épaules, que d'entendre raconter pour la centième fois la décapitation du doge Marino Faliero sur l'escalier des Géants, qui ne fut bâti, par parenthèse, qu'un siècle ou deux après sa mort? Croyez-vous donc qu'il soit indifférent d'apprendre si le café se filtre ou se fait bouillir avec le marc, à la mode orientale, à Florian et à la Constanza? Ce petit fait du café trouble à la turque ne dit-il pas tout le passé de Venise?

Et si nous vous recopions ici tout stupidement une liste de noms recueillis sur les enseignes et sur les murailles, et dont la physionomie particulière annonce qu'on n'est ni à Paris ni à Londres, des noms tels qu'Ermagora, Zamora Fagozzo, Zanobrio, Dario, Paternian, Farsetti, Erizzo, Mangile Valmarana, Zorzi, Condulmer, Valcamonica, Corner Zaguri, etc., ne serez-vous pas amusé et réjoui de l'euphonie et de la configuration de ces appellations si locales, si romanesques, si fluides et si douces à l'oreille ? Cette litanie ne vous apportera-t-elle pas un écho de l'harmonie vénitienne ?

Nous sommes loin encore d'avoir rempli ce programme, quelque restreint qu'il soit. L'architecture nous a souvent entraîné, et nous avons souvent abusé, en dépit du précepte de Boileau, du feston et de l'astragale. La rue et son spectacle toujours renouvelé nous a bien des fois empêché d'entrer dans les maisons, ce qui n'est pas toujours facile au voyageur, cette hirondelle légère qui arrive avec la belle saison et s'envole avec elle. Les mœurs de la société vénitienne ne tiennent peut-être pas assez de place dans ces esquisses, et le tableau y a souvent le pas sur l'homme. Mais, en ce siècle d'hypocrisie et de *cant*, on n'a pas la joyeuse et mâle liberté du président des Brosses, et il est difficile de parler des mœurs sans être immoral.

Raconter ses aventures, c'est de la fatuité ; raconter celles des autres, c'est de l'indiscrétion. Peut-on, d'ailleurs, trahir le secret des intimités où l'on vous a cordialement admis, et répéter dans un livre ce qu'on vous dit à l'oreille ! Les formes extérieures de la vie sont aujourd'hui presque partout les mêmes, surtout dans la bonne société. Est-il bien nécessaire de dire que les sigisbés n'existent plus, et que les Vénitiennes ont des amants comme les femmes de Paris, de Londres ou de tout autre endroit? Si l'on veut une observation plus locale, ajoutons qu'elles en ont souvent un, mais rarement deux, trait de mœurs qui peut s'étendre à toute l'Italie ; en outre, il n'est pas de bon goût que cet amant soit Autrichien : c'est une manière de résister à l'oppression et d'isoler l'ennemi.

Les anciennes familles ruinées vivent dans la retraite et pauvrement, et le propriétaire d'un palais dîne, dans une salle à manger tapissée de tableaux de grands maîtres, d'un plat de polente, de friture, ou de coquillages qu'un valet unique est allé chercher à la taverne.

L'été, on va passer la villégiature dans des maisons de campagne festonnées de vignes, au bord de la Brenta, ou dans de petites fermes agrestes du Frioul. On ne revient à Venise que l'hiver. C'est une élégance qu'on pratique également à Paris. Les patriciens qui n'ont plus de maisons de campagne et ne peuvent, faute de ressources, voyager en terre ferme, se cloîtrent pendant toute la saison et ne reparaissent qu'à l'époque où il est permis de fréquenter la place Saint-Marc. Tout ceci, naturellement, souffre des exceptions : il y a des Vénitiennes sans amant et des Vénitiens riches. Le contraire de ce que nous avons dit est tout aussi vrai. Les fêtes, les bals, les dîners sont rares. La crainte des espions et des délateurs rend toute cette société fort réservée. On ne s'amuse qu'à huis clos et entre gens sûrs. Le luxe se cache et la gaieté met des sourdines : cela rend difficiles les observations de mœurs à vol d'oiseau.

Peut-être ceux qui ont eu la bonté de nous lire nous auront-ils reproché des myriades de noms d'artistes entassés comme à plaisir. Certes, ce n'était point pour faire parade d'une vaine érudition ; l'école vénitienne est d'une richesse si fabuleuse, que notre prolixité nous semble encore du laconisme et de l'ingratitude. L'arbre généalogique de l'art a des rameaux si touffus, si luxuriants, si chargés de fruits dans cette ville féconde, qu'on a autant de peine à en suivre les ramifications que celles de l'arbre généalogique de la Vierge à la cathédrale de Saint-Marc : ce ne sont que rois, saints, patriarches et prophètes.

Au deçà et au delà des quatre grands noms qui

personnifient l'art vénitien, Giorgione, Titien, Paul Véronèse, Tintoret, il y a des familles entières de peintres admirables. Depuis Antoine de Murano jusqu'à Tiepolo, en qui s'éteignit la race, il faudrait un livre d'or à mille feuillets pour écrire ces noms inconnus qui mériteraient d'être glorieux. Le moindre de ces artistes serait réputé aujourd'hui un grand génie, et tel qui s'en targue ferait fort piètre figure parmi cette populace de talents.

En rendant compte de l'Académie des beaux-arts, nous avons exprimé toute notre admiration pour cette merveilleuse école gothique des Vivarini, des Basaiti, des Carpaccio, des Jean et Gentil Bellin, qui, à tout le sentiment d'André Mantegna, de Pérugin et d'Albert Durer, joint un coloris où déjà se pressent Giorgione. Mais parmi les peintres de la décadence, qui se déclare dès la mort du Titien, quelle fécondité, quelle facilité, quelle dépense d'invention, d'esprit et de couleur !

Écrire leurs noms ici ne réveillerait aucune idée; il faudrait y joindre l'analyse de leur œuvre immense, innombrable, caractériser leurs manières diverses, reconstruire leur biographie, les recomposer de toutes pièces. C'est un travail que nous ferons peut-être et qui nous a souvent tenté ; mais pour cela il faudrait dix ans de séjour à Venise : c'est ce qui nous déterminerait à l'entreprendre. Églises, palais, ils ont tout couvert de fresques et de peintures ; ils ont profité de la moindre place laissée vide par Tintoret.

Ce qu'on ne sait pas assez, c'est que Venise regorge de sculptures, de bas-reliefs, de figures de marbre et de bronze du plus rare mérite, œuvres de statuaires égaux à ses peintres, et dont on ne parle jamais, nous ignorons pourquoi. Nous avons nommé quelques-uns de ces artistes ; mais qui voudrait la liste complète aurait à lire une litanie furieusement longue. Que la gloire humaine est capricieuse !

Qui parle maintenant de Vittoria, d'Aspetti, de Leopardo, de Sansovino et de tant d'autres sculpteurs ?

A présent, quoique cela nous coûte, il faut partir. Padoue, la ville d'Ezzelin et d'Angelo, nous appelle. Adieu, cher campo San-Mosè, où nous avons passé de si douces heures ; adieu les couchers du soleil derrière la Salute, les effets de lune sur le grand canal, les belles filles blondes des jardins publics, les gais dîners sous les pampres de Quintavalle ; adieu le bel art et la splendide peinture, les palais romantiques du moyen âge et les façades grecques de Palladio ; adieu les tourterelles de Saint-Marc ; adieu les goëlands de la lagune, les bains de mer sur la plage du Lido, les promenades à deux dans les gondoles ; adieu Venise, et si c'est pour toujours, adieu ! comme disait lord Byron du haut de sa lèvre dédaigneuse.

Le chemin de fer nous emporte, et déjà la Vénus de l'Adriatique a replongé son corps rose et blanc sous l'azur de la mer.

XXVII.

Padoue.

Sortir de gondole pour monter en chemin de fer est une action discordante. Ces deux mots ne semblent pas faits pour se trouver ensemble. L'un exprime le romantisme des souvenirs, l'autre le prosaïsme de la réalité. Zorzi de Cataro vous livre brusquement à Stephenson. Vous étiez à Venise et vous voilà en Angleterre ou en Amérique. O Titien ! ô Paul Véronèse ! qui vous eût dit que votre ciel de turquoise serait un jour souillé par la fumée de la houille britannique, et que l'azur de vos lagunes refléterait les arcades d'un viaduc ? Ainsi va le monde ; mais ici le contraste est plus sensible, car les formes des âges disparus sont restées intactes, et le présent vit dans la peau du passé.

Nous avions déjà parcouru cette route, mais en sens inverse, en venant de Vérone à Venise. Un orage, éclatant sur nous avec éclairs, tonnerre et pluie, nous montra sous un caractère particulièrement farouche et fantastique ce pays qui, vu par un temps ordinaire, offre une suite de campagnes bien cultivées, coupées de canaux, guirlandées de pampres courant joyeusement d'un arbre à l'autre, de jolis lointains dentelés de collines bleues, parsemés de villas dont la blancheur se détache sur le vert des jardins ; un aspect gras, plantureux et fertile.

Nous avions avec nous dans le wagon deux ou trois moines d'une assez bonne touche, et quelques jeunes abbés longs, minces, d'une gracilité toute juvénile, avec des têtes ovales et béates, de cette pâleur unie, de ce ton mort chéri des maîtres italiens, et qui ressemblaient à des anges gothiques du Fiesole, plumés et ayant remplacé leur nimbe d'or par un tricorne ou un chapeau de Basile.

L'un d'eux rappelait exactement le portrait de Raphaël ; mais l'œil hébété n'avait pas l'étincelle, et la bouche s'ouvrait vaguement en un sourire niais ; sans cela, il eût été d'une beauté parfaite. La vue de ces séminaristes nous fit penser qu'en France l'adolescent n'existait pas. Cette transition charmante de l'enfance à la jeunesse manque totalement chez nous. Entre le hideux gamin de collége à grosses mains rouges, à tournure dégingandée, et le gaillard qui se rase ou porte une barbe, il n'y a rien. L'éphèbe grec, le yalouled algérien, le ragazzo italien, le muchacho espagnol, comblent de leur grâce jeune et de leur beauté encore indécise entre les deux sexes la lacune qui sépare l'enfant de l'homme. Il serait curieux de rechercher pourquoi nous sommes privés de cette nuance : car il y a quelques beaux adolescents anglais, un peu dadais peut-être, à cause de la veste et du pantalon à la matelote qu'on les condamne à porter.

Tout en rêvant à ce problème de physiologie, nous arrivâmes au débarcadère : dix lieues sont bientôt dévorées, même sur un railway italien. Là une foule de faquins et de cochers nous attendaient à la descente avec des cris et des gesticulations féroces ; ils se disputaient les voyageurs et les bagages, comme jadis les cochers de coucou sur la place de la Concorde, ou les robeïroou d'Avignon sur le quai du Rhône. L'un vous prend un bras, l'autre une jambe ; on vous soulève de terre, et, si vous n'êtes pas assez robuste pour calmer cette ardeur par quelques bonnes gourmades, vous courez risque d'être écartelé comme un régicide et tiré à quatre portefaix.

Une vingtaine de calèches, cabriolets, berlingots et autres véhicules, stationnaient à la porte du débarcadère. Cela nous surprit et nous réjouit de voir des chevaux et des voitures. Il y avait près de deux mois, si l'on excepte le cheval de Murano, que cela ne nous était arrivé.

Nous louâmes une calèche pour nous porter,

nous et notre malle, jusqu'à Padoue, qui est à une petite distance du chemin de fer. Déshabitué que nous étions de tout vacarme de ce genre par la locomotion silencieuse de Venise, le fracas des roues et le piétinement des chevaux nous assourdissaient et nous étaient insupportables ; il nous fallut plusieurs jours pour nous y refaire.

Padoue est une ville ancienne et qui fait assez fière mine à l'horizon avec ses clochers, ses dômes et ses vieilles murailles sur lesquelles courent et frétillent au soleil des myriades de lézards. Placé trop près d'un centre qui tire la vie à soi, Padoue est une ville morte et qui a l'air presque désert. Ses rues, bordées de deux rangées d'arcades basses, sont tristes, et rien n'y rappelle l'architecture élégante et gracieuse de Venise. Les constructions lourdes, massives, ont un sérieux un peu rechigné, et ces porches sombres au bas des maisons ressemblent à des bouches noires qui bâillent d'ennui.

On nous conduisit à une vaste auberge, établie probablement dans quelque ancien palais, et dont les grandes salles, déshonorées par de vulgaires usages, avaient dû voir jadis meilleure compagnie. C'était un vrai voyage que d'aller du vestibule à notre chambre par une foule d'escaliers et de corridors ; il aurait fallu une carte ou un fil d'Ariane pour s'y retrouver.

Nos fenêtres s'ouvraient sur une vue assez agréable : une rivière coulait au pied de la muraille, la Brenta ou le Bacchiglione, nous ne savons lequel, car tous les deux arrosent Padoue. Les bords de ce cours d'eau étaient garnis de vieilles maisons et de longs murs par-dessus lesquels se projetaient des arbres ; des estacades assez pittoresques, d'où des pêcheurs jetaient la ligne avec cette patience qui les caractérise en tous pays, des baraques avec des filets et des linges pendus aux fenêtres pour sécher, formaient, sous un rayon de lumière égratignée, un joli motif d'aquarelle.

Après le dîner, nous allâmes au café Pedrocchi, célèbre dans toute l'Italie par sa magnificence. Rien n'est plus monumentalement classique. Ce ne sont que piliers, que colonnes, qu'oves et que palmettes, dans le genre Percier et Fontaine, le tout très-grand et très en marbre. Ce qu'il y a de plus curieux, ce sont d'immenses cartes géographiques formant tapisserie, et représentant les diverses parties du monde sur une énorme échelle. Cette décoration un peu pédantesque donne à la salle un air académique, et l'on s'étonne de ne pas voir une chaire à la place du comptoir, avec un professeur en robe au lieu d'un maître limonadier. Après cela, comme Padoue est une ville universitaire, il n'est pas mauvais que les étudiants puissent continuer leurs cours en prenant leur café ou leur glace.

L'Université de Padoue a été célèbre autrefois. Au xiiie siècle, dix-huit mille jeunes gens, tout un peuple d'écoliers, suivaient les leçons de ses savants professeurs, au nombre desquels figura plus tard Galilée, dont on y conserve une vertèbre comme une relique, relique d'un martyr qui a souffert pour la vérité. La façade de l'Université est fort belle; quatre colonnes doriques lui donnent l'air sévère et monumental; mais la solitude s'est faite dans les classes, où l'on compte aujourd'hui mille étudiants à peine.

L'affiche du théâtre annonçait le *Barbier de Séville*, de Rossini, et un ballet du cru : l'emploi de notre soirée était trouvé. La salle était fort simple; les décorations semblaient peintes par un vitrier en goguette, et rappelaient ces *comédies* de carton dont s'amusent les enfants. Mais les acteurs avaient des voix fraîches et ce goût naturel qui caractérise les moindres chanteurs italiens. La Rosine était jeune et charmante, et le Basile rappelait Tamburini par la profondeur de sa basse-taille.

L'air de la *calomnie* fut aussi bien chanté qu'il eût pu l'être sur un théâtre de premier ordre.

Mais ce qui était vraiment étrange, c'était le ballet, composé dans un genre fossile et antédiluvien le plus divertissant du monde; nous nous vîmes reporté, comme par magie, aux beaux temps du mélodrame classique, à la pure école de Guilbert de Pixérécourt et de Caigniez; le scenario rappelait les *Aqueducs de Cosenza*, *Roberit, chef de brigands*, le *Pont du Torrent*, et autres chefs-d'œuvre oubliés de la génération actuelle. C'était une histoire de voyageur égaré dans les bois, d'auberge coupe-gorge, de jeune fille sensible et de bandits habillés en cosaques, avec d'immenses pantalons rouges, des barbes formidables, et un arsenal de coutelas et de pistolets dans la ceinture, le tout entremêlé de danses et de combats réglés, au briquet et à la hache, comme aux temps les plus glorieux des Funambules, avant que Champfleury eût importé la littérature sur ce tréteau naïf.

Un bel officier traversait ces aventures terribles avec l'héroïsme obligé de tout jeune premier, suivi du Jocrisse sacramentel. Mais, singulière imagination, ce Jocrisse était un soldat de la vieille garde, revêtu d'un uniforme en haillons, grimé comme un macaque, orné d'un nez rouge sortant d'une broussaille de moustaches et de favoris gris, et percé d'un œil enfoui dans une patte d'oie de rides tracées au charbon. Le comique de la chose portait sur les transes perpétuelles au moindre bruit de feuilles, les coliques et les claquements de dents du soldat de la vieille garde, fou de terreur et d lâcheté. Faire de ce type de bravoure un idéal de poltronnerie, représenter un grognard de la grande armée avec les anxietés du Pierrot des pantomimes, nous parut une fantaisie hasardée et d'un goût détestable. Notre chauvinisme en fut exaspéré, et il nous fallut penser au rôle que le cirque Olympique fait jouer aux Prussiens pour nous calmer.

Le lendemain nous allâmes visiter la cathédrale dédiée à saint Antoine, qui jouit à Padoue du même crédit que saint Janvier à Naples. C'est le *Genius loci*, le saint vénéré par-dessus tous. Il ne faisait pas moins de trente miracles par jour, s'il faut en croire Casanova. C'était bien mériter son surnom de thaumaturge; mais ce zèle prodigieux s'est beaucoup ralenti. Pourtant le crédit du saint n'en est pas diminué, et l'on commande tant de messes à son autel, que les prêtres de la cathédrale et les jours de l'année n'y peuvent suffire. Pour liquider les comptes, le pape a permis, au bout de l'an, de dire des messes dont chacune en vaut mille; de cette façon, saint Antoine ne fait pas banqueroute à ses fidèles.

Sur la place qui avoisine la cathédrale, s'élève une belle statue équestre de Donatello, en bronze, la première qu'on ait fondue depuis l'antiquité et qui représente un chef de condottieri, Gattamelata, un brigand qui à coup sûr ne méritait pas cet honneur. Mais l'artiste lui a donné une superbe prestance et une fière tournure avec son bâton d'empereur romain, et cela suffit pleinement.

L'église de Saint-Antoine se compose d'une agrégation de coupoles et de clochetons et d'une grande façade en briques, à fronton triangulaire, au-dessous duquel règne une galerie à ogives et à colonnes; trois petites portes, percées dans de hautes arcades, répondent aux trois nefs. L'intérieur est excessivement riche, encombré de chapelles et de tombeaux de différents styles. On y voit des échantillons de l'art de toutes les époques, depuis l'art naïf, religieux et délicat du moyen âge, jusqu'aux fantaisies les plus chiffonnées de l'art rococo. Nous avons remarqué une chapelle pompadour des plus galantes; des anges en perruque y jouent de la pochette comme des maîtres à danser, et font un avant-deux sur des nuages. Il ne leur manque que du rouge et des mouches. Ce qu'il y a de plus curieux, c'est un tombeau en marbre noir et blanc, dans le même goût évaporé et folâtre. La Mort y fait la coquette, et, de ses dents déchaussées, sourit comme la Guimard après une pirouette. Elle se démanche amoureusement et avance avec grâce ses tibias décharnés. Nous n'aurions jamais imaginé qu'un squelette fût si badin.

Heureusement, la généalogie de Jésus-Christ de Giotto, et la *Madone* du même peintre, donnée par Pétrarque, corrigent un peu cette gaieté intempestive, et le sérieux catholique reprend ses droits dans des tombes du xive et du xve siècle, sur lesquelles s'allongent gravement de roides statues aux mains jointes.

Le cloître qui attient à l'église est pavé de dalles funèbres, et ses murs disparaissent sous les monuments sépulcraux dont ils sont plaqués; nous lûmes un certain nombre de ces épitaphes, qui étaient fort belles. Les Italiens ont gardé, de leurs ancêtres, le secret du latin lapidaire.

Sainte-Justine est une énorme église avec une façade nue et une architecture intérieure d'une sobriété ennuyeuse et pauvre. Il faut du bon goût, mais pas trop, et nous préférons encore à ce néant l'exubérance folle et les contournements excessifs du rococo. Un beau tableau d'autel, de Paul Véronèse, relève cette misère.

Si l'église est plate et sans caractère, on n'en peut dire autant des deux monstres gigantesques qui la gardent, couchés sur son escalier comme des dogues fidèles. Jamais Chimère japonaise n'eut un aspect plus effrayant et plus terrible que ces animaux fantastiques, espèces de griffons hideux, à la croupe de lion, aux ailes d'aigle, à la tête stupide et féroce, terminée par un bec mousse percé d'obliques narines comme celui de la tortue. Ces bêtes monstrueuses tiennent serré contre leur poitrine, entre leurs pattes griffues, un guerrier à cheval, caparaçonné d'une armure du moyen âge, qu'elles écrasent avec une pression lente, tout en regardant vaguement quelque part, comme la vache dont parle Victor Hugo, et sans s'inquiéter autrement des efforts convulsifs du myrmidon ainsi broyé.

Que signifie ce chevalier pris avec sa monture dans les serres inéluctables de ces monstres accroupis? Quel mythe est caché sous cette sombre fantaisie sculpturale? Ces groupes illustrent-ils quelque légende ou sont-ils tout simplement de sinistres hiéroglyphes de la fatalité? C'est ce que nous n'avons pas pu deviner, et c'est ce que personne n'a su ou n'a voulu nous dire. L'autre jour, en feuilletant l'album que le prince Soltykoff a rapporté de l'Inde, nous avons trouvé dans les propylées d'une pagode hindoue des monstres identiques, étouffant aussi un homme armé contre leur poitrail.

Quel que soit le sens de ces groupes effrayants, on y devine confusément de vagues souvenirs d'antagonismes cosmogoniques et de luttes entre les deux principes du bien et du mal : c'est Arimane vainqueur d'Oromaze, ou Shiva terrassant Wishnou. Plus tard, sous le porche de la cathédrale de Ferrare, nous avons vu deux de ces Chimères, qui cette fois écrasaient des lions.

Une chose qu'il ne faut pas négliger quand on passe à Padoue, c'est d'aller visiter l'ancienne église de l'Arena, située au fond d'un jardin d'une végétation touffue et luxuriante, où certes on ne la devinerait pas si l'on n'était averti.

Cette église est entièrement peinte à l'intérieur par Giotto. Aucune colonne, aucune nervure, aucune division architecturale n'interrompt cette vaste tapisserie de fresques : l'aspect général est doux, azuré, étoilé comme un beau ciel calme; l'outremer domine et fait le ton local; trente compartiments de grande dimension, indiqués par de simples traits, contiennent la vie de la Vierge et celle de son divin fils dans tous leurs détails : on dirait les illustrations en miniature d'un missel gigantesque. Les personnages, par de naïfs anachronismes bien précieux pour l'histoire, sont habillés à la mode du temps où peignait Giotto.

Au-dessous de ces compositions d'une suavité charmante et du sentiment religieux le plus pur, une plinthe peinte montre les sept péchés capitaux symbolisés d'une manière ingénieuse, et d'autres figures allégoriques d'un fort bon style; un paradis et un enfer, sujets qui préoccupaient beaucoup les artistes de cette époque, complètent cet ensemble merveilleux. Il y a dans ces peintures des détails bizarres et touchants : des enfants sortent de leurs petits cercueils pour monter au paradis avec un empressement joyeux, et s'élancent pour aller jouer sur les gazons fleuris du jardin céleste; d'autres tendent les mains à leurs mères à demi ressuscitées. On peut faire aussi la remarque que tous les diables et les vices sont obèses, tandis que les anges et les vertus sont fluets, élancés. Le peintre marque ainsi la prépondérance de la matière chez les uns et de l'esprit chez les autres.

Nous devons consigner ici une remarque pittoresque et physiologique. Le type des Padouanes diffère beaucoup de celui des Vénitiennes, malgré le voisinage des deux villes ; leur beauté est plus sévère et plus classique : d'épais cheveux bruns, des sourcils marqués, un regard sérieux et noir, un teint d'une pâleur olivâtre, un ovale un peu empâté rappellent les grands traits de la race lombarde ; la baüte noire dont ces belles filles s'encadrent le visage, leur donne, lorsqu'elles filent en silence le long des arcades désertes, un air superbe et farouche qui contraste avec le vague sourire et la facile grâce vénitienne.

Voyez encore sur la piazza Salone le Palais de Justice, vaste édifice dans un style moresque, avec des galeries, des colonnettes, des créneaux denticulés, qui contient la plus grande salle qui soit peut-être au monde, et rappelle l'architecture du palais ducal de Venise ; et à la Scuola del Santo, de glorieuses fresques de Titien, les seules que l'on connaisse de ce grand peintre, et vous n'aurez pas grand regret de quitter Padoue.

On y montre encore les instruments de torture,

chevalets, estrapades, pinces, tenailles, brodequins, roues dentelées, scies, couperets, dont faisait usage sur ses victimes Ezzelin, le plus fameux tyran qui ait existé, et auprès de qui Angelo n'est qu'un ange de douceur. Nous avions une lettre pour l'amateur qui conserve cette bizarre collection, faite pour un musée de bourreau. Nous ne le trouvâmes pas, à notre grand regret, et nous partîmes le même soir pour Rovigo, nous arrachant avec peine à ce doux royaume Lombardo-Vénitien, à qui rien ne manque, hélas! sinon la liberté....

XXVIII.

Ferrare.

Un omnibus conduit en quelques heures de Padoue à Rovigo, où l'on arrive le soir. En attendant notre souper, nous errâmes à travers les rues de la ville, éclairées par un clair de lune argenté qui permettait de discerner la silhouette des monuments; des arcades basses comme celles de l'ancienne place Royale à Paris règnent le long des rues, et avec leurs alternatives de clair et d'ombre forment de longs cloîtres qui rappelaient ce soir-là l'effet de la décoration de l'acte des nonnes de *Robert le Diable*. De rares passants filaient silencieux comme des ombres; quelques chiens plaintifs aboyaient à la lune, et la ville paraissait déjà endormie : toutes les fenêtres étaient éteintes, à l'exception de quelques cafés éclairés, où des habitués, l'air ennuyé et somnolent, consommaient une glace, une demi-tasse ou un verre d'eau à petites cuillerées, à lentes gorgées, sagement, méthodiquement, se reprenant souvent pour lire un insignifiant article de *diario* censuré, comme des gens qui ont beaucoup d'heures à dépenser et tâchent d'atteindre l'instant d'aller se coucher.

Le matin on nous fit grimper dès l'aurore dans une espèce de guimbarde qui tient le milieu entre la patache française et la tartane valencienne. Des voyageurs délicats placeraient ici une élégie pathétique sur l'inconfortabilité de ces sortes de véhicules ; mais la galère espagnole et la poste courue en charrette par les plus abominables chemins du monde nous ont rendu très-philosophe à l'endroit de ces petits inconvénients. D'ailleurs, ceux qui veulent avoir toutes leurs aises n'ont qu'à rester chez eux. Un coupé d'Erler roulant sur le macadam des Champs-Élysées est infiniment plus moelleux, et il est incontestable qu'on dîne mieux chez les frères Provençaux que dans les hôtelleries de grande route.

Le trajet de Rovigo à Ferrare n'a rien de bien pittoresque : des terres plates, des champs cultivés, des arbres du Nord ; on pourrait se croire dans un département de France.

L'on traverse le Pô, qui roule des eaux jaunâtres et dont les rives basses et dépouillées rappellent vaguement celles du Guadalquivir au-dessous de Séville. Le fougueux Éridan, privé du tribut des fontes de neige, avait l'air assez calme et débonnaire pour le moment.

Le Pô sépare la Romagne des États lombardo-vénitiens, et la douane vous attend à la sortie du bac.

On se plaint en général beaucoup des douanes italiennes et de leurs interminables vexations. Nous avouerons qu'elles ont toujours feuilleté notre mince bagage avec moins de méticulosité, certes, que ne l'eussent fait des douanes françaises en pareille occasion; il est vrai que nous avons toujours livré nos clefs d'un air insouciamment gracieux et déployé notre passe-port, toutes les fois que nous en avons été requis, avec la célérité et la politesse du singe Pacolet.

La douane romagnole, après avoir négligemment tracassé nos chemises et nos chaussettes, voyant que nous ne transportions pas d'autre littérature qu'un guide-Richard, livre superlativement bénin et peu subversif, referma notre malle avec magnanimité et nous permit de la façon la plus clémente de continuer notre voyage.

Nous avions dans la voiture deux prêtres assez âgés, gros, gras, courts, avec des teints huileux et jaunes, des barbes rasées dont les tons bleuâtres montaient jusqu'aux pommettes, et qui portaient sans le savoir le costume du Basile de Beaumarchais, aussi exagéré que les grimes croient le caricaturer sur le théâtre. Chez nous, le costume ecclésiastique a presque disparu. Les prêtres en France se sécularisent tant qu'ils peuvent; bien peu, depuis la révolution de juillet et de février, portent franchement la soutane dans la rue. Un chapeau à larges bords, des habits noirs de coupe antique, des redingotes longues, un manteau de couleur sombre, leur composent un costume mixte entre la religion et le siècle, qui ressemble assez à celui d'un quaker ou d'un homme sérieux revenu des élégances de la toilette. Ils ne sont prêtres que furtivement, et ce n'est qu'à l'église qu'ils revêtent les insignes sacerdotaux. En Italie, au contraire, ils se carrent et se prélassent dans leur caractère, prennent le haut du pavé, sont partout comme chez eux, développent leurs mouchoirs avec ampleur, se mouchent et toussent bruyamment, en personnes à qui tous égards sont dus et qui ne se doivent point gêner.

Ceux-ci avaient pris les meilleures places de la voiture, que nous leur eussions cédées avec la déférence que méritaient leur âge et leur état, et ils s'y étalaient largement, bien qu'ils les eussent usurpées sans le moindre mot d'excuse et le plus léger souci de nos aises et de notre confort. Il est vrai que nous étions sur les États du pape, où le prêtre règne en maître absolu, ayant à la fois le ciel et la terre, les clefs de l'autre monde et de celui-ci, pouvant vous damner et vous faire pendre, tuer votre âme et votre corps. La conscience de cet énorme pouvoir, le plus grand qui fut jamais, donne aux prêtres de ce pays une sécurité, un aplomb, une aisance magistrale et souveraine dont on n'a aucune idée dans les pays du Nord.

Nos deux curés, car tel était probablement leur grade dans la hiérarchie ecclésiastique, échangeaient entre eux de rares et mystérieuses paroles avec cette réserve et cette prudence qui n'abandonnent jamais le prêtre devant les laïques, ou bien ils dormaient ou marmottaient le latin de leur bréviaire dans des volumes à couvertures brunes, à tranches rouges divisées par des signets ; nous ne croyons pas que dans toute la route il leur soit arrivé de regarder une fois le paysage par la portière ; était-ce qu'ils le connaissaient ou craignaient les distractions du monde extérieur, le charme de cette nature éternelle derrière laquelle se cache le grand Pan de l'antiquité, que le moyen âge catholique s'est obstiné à prendre pour le diable?

Cette compagnie, respectable assurément, mais dont la froideur morne nous glaçait, nous quitta à **Ferrare**. Ces figures blafardes dans ces vêtements noirs faisaient ressembler un peu notre carrosse à une voiture d'enterrement, et nous les vîmes partir avec plaisir.

Ferrare s'élève solitairement au milieu d'un pays plat plus riche que pittoresque. Quand on y pénètre par la grande rue qui conduit à la place, l'aspect de la ville est imposant et monumental. Un palais avec un grand escalier occupe l'angle de ce vaste terrain ; il doit servir de palais de justice ou de maison de ville, car des gens de toutes classes entraient et sortaient par ses larges portes.

Pendant que nous errions dans la rue, satisfaisant notre curiosité aux dépens de notre appétit et dérobant à l'heure accordée pour notre déjeuner quarante minutes pour régaler nos yeux et remplir nos devoirs de voyageur, une apparition étrange se dressa subitement devant nous, aussi inattendue que peut l'être un fantôme en plein midi : c'était une espèce de spectre masqué de noir, la tête engloutie dans une cagoule noire, le corps drapé d'un froc ou plutôt d'un domino violet liséré de rouge, ayant une croix rouge sur l'épaule, un crucifix de cuivre jaune pendu au col, une ceinture rouge, et secouant silencieusement un petit coffre de bois, un tronc portatif qui rendait un bruissement de billon.

Cet épouvantail, qui n'avait de vivant que les yeux qu'on voyait briller par les trous du masque, hocha deux ou trois fois devant nous sa tirelire où, tout épouvanté, nous laissâmes couler une poignée de bajoques, sans savoir pour quelle œuvre de charité mendiait ce lugubre quêteur. Il reprit son chemin sans mot dire, avec un froissement de ferraille et de monnaie très-sinistre et très-funèbre, tendant sa boîte où chacun s'empressait d'enfouir une menue pièce.

Nous demandâmes à quel ordre appartenait ce fantôme plus effrayant que les moines et les ascètes de Zurbaran, qui promenait ainsi l'effroi des visions nocturnes à la pure lumière du soleil et réalisait dans la rue le cauchemar des sommeils pénibles. On nous dit que c'était un pénitent de la confrérie de la Mort, quêtant pour acheter des bières et dire des messes à de pauvres diables qu'on allait fusiller le jour même, des brigands ou des républicains, nous ne savons plus lequel. Ces pénitents se donnent la triste et charitable mission d'accompagner les condamnés à mort au lieu du supplice, de les soutenir dans leurs suprêmes angoisses, d'enlever de l'échafaud le corps mutilé, de le coucher au cercueil et de lui procurer une sépulture chrétienne. Ce sont des gens de la ville qui se dévouent par pitié à ces pénibles fonctions et mêlent ainsi un élément tendre, quoique voilé et masqué, aux implacables et froides immolations de la justice. Ces spectres empêchent un peu le patient de voir le bourreau. C'est la timide protestation de l'Humanité. Souvent ces *sœurs de charité* de l'échafaud se trouvent mal et sont plus troublées que le supplicié lui-même.

Ce n'est pas ici le lieu de discuter le plus ou moins de légitimité de la peine de mort; des voix plus écoutées que la nôtre ont développé avec beaucoup d'éloquence et de logique les raisons pour et contre. Mais, puisque cette horrible tragédie judiciaire est maintenue, il nous semble que la mise en scène (qu'on nous passe ce mot) doit en être aussi effrayante que possible. Il ne s'agit pas d'escamoter lestement sa tête au coupable, opération qui ne l'améliore en rien, mais de donner un exemple terrible qui agisse sur les imaginations et les retienne au penchant du crime. Tout le spectacle lugubre qui peut augmenter l'impression de ce drame sanglant et le dessiner au fond de la mémoire des spectateurs en silhouettes redoutables, doit, selon nous, être mis en œuvre. Il faut que la terreur plastique se combine avec la terreur morale. Figurez-vous ces Claudes Frollos violets tenant à la main des cires flambantes et marchant sur deux files à côté du condamné livide! C'est de l'Anne Radtcliff et du mélodrame, diront les esprits exacts : c'est possible. Mais alors à quoi sert de couper des têtes, si cela n'effraye personne? On doit éviter, si l'on veut qu'elles produisent leur effet, d'ôter leur figure aux choses; le supplice franchement terrible est moins hideux que le supplice doucereusement bourgeois et privé par la mécanique et la philanthropie de sa poésie affreuse.

Mais en voilà assez sur ce vilain sujet; revenons à des idées moins sombres.

L'Italie a conservé en grande partie la méthode du docteur Sangrado, et la race de ces médecins dont le système est développé en latin de cuisine dans la cérémonie du *Malade imaginaire* n'y est pas encore éteinte; ceci soit dit sans porter atteinte aux talents de premier ordre. Il y a dans la Péninsule des exemplaires assez nombreux de MM. Purgon, Diafoirus, Macroton, Desfonandrès et autres docteurs de la façon de Molière; on y saigne à blanc pour la moindre indisposition; cette opération est faite par les barbiers; aussi voit-on sur les boutiques des fraters des tableaux de la plus réjouissante fantaisie chirurgicale : ici c'est un bras nu dont la veine ouverte lance un jet pourpre, arrondi comme ces fusées que darde la bière de mars dans les verres des hussards et des fillettes, aux enseignes des bouchons de village; là des Amours joufflus, traversant un ciel bleu de perruquier, apportent la palette qui doit recevoir le sang d'une jeune femme dans une *position intéressante*, et à laquelle sourit tendrement un époux en costume du Directoire. Dans ces sujets sanguinolents, la verve des peintres-vitriers, Apelles de ces tableaux, ne recule devant aucune violence de ton et imagine des contrastes à étonner les coloristes.

C'était jour de marché, et cela produisait un peu d'animation dans cette ville ordinairement si morne. Nous ne vîmes rien de caractéristique comme costume ; l'uniformité envahit tout. Les paysans des environs de Ferrare ressemblaient assez aux nôtres, sauf l'éclat méridional de leurs yeux noirs et une certaine fierté dans la tournure qui rappelle qu'on est sur une terre classique; les denrées d'automne, raisins, citrouilles, piments, tomates, mêlées à des poteries grossières et à des ustensiles de ménage rustique, s'entassaient sur la place, où stationnaient des groupes de causeurs et d'acheteurs, quelques chars à bœufs, bien moins primitifs que ceux d'Espagne; quelques ânes au bât de bois attendaient avec une patiente mélancolie que leurs maîtres eussent fini leurs affaires et s'en retournassent : les bœufs couchés sur leurs genoux en ruminant paisiblement, les ânes tirant du bout de leur lèvre grise un brin d'herbe jailli d'une fissure du pavé.

Un détail particulier à l'Italie, ce sont les changeurs de monnaie en plein vent. Leur installation est des plus simples et consiste en un tabouret et une petite table où sont rangées des piles de scudi et de bajoques et d'autres pièces. Le changeur, accroupi comme un dragon, regarde son petit trésor d'un œil inquiet et jaune où se peint la crainte incessante des filous, que n'écarte aucun grillage.

Notons encore un détail tout italien : un sonnet à la louange d'un médecin qui l'avait guéri d'une maladie hépatique était affiché par un convalescent plein de reconnaissance à l'une des murailles les plus apparentes de la place. Ce sonnet, très-fleuri et très-mythologique, expliquait comme quoi les Parques avaient voulu couper le fil des jours du malade, mais que le docteur, accompagné d'Esculape, le dieu de la médecine, et d'Hygie, la déesse de la santé, était descendu aux enfers pour arrêter les ciseaux d'Atropos et remettre de l'étoupe aux fuseaux de Clotho, étoupe que Lachésis filait depuis avec beaucoup d'égalité. Nous aimons assez cette manière antique et naïve d'exprimer sa gratitude.

La cathédrale, dont la façade donne sur cette place, est dans ce style gothique italien si inférieur pour nous au gothique du Nord. Le porche offre de curieux détails. Les colonnes, au lieu de reposer sur des socles comme des colonnes ordinaires, portent sur des Chimères dans le goût de celles du portail de Sainte-Justine à Padoue, qu'elles écrasent à demi, et qui se vengent de cette douleur en déchirant des lions de style ninivite emprisonnés dans leurs pattes. Ces monstres cariatides se tordent affreusement sous l'énorme pression et font de la eine aux yeux.

Le château des anciens ducs de Ferrare, qu'on trouve un peu plus loin, a une belle tournure féodale. C'est une vaste botte de tours réunies entre elles par de hautes murailles couronnées d'un moucharabi faisant corniche, émergeant d'un grand fossé plein d'eau où l'on pénètre par un pont défendu.

Sur les mots que nous venons de dire, qu'on ne se figure nullement un burg comme ceux qui hérissent les rochers du Rhin. Quelques décorations du théâtre italien dans *Corrado d'Altamura*, *Tancrède* ou autres opéras chevaleresques, en donneraient une idée assez juste. Le gothique en Italie n'a nullement la même physionomie que chez nous. Point de pierres verdies, de sculptures moussues, de manteaux de lierre tombant des vieux balcons brisés; nulle trace de cette rouille du temps, inséparable pour nous d'un monument du moyen âge : c'est un gothique qui, malgré sa date, semble tout neuf; un gothique blanc et rose, plus joli que sérieux, un peu troubadour, pour tout dire, et rappelant les pendules féodales de la Restauration. Le château des ducs de Ferrare, tout en briques ou en pierres rougies par le soleil, a une teinte vermeille de jeunesse qui lui ôte de son effet imposant. Il ressemble trop à un décor de mélodrame.

C'est dans ce château qu'habitait cette fameuse

Lucrèce Borgia, que Victor Hugo nous a faite si monstrueuse, et que l'Arioste dépeint comme un modèle de chasteté, de grâce et de vertu; cette blonde Lucrèce, qui écrivait des lettres respirant l'amour le plus pur, et dont Byron possédait quelques cheveux fins comme la soie et brillants comme l'or. C'est là que se jouèrent les drames du Tasse, de l'Arioste et de Guarini; là qu'eurent lieu ces orgies étincelantes, mêlées de poison et d'assassinats, qui caractérisent cette période de l'Italie savante et artiste, raffinée et scélérate.

Il est d'usage d'aller visiter pieusement le cachot problématique où le Tasse, fou d'amour et de douleur, passa tant d'années, d'après la légende poétique formée autour de son infortune. Nous n'en avions pas le temps, et nous le regrettâmes peu. Ce cachot, dont nous avons sous les yeux un dessin fort exact, n'a que les quatre murs : une voûte basse le plafonne. Au fond l'on voit une fenêtre grillée d'épais barreaux et une porte ferrée avec de gros verrous. Il est assez invraisemblable que, dans ce trou obscur tapissé de toiles d'araignées, le Tasse ait pu travailler et remanier son poëme, composer des sonnets et s'occuper de petits détails de toilette, tels que la qualité du velours de sa barrette et de la soie de ses chausses, et de cuisine, tels que l'espèce de sucre dont il voulait saupoudrer sa salade, celui qu'il avait n'étant pas assez fin à son gré; nous ne vîmes pas non plus la maison de l'Arioste, autre pèlerinage obligé. Outre le peu de foi qu'il faut ajouter à ces traditions sans authenticité, à ces reliques sans caractère, nous aimons chercher l'Arioste dans l'*Orlando furioso*, le Tasse dans la *Jérusalem délivrée* ou dans le beau drame de Gœthe.

Le mouvement de Ferrare est concentré sur la Place-Neuve, devant l'église et autour du château. La vie n'a pas encore abandonné ce cœur de la cité; mais, à mesure qu'on s'éloigne, les pulsations s'affaiblissent, la paralysie commence, la mort gagne; le silence, la solitude et l'herbe envahissent les rues; on sent qu'on erre dans une Thébaïde peuplée des ombres du passé et d'où les vivants se sont écoulés comme une eau qui tarit. Rien n'est plus triste que de voir le cadavre d'une ville tomber lentement en poudre au soleil et à la pluie. Au moins l'on enterre les cadavres humains.

Après quelques bouchées avalées à la hâte, nous remontâmes dans notre berline et nous nous dirigeâmes vers Bologne d'un pas modéré que ralentissaient encore d'immenses tas de joncs coupés jetés sur des chars à bœufs qui obstruaient la route : on eût dit des meules se promenant la canne à la main; une muraille verte se reculant devant nous, car les bœufs disparaissaient entièrement sous cette jonchée. Il fallait attendre que le chemin s'élargît pour les devancer.

On s'arrêta dans une vaste auberge en arcade ouverte à tous les vents, dans un endroit dont nous ne nous rappelons pas le nom d'une manière certaine, mais qui, selon toute probabilité, doit être Cento, détail insignifiant du reste, et nous fîmes là un modeste goûter, car nous ne devions arriver à Bologne qu'assez avant dans la soirée.

Notre mémoire ne nous rappelle guère de ce morceau de route que de vastes horizons de cultures et d'arbres sans le moindre intérêt. Peut-être l'ombre du soir, qui nous poussait à la somnolence et ne laissait briller que l'étincelle de notre cigare, nous a-t-elle dérobé quelque beau site ; mais cela est peu probable, d'après la configuration du sol.

Bológne est une ville avec des rues en arcades, comme la plupart des villes de cette partie de l'Italie. Ces portiques sont commodes pour abriter de la pluie et du soleil; mais ils transforment les rues en de longs cloîtres, absorbent la lumière et donnent aux villes un aspect froid et monacal. L'on peut juger par la rue de Rivoli à Paris de la gaieté de ce système.

Nous descendîmes à une auberge quelconque, où par une pantomime touchante nous obtînmes un souper où figurait avec avantage un salame de mortadelle, de bondayolle et de saucisson de Bologne, ainsi que l'exigeait la couleur locale.

Après le souper, nous sortîmes; une espèce de drôle à face blafarde et grasse, avec une moustache en brosse à dents, des breloques en similor et une redingote à brandebourgs, rappelant à s'y méprendre le type du père Cavalcanti dans le roman d'Alexandre Dumas, se mit à emboîter notre pas et nous suivit, bien que nous changeassions d'allure et de direction à chaque instant pour le dépister. Ennuyé de ce manége, nous lui dîmes qu'il choisît un autre chemin, et ceci d'une façon assez brutale, le prenant pour un mouchard; mais il déclara qu'il ne nous quitterait pas, sa prétention et son droit étant de servir de guide aux voyageurs. Or, en cette qualité nous lui appartenions, et il nous trouvait indélicats de nous soustraire à la redevance qu'il prélevait sur eux. Nous étions des voleurs qui le frustrions de sa chose, qui lui retirions le pain de la bouche et lui prenions son argent dans sa poche. Il avait compté sur nous pour se régaler d'une fiasque de Piccolit ou d'Aléatico, pour acheter un fichu à sa femme et une bague à sa maîtresse. Nous étions d'infâmes canailles de déranger ses plans d'aisance et de bonheur domestique. Nous donnions un mauvais exemple aux voyageurs futurs, et il était résolu à ne pas reculer d'une semelle. Il voulait nous mener à la diligence, dont la lanterne brillait à deux pas devant nous, et nous conduire à la rue des Galeries, dans laquelle nous étions. Nous n'avons jamais vu faquin plus obstiné et plus stupidement opiniâtre. Après les jurons les plus énergiques et les « Va-t'en à tous les diables » les mieux accentués de notre part, il recommençait ses propositions comme si nous n'avions rien dit, prétendant que nous nous égarerions infailliblement, et qu'il ne le souffrirait pour rien au monde.

Nous vîmes alors qu'il fallait employer les grands moyens. Nous nous reculâmes de quelques pas, et invoquant mentalement le souvenir de Lecour, notre professeur de bâton et de savate, nous nous mîmes à exécuter cette belle arabesque de canne qui ferait envie au caporal Trimm pour la complication de ses nœuds et de ses volutes, et qu'on appelle la *rose couverte* en termes de l'art.

Quand le gredin vit le jonc flamboyer comme un éclair et l'entendit siffler comme une couleuvre à trois pouces de son nez et de ses oreilles, il se recula en grommelant et en disant qu'il n'était pas naturel que des voyageurs convenables refusassent les services d'un guide instruit et prévenant, qui démontrait Bologne à la grande satisfaction des Anglais.

Le remords de ne pas lui avoir fracassé le crâne nous revient quelquefois dans nos nuits sans sommeil ; mais peut-être nous eût-on tracassé pour cette bonne action et fait payer cette citrouille comme une tête. Nous demandons pardon aux voyageurs qu'il a pu ennuyer depuis de ne pas l'avoir assommé. C'est une négligence que nous réparerons, si jamais nous repassons par Bologne.

Nous avions une lettre de recommandation pour Rossini, qui, par malheur, était absent et ne devait revenir que dans quelques jours. Il est gênant de ne pas connaître la figure et le son de voix d'un grand génie contemporain. Autant qu'on le peut, il faut voir la forme extérieure de ces belles âmes, et quand nous entendons la *Semiramide*, *le Barbier de Séville*, *Guillaume*, il nous est pénible de ne pouvoir joindre à l'idée de Rossini que la gravure d'après Scheffer et la statue à sous-pieds de marbre qui encombre le bureau du contrôleur sous le vestibule de l'Opéra.

Une remarque puérile peut-être, mais que nous avons déjà faite dans nos voyages, c'est que l'on pourrait, d'après le nombre de barbiers que renferme une ville ou un village, juger du plus ou moins d'avancement de la civilisation. A Paris, il y en a très-peu; à Londres, il n'y en a pas du tout. Cette patrie des rasoirs se fait la barbe elle-même. Sans vouloir accuser la Romagne de barbarie, il est juste de dire que nulle part nous n'avons vu une si grande quantité de barbiers qu'à Bologne;

une seule rue en contient plus d'une vingtaine dans une étendue très-restreinte, et, ce qui est plus drôle, c'est que tous les citadins bolonais portent leur barbe.

Ce sont les gens de la campagne qui forment la clientèle de ces fraters, qui ont la main très-légère, comme nous l'expérimentâmes sur notre peau, sans avoir cependant la dextérité des Espagnols, les premiers barbiers du monde depuis Figaro.

En sortant de chez le barbier, nous suivîmes au hasard une rue qui nous fit déboucher subitement sur la place où chancellent depuis bien des siècles déjà, sans jamais tomber, la Torre degli Asinelli et la Garisenda, qui a eu l'honneur de fournir une image à Dante. Le grand poëte compare Antée se courbant vers la terre à la Garisenda, ce qui prouve que l'inclinaison de la tour bolonaise remonte au delà du XIIIe siècle.

Ces tours, vues au clair de lune, avaient l'aspect le plus fantasque du monde; leur étrange déviation, démentant toutes les lois de la statique et de la perspective, donne le vertige et fait paraître hors d'aplomb tous les bâtiments voisins. La Torre degli Asinelli a trois cents pieds de haut; son inclinaison est de trois pieds et demi. Cette extrême élévation la fait paraître grêle, et nous ne saurions mieux la comparer qu'à une de ces immenses cheminées d'usine de Manchester et de Birmingham. Elle s'élance d'une base crénelée et a deux étages crénelés également, le second un peu en retraite; du clocheton qui le surmonte descend une armature de fer se reliant à la base de l'édifice.

La Garisenda, qui n'a guère que la moitié de la Torre degli Asinelli, penche effroyablement et fait paraître sa voisine presque droite. Quoiqu'elle surplombe ainsi depuis plus de six cents ans, on n'aime pas à se trouver du côté vers lequel elle incline. Il vous semble que le moment de sa ruine est arrivé et qu'elle va vous écraser sous ses décombres. C'est un mouvement d'effroi enfantin auquel il est difficile de se soustraire.

Une idée bizarre et grotesque, qui peint bien l'effet extravagant de ces tours, nous vint en les regardant, et nous la dîmes à notre compagnon de voyage : ce sont deux monuments qui ont été boire hors barrière et qui rentrent soûls, s'épaulant l'un contre l'autre.

Si la lueur de la lune permettait de voir la tour des Asinelli et la Garisenda, elle ne suffisait pas pour pouvoir examiner au musée les peintures du Guide, des trois Carrache, du Dominiquin, de l'Albane et autres grands maîtres de l'école bolonaise, et nous allâmes à notre grand regret nous coucher dans un de ces énormes lits italiens, où tiendraient sans peine les sept frères du petit Poucet et les sept filles de l'Ogre, avec leurs pères et leurs mères; on y peut dormir dans tous les sens, en long et en large, en diagonale, sans jamais tomber dans la ruelle.

A quatre heures du matin nous nous dressâmes tout endormi pour gagner la diligence de Florence, et nous aperçûmes un certain mouvement de troupes. C'était une exécution qui se préparait. On allait fusiller matinalement une vingtaine de personnes pour cause politique. Nous quittâmes Bologne sur cette impression pénible que nous avions déjà éprouvée à Vérone, à Ferrare, et qui nous attendait encore à Rome : mais l'idée de traverser les Apennins par une belle journée de septembre eut bientôt dissipé cette sensation lugubre!

FIN.

TABLE.

I.	Genève, Plein-Palais, l'Hercule acrobate.... Pages.	1
II.	Le Léman. — Brigg, les montagnes................	16
III.	Le Simplon, Domo d'Ossola, Luciano Zane........	33
IV.	Le lac Majeur. — Sesto-Calende, Milan...........	48
V.	Milan, le Dôme, le théâtre diurne................	62
VI.	La Cène, Brescia, Vérone........................	74
VII.	Venise..	86
VIII.	Saint-Marc.....................................	117
IX.	Saint-Marc.....................................	134
X.	Le Palais ducal.................................	159
XI.	Le grand canal.................................	185
XII.	La vie à Venise.................................	196
XIII.	Détails familiers................................	212
XIV.	Le début du Vicaire, gondoles, coucher du soleil...	228
XV.	Les Vénitiennes, Guillaume Tell, Girolamo........	239
XVI.	L'arsenal, Fusine...............................	255
XVII.	Les Beaux-Arts.................................	277
XVIII.	Les Beaux-Arts.................................	290
XIX.	Les Beaux-Arts.................................	290
XX.	Les rues. — La fête de l'empereur...............	318
XXI.	L'hôpital des fous..............................	332
XXII.	Saint-Blaise, les Capucins.......................	344

XXIII.	Les Églises...	358
XXIV.	Églises, scuole et palais.........................	370
XXV.	Le Ghetto, Murano, Vicenza.....................	384
XXVI.	Détails de mœurs................................	396
XXVII.	Padoue...	409
XXVIII.	Ferrare...	422

FIN DE LA TABLE.

Ch. Lahure, imprimeur du Sénat et de la Cour de Cassation
(ancienne maison Crapelet), rue de Vaugirard, 9.

Imprimerie de Ch. Lahure (ancienne maison Crapelet)
rue de Vaugirard, 9, près de l'Odéon.

www.ingramcontent.com/pod-product-compliance
Lightning Source LLC
Chambersburg PA
CBHW071057230426
43666CB00009B/1744